근본으로 돌아가라

● 증산도상생문화연구총서 005

근본으로 돌아가라 – 원시반본, 보은, 해원, 상생 –

지은이 : 유 철
발행일 : 2011년 12월 22일
발행인 : 안중건
발행처 : 상생출판

전화 : 070 - 8644 - 3161
팩스 : 042 - 256 - 8042
E - mail : sangsaengbooks@sangsaengbooks.co.kr
출판등록 : 2005년 3월 11일(제175호)
베본 대행처 / 대원출판
ⓒ 2011 상생출판
ISBN : 987 - 89 - 94295 - 32 - 9
ISBN : 978 - 89 - 94295 - 05 - 3 (세트)

근본으로 돌아가라

원시반본
보은
해원
상생

유 철 지음

상생출판

들어가는 말

하늘과 땅과 인간, 우리는 그 셋을 일러 천지인天地人 삼재三才라고 한다. 머리 위의 하늘과 발이 딛고 선 땅, 그 사이에서 인간은 태어나고 자라고 성숙하며 휴식하는, 한 생애를 살아간다. 하늘과 땅이 인간을 낳고 기르며, 인간은 그 하늘의 이치와 땅의 기운을 받고 살아간다. 인간의 모든 철학과 역사와 문명은 그렇게 시작되었다.

이 글은 증산도의 핵심 사상을 다루는 글이다. 증산도 사상의 근간은 우주론이며, 모든 사상은 우주론을 바탕으로 하고 있다. 즉 우주론을 모르고서는 증산도의 신관, 구원관, 인간관, 윤리관, 종통관, 여성관 등 그 어느 것도 제대로 이해할 수 없다. 여기서 다루고 있는 원시반본과 그 실천이념인 보은, 해원, 상생도 마찬가지다. 실천이념이라고 하지만 우주의 변화원칙에서 벗어나지 않는다. 그러나 한편 우주론은 인간론을 포함하고 있다. 우주 내적 존재로서의 인간은 우주론과 함께 고찰할 때 그 참된 의미를 이해할 수 있다.

우주와 인간은 서로 분리될 수 없다. 우주 속에 인간이 있고, 인간 속에 우주의 참 뜻이 들어 있다. 우주가 걸어가는 길은 바로 인간이 태어나서 자라고 성숙하는 길과 같은 방향과 목적을 갖는다. 그렇다면 그 방향과 목적은 어디일까? 바로 근본이다. 우주도 인간도 근본을 찾아가는 것이다. 원시반본은 '근본으로 돌아감'이란 뜻이다. 그 실천이념인 보은, 해원, 상생 또한 근본을 찾을 때 가능한 것이다. 이 책의 제목이 '근본으로 돌아가라'인 이유이다.

사실 지금까지 수많은 종교가 존재했고, 또 그 각각의 종교들은 인간의 선한 삶을 위한 다양한 실천이념을 강조해 왔다. 잘 알다시피 불교의 자비나 기독교의 사랑, 그리고 유교의 인仁과 효孝가 그것이다. 이 실천이념들의 공통점은 인간의 행위를 규정하는 윤리적 개념들이라는 것이다. 그렇다면 원시반본과 보은, 해원, 상생 또한 기존 종교의 윤리적 규범과 동일한 것인가? 물론 인간의 삶을 행복하게 한다는 면에서는 같다고 할 수 있다. 그러나 중요한 차이가 존재하는 데 그것은 증산도의 실천이념은 기존 종교적 규범들과 달리 우주론적 원리에 근거해 있으면서, 인간의 구원과 밀접한 관련이 있다는 것이다.

기존의 종교 규범들은 현재 인간의 행위가 어떠해야 하는가를 통제한다. 그리고 그러한 행위는 전적으로 윤리적 판단과 결과에 근거해 있다. 그러나 증산도 실천이념은 우주변화 원리와 떨어져서 생각할 수 없다. 그리고 그 행위의 결과가 단지 윤리적 선善에서 그치는 것이 아니라 행위하는 자신과 그 행위가 미치는 타인의 생명을 구원하는 차원까지 확대된다.

그 중에서 상생은 특히 인간의 구원과 떨어져서 생각할 수 없다. 흔히 우리는 상생이란 말을 사용하면서 '나와 타인이 서로 싸우지 않고 조화롭게 잘 살도록 하는 행위 혹은 상태'를 염두에 둔다. 아마도 그것이 상생이란 개념이 우리 사회에서 통용되는 일반적 의미일 것이다. 그러나 그것은 상생이 아니라 공생共生의 개념에 가깝다. 증산도에서 말하는 상생은 '남잘되게 한다'는 순수 이타적 의미를 가지면서, 나아가 '서로를 살린다'는 생명 구원의 의미를 갖는다. 따라서 이 글을 읽는 독자들은 증산 상제님의 가르침이 갖는 본래적 의미를 놓치지 않아야 할 것이다.

이 책은 증산도 상생문화연구소 논문집 『증산도사상』에 실린 필자의 논문을 모아서 만들어졌다. 각각 별개의 논문으로 기획되어 집필되었기에 각각은 하나의 완결된 체계를 갖추고 있다. 그럼에도 이렇게 합하여 책자로 엮어낸 것은 이 네 가지 주제가 증산도 사상을 구성하는 근본사상이라는 점 때문이다. 원시반본은 증산도 진리를 지탱하는 대들보라면 보은, 해원, 상생은 그 대들보에 뿌리를 둔 세 기둥들이다.

그리고 그 세 기둥은 서로 연결되어 후천개벽과 선경仙境이라는 지붕을 이고 있다. 다시 말해 원시반본과 보은, 해원, 상생은 후천 가을개벽의 때에 우주와 인간이 걸어가야 하는 길이며, 그 길은 후천선경이라는 아름다운 이상향을 목적지로 한다.

증산 상제님이 이 땅에 오시어 우리 인간이 걸어야 할 올바른 길을 열어주셨고, 우리는 그 길을 걸어가야 할 의무를 받았다. 오직 원시반본과 보은, 해원, 상생의 길을 통해서 근본을 찾고, 근본으로 돌아갈 때만이 후천선경에 들어갈 수가 있다. 아무쪼록 이 글을 읽는 모든 사람들이 증산도 진리의 나무도 보고 숲도 잘 살펴서 우리가 살아가면서 반드시 걸어야 될 좋은 길을 찾을 수 있기를 바란다.

2011년 11월

유 철

내용

Chapter 1.

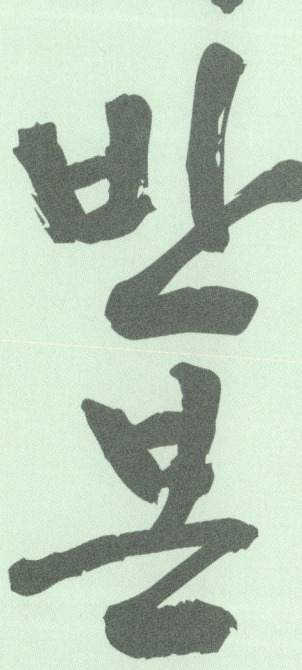

원시반본

– 근본으로 돌아 가라 –

원시반본의 뜻은 '근본으로 돌아감'이다. 그럼 그 주어는 무엇인가? 무엇이 근본으로 돌아간다는 것인가? 그 답은 우주만물이다. 즉 존재하는 모든 것이 그 근본으로 돌아간다는 것이다. 그러나 의문은 여전히 남는다. 먼저 근본이란 무엇인가? 그 근본이 무엇이길래 그곳으로 돌아가야 한다는 것인가? 그리고 왜 돌아가야 한다는 것일까? 그리고 어떻게 돌아간다는 것일까? 더 나아가 언제 그 근본을 찾아 돌아갈 수 있다는 것인가? 이러한 물음에 대한 대답이 이장에서 풀어야할 과제이다. 우리는 이 장의 논의를 통해서 우주와 인간과 역사의 필연적 과정에 대해 많은 생각들을 정리할 수 있을 것이다.

1. 우주 1년, 원시반본, 개벽

증산도에 의하면 우리가 사는 우주는 직선적인 운동을 하는 것이 아니라 순환운동을 한다. 우주 순환의 1주기를 '우주 일 년'이라고 하고 우주 일 년은 생장염장生長斂藏(즉 봄, 여름, 가을, 겨울)의 과정을 갖는다. 하늘과 땅이 개벽된 이래 우주는 선천개벽과 후천개벽의 순환으로 만물을 낳고 기르며 추수하고 휴식기에 들어가는 과정을 되풀이하여 왔다. 우주의 봄이 되면 따뜻한 하늘기운이 지상을 내쳐 만물을 소생케 하고, 여름기운은 땅이 이를 받아들여 강렬하게 성장하게 하며, 가을이 되면 신神의 심판으로 결실이 이루어지며, 겨울에는 생生, 장長, 성成의 분열성장운동을 종결하고 생명의 근본자리로 돌아가 휴식기에 접어든다.

이러한 우주관은 역학易學에 의해 원리적으로 논증되었으며, 증산도의 모든 진리는 우주론적 원리를 떠난다면 정확히 해명될 수 없을 것이다.[1] 우주의 1년 시간대에서 지금은 선천(봄·여름)과 후천(가을)이 교차하는 하추교역기이다. 강증산姜甑山(1871~1909) 상제는 하추교역하는 이 때를 천지개벽 시대[2], 해원상생 시대(『도전』 2:24:1–3), 천지성공 시대(『도전』 2:43:4)라고 말한다. 이는 한마디로 지금 이 때는 바로 모든 것이 근본으로 돌아가는 원시반본하는 시대(『도전』 2:26:1)임을 선언한 것이다.[3]

우주의 가을개벽은 우주 변화의 원리 측면에서 필연적으로 다가오는 섭리이다. 이러한 가을개벽의 근본정신을 원시반본이라고 한다. 우주의 여름에서 가을로 넘어가는 후천개벽은 우주의 필연적 질서이며, 이는 또한 신도神道의 측면에서 집행되는 심판의 과정이며, 인간의 실천에 의해 실현되는 선경仙境의 완성과정이다. 후천개벽의 근본정신 혹은 방향이 바로 원시반본이다. 지금은 원시반본 하는 때라는 것은 후천개벽의 때라는 것이며, 모든 것이 그 근본뿌리로 돌아가는, 돌아가야 하는 때라는 것을 의미한다. 지금까지의 선천은 상극의 이치가 지배하였고(『도전』 2:17:2), 따라서 모든 것이 근본을 이탈하여 천지자연은 병들고(『도전』 2:16:1), 인간은 무도無道의 극치를 달리고 있다. "원시반본정신에 의해 근본과 뿌리를 찾지 못하는 자는 다 죽음의 심판에서

---

1 증산도 진리의 특징은 다른 선천의 종교에서 명쾌한 해답을 제시하지 못하는 것, 즉 우주의 변화원리와 이상적 낙원, 그리고 인간의 구원의 문제를 논리적으로 설명하고 있다는 점이다. 증산도의 신관과 우주관은 단지 추상적이고 신비적인 믿음이나 직관이 아니라 상수역학적인 체계로 그 근거를 밝히고 있다. 예를 들어 우주 1년의 시간이 129,600년이라는 것은 1000년 왕국처럼 추상적 숫자가 아니라 상수학적 원리에서 밝혀지는 정확한 시간이라는 것이다. 이러한 설명체계는 낙원, 즉 후천의 선경세계가 현실적으로 이 땅에서 가능함을 보여주는 바탕이 된다.

2 『甑山道 道典』 5편202장3절, 이하 『도전』이라 약칭하고 인용은 (『도전』 편:장:절)로 한다.

3 증산도의 진리를 한마디로 표현한다면 개벽을 통한 신문명 창조, 즉 개벽문화이다. 원시반본이란 다름 아닌 바로 이러한 개벽의 근본정신이다. 증산 상제는 우주의 틀바꿈인 후천개벽기에 모든 것은 원시반본한다고 말한다. 이러한 원시반본은 구원의 큰길이다.

벗어날 수 없다"(『도전』 7:17:3 - 4)는 증산 상제의 말은 이 시대가 당면한 절박한 개벽의 때를 밝힌 것이다.

이 장에서는 증산 상제의 우주적 진리를 **개벽과 원시반본**이란 개념을 중심으로 논할 것이다. 인간의 마음을 가진 증산 상제는 인간의 구원을 철두철미 고민하였으며, 신의 권능을 가진 증산 상제는 천지를 뜯어고치는 개벽장으로서 새로운 미래를 마련하였다. 우주의 순환에 따라 열리는 새 판에서 선천의 병든 생명은 더 이상 존재할 수 없다. 모든 것이 가을의 숙살기운으로 진멸할 따름이다. 이때에 증산 상제는 인간으로 강세한 것이다. 우주의 틀바꿈은 바로 모든 병든 것을 죽임이며, 그 죽임은 새로운 살림의 길이다. 증산 상제가 말하는 원시반본은 바로 우주가을의 숙살지기肅殺之氣에서 다시 살림의 길을 여는 것이다.

원시반본은 우주의 가을정신이다. 우주의 변화원리로서의 원시반본이며, 문명의 변화정신으로서의 원시반본이며, 생명의 근본을 찾는 원시반본이다. 증산 상제의 강세 이유는 바로 원시반본정신에 의해 후천개벽을 집행하고, 인류를 선천의 무도세계無道世界로부터 구원하고, 후천의 선경세계를 만들기 위함이었다. 우리가 말하고자 하는 것은 새로운 생명사상, 구원의 진리인 증산도의 원시반본사상原始返本思想이 갖는 개벽적 의미이다. "모든 것이 나로부터 다시 새롭게 된다"(『도전』 2:13:5)는 증산 상제의 말은 원시반본사상의 본질을 압축적으로 표현한 말이다.

원시반본에서 중요한 것은 본本이다. 본은 다양한 의미로 이해된다. 민족의 뿌리, 생명의 근원, 도의 본원, 우주자연의 근원, 창조의 본질, 인간의 본성 등등. 이러한 다양한 의미를 갖는 본本에로 반返하는 것이 원시반본이다.

원시반본은 현대의 위기를 낳은 선천질서를 총체적으로 부정하면서, 동시에 새로운 시대의 이상적 가치이념을 드러낸다는 측면에서, 그리고 위기의 원인을 우주자연의 원리 측면에서 고찰한다는 점에서 기존의 종교적 구원관과 다르다. 따라서 원시반본은 과학적 기술주의와 합리적 도구주의로 드러나는 위기현상뿐만 아니라 자연의 상극구조相克構造로 인한 위기의 근원을 해체할 수 있을 것으로 보인다. 원시반본이념은 상극의 질서를 끝맺는 구원의 절대정신이며, 가을개벽의 생명원리이다.[4]

이 장에서 중요한 화두는 바로 **원시반본사상의 구원정신**救援精神이다. 즉 우주자연의 상극질서가 상생질서로의 전이와 인간과 문명의 본질적 가치질서의 회복이 과연 어떻게 가능한가, 그리고 결과적으로 자연과 인간을 위한 새로운 생명세계는 어떻게 실현되는가에 있다. 이러한 문제의식에서 중요한 것은 원시반본사상이 갖는 자연과 문명과 역사의 전환정신을 통찰하는 것이다. 즉 원시반본은 단순히 처음의 근본을 찾는 것이 아니라 문명의 전환기, 천지자연의 환절기, 역사의 교체기에서 필연적으로 도래하는 이상적인 상태의 현실화를 의미한다. 즉, 원시반본은 천지성공시대를 여는 근원적 실현방안이다.[5]

우주자연은 생장염장生長斂藏이라는 1년의 순환질서를 포함하고

---

4 안경전, 『이것이 개벽이다』(서울: 대원출판사, 1995), 172쪽
5 천지성공시대란 10천의 이상세계가 지상에 실현되는 때를 말한다. 이는 하늘과 땅이 완성되는 것이며, 그 하늘과 땅을 근거로 살아가는 모든 생명존재가 구원되는 것이며, 모든 존재자들이 본래적 존재성을 회복하는 것이며, 인간의 모든 문명과 역사가 이상적 질서로 전개되는 것이다.

있고, 그 순환 속에서 인간과 자연은 성장과 발전이라는 항상적 운명을 갖는 것이 아니라 하추교역기라는 극적 순간을 맞이한다. 그 극적 순간에 자연과 문명과 역사의 질서는 **총체적 변국**(총체적 개벽)에서 벗어날 수 없다. 그러한 전환의 포인트는 인간의 심판과 구원에 있어서 필연적 과정으로 생각된다. 원시반본은 인간의 구원과 이상세계의 실현을 위해 무엇이 필연적이고, 무엇이 당위적이어야 하는가를 지시하는 절대이념[6]이라는 측면에서 한편으로는 천지개벽의 핵심정신이면서, 동시에 이와 유비類比될 수 있는 정신개벽, 도덕개벽, 문명개벽의 기본방향이라고 할 수 있을 것이다. 이하에서 우리는 이러한 원시반본을 우주론적 측면과 문명개벽, 그리고 마음개벽의 측면을 중심으로 살펴보고자 한다.

---

6 원시반본이란 것은 가을우주의 도래기에 해도 되고 안 해도 되는 선택적 상황이 아니라 자연과 인류의 구원, 총체적 생명살림을 위해 반드시 실현되어야 할 우주의 궁극적 지향이다. 증산 상제는 후천의 우주와 인간과 문명의 새로운 모습(문명과 자연의 조화실현)을 원시반본이란 말로 보여주는 것이다. 원시반본은 우주론적 측면과, 문명적 측면, 인간적 측면 및 신도적 측면 전체에 관련되며, 인류구원의 필연적 과정이다. 개벽의 절대정신이 바로 원시반본이란 의미이다.

2. 원시반본이란 무엇인가

증산도의 기본이념인 원시반본에 대해 증산도 『도전』에서는 "이제 개벽시대를 당하여 원시로 반본되는 고로…"(『도전』 2:37:4)라는 구절로 설명한다. "이제 원시반본이 되어…"(『도전』 2:27:4), "지금은 원시반본 하는 시대니…"(『도전』 7:17:3)라는 구절도 있다. 이러한 구절들은 현대의 시대적 상황을 지적하고 있다. 증산 상제는 현대의 위기적 상황 속에서 자연과 인간은 선천의 분열 성장된 모습, 상극의 대립에서 벗어나야 하며, 그래서 가을개벽이라는 새로운 전기를 맞이하여야 한다는 것을 원시반본이란 말로 표현한 것이다.

원시반본에는 현대에 대한 부정의 의미와 동시에 이상적 미래를 위한 문제해결 방식이 포함되어 있다. 증산 상제는 당시의 혼란한 말대末代의 천지를 비판만 하는 것이 아니라, '말대의 천지를 뜯어 고쳐서 새 세상을 열고 비겁에 빠진 신명과 인간을 구원하여 안정을 누리게 하기 위해 후천개벽의 도수에 맞게 천지공사를 짜놓았다'고 한다. 이러한 후천개벽과 천지공사[7]의 기본정신을 우리는 원시반본사상에서 찾아볼 수 있을 것이다. 원시반본의 필연성, 즉 "이 때는 원시반본하는 시대라"는 구절에서 우리는 역사 속에서 필연적으로 다가오는 문명과 역사의 전환점을 이해할 수 있다.[8] 원시반본한다는 것은 곧 개벽이 된다는 것이다. 우주, 인간, 문명의 총체적 개벽이 바로 원시반본의 실현이다.

이러한 가을개벽시대[9]의 문명과 역사의 전환정신을 압축적으로 표현한 말이 원시반본原始返本이다. 그 어원적 의미는 '시원을 살펴서(원시) 근본으로 되돌아 감(반본)'으로 풀어볼 수 있을 것이다. 이를 좀 더 넓게 풀어서 살펴보면 '우주와 인간이 처음의 근본 위치, 상태, 입장, 본원적 의미, 절대적 가치, 근원적 원리 등을 성찰하여 그 근본으로 되돌아가서(회복하여) 새롭게 되는 것'으로 이해될 수 있을 것이다.[10]

7 천지공사는 조선말에 활동한 증산 강일순(1871~1909)이 인존상제의 자격으로 우주를 뜯어고쳐 천지와 인간과 신명의 새역사를 예정한 행위를 말한다.

8 김형효는 『증산사상연구』제 5집에 수록된 「원시반본과 해원사상에 대한 철학적 성찰」(김형효, 1979)에서 플라톤과 기독교, 유교의 예를 들면서 원시반본을 인류문명의 일반적 속성으로 규정하고 있다. 김탁도 원시반본이념에 대한 글 「강증산의 원시반본사상」(김탁, 『한국종교』제18집, 원광대종교문제연구소, 1993)에서 원시반본사상에 대한 기존의 주장들을 비판하면서 증산도의 원시반본사상과 비교될 수 있는 비슷한 다른 종교의 교리체계로 불교의 반본환원, 원불교의 원시반본, 통일교의 복귀섭리에 대해 언급한다. 이 중 후자의 두 사상은 증산사상에서 그 근거를 찾아볼 수 있다면, 불교의 반본환원사상은 증산 상제의 가르침인 원시반본의 원류일 수 있다고 주장한다. 그러나 증산도의 중요이념으로서의 원시반본은 그 기본 관점에 있어서 다른 사상과 비교할 수 없는 **총체성과 근원성 그리고 창조성**을 갖고 있다고 보여진다. 자연과 인간과 신명이 본성을 회복한다는, 혹은 회복하여야 한다는 원시반본사상의 이념은 **전 존재적 총체성**을 가지며, 후천개벽이라는 필연성과 생명의 근원성에서 다른 사상과 비교할 수 없는 독창성을 갖는다.

9 이때의 가을개벽시대는 생장염장으로 표현되는 우주 1년의 과정에서 분열·성장에서 수렴·통일로 전환되는 시점을 말한다. 즉 우주의 총체적 변혁기를 의미한다.

10 김탁은 원시반본原始返本을 원시原始와 반본返本의 합성어로 보고 그 어의語意를 '시始로 원原하고, 본本으로 반返한다'고 풀이하면서, 원시반본은 '원시 또는 반본하는

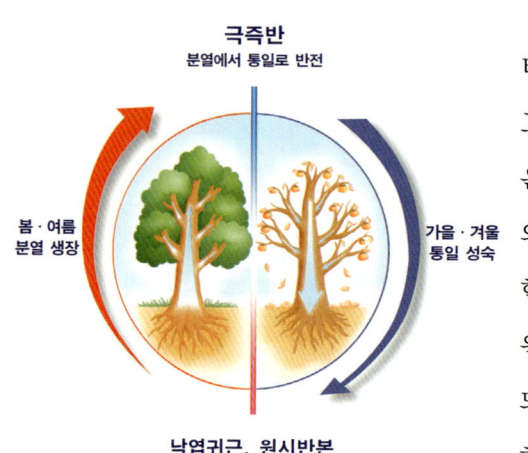

극즉반
분열에서 통일로 반전

봄·여름
분열 생장

가을·겨울
통일 성숙

낙엽귀근, 원시반본

●**원시반본** : 한그루의 나무를 통해서 원시반본의 의미를 깨달을 수 있다. 봄이 되면 싹을 틔우고, 여름이 되면 잎이 무성하게 자라며, 가을이면 열매를 맺으면서 잎은 모두 그 뿌리로 돌아가고, 겨울이면 내년 봄을 위해 긴 동면에 들어가는 과정에서 생장염장의 우주원리를 찾아볼 수 있다.

그렇다면 처음의 근본적인 상태나 위치는 과연 무엇을 의미하고, 되돌아가서 새롭게 된다는 것은 어떤 의미를 갖는가. 『증산도의 진리』에서는 "원시반본의 순수한 의미는 우주 생명이 도道의 근원인 무극無極의 통일상태로 다시 되돌아가는 것을 말한다."[11]고 밝히고 있다. 이는 『도전』의 "후천後天은 온갖 변화가 통일로 돌아가느니라"(『도전』 2:19:7)는 구절과 일맥상통한다. 여기서 원시반본의 본本은 통일상태임을 알 수 있다. 즉, 우리는 되돌아가야 하는

일을 강조한 동어반복어' 라고 주장하고 있다.(김탁, 『한국종교』제18집, 원광대종교문제연구소, 1993, 138쪽) 그러나 원시반본이 증산도사상에서 가지는 의미에서 볼 때 그 두 구절이 서로 분리된다면 원시반본의 본래적 의미를 찾아낼 수 없다. 또한 원시반본을 '始로 原하고 本으로 返한다' 라고 해석하고, 이를 원시 또는 반본을 강조하는 동어반복어라고 주장하는 것은 증산도 사상에서 아주 중요한 생장염장生長斂藏의 순환론적 우주관을 치밀하게 설명할 수 없게 된다. 즉 본本으로 반返한다고 할 때 그 본은 어떤 본本인지가 분명하지 않게 된다. 그러므로 구문론적構文論的으로 양자가 분리되어 원시와 반본으로 구분된다 하더라도 그 의미에 있어서 양자가 동일한 의미를 갖는다고 해석되어서는 안 될 것이다. 엄격히 구분해서 분석해 본다면 원시原始에는 우주 순환론적 관점(시간의 의미)이 내포되어 있고, 반본返本에는 본질론적 관점(존재의미)이 내포되어 있다. 즉 그 양자의 의미는 내포하는 바가 서로 다르다. 『도전』 137쪽에 나오는 2:26:1에 대한 측주에서 원시반본이란 "문자적으로는 '시원의 근본(뿌리)자리로 돌아간다.'는 뜻으로"(괄호 필자 첨가)라는 구절에서도 원시반본이 단순한 동어반복이 아님을 알 수 있다. 또한 『도전』의 다음 구절 "이제 개벽시대를 당하여 원시로 반본되는 고로…"(『도전』 2:37:4)에서 보듯이 '원시로 반본된다'는 것은 원시와 반본이 동의어가 아님을 보여준다. 그러므로 원시반본은 "역사의 처음 상태를 살핌으로써 그 근본으로 되돌아 감"으로 풀어볼 수 있다.

11 안경전, 『증산도의 진리』(서울: 대원출판사, 1993), 190쪽

곳, 원시반본의 목적, 곧 본본本本이 바로 '도의 근원인 무극의 통일상태'라는 것을 알 수 있다.

무극의 통일상태는 분열 성장하는 존재자들이 처음의 근본적 상태에로 복귀한 상태, 존재자의 순수 본질이 드러나는 상태, 생명의 본래적 가치가 회복된 상태로 이해될 수 있을 것이다. 이는 다른 말로 지축이 바로 섬으로써 우주가 정역운동으로 전환되고, 모든 인간이 생명의 근본 뿌리로 회귀하고, 세계문명의 이상적 조화통일이 완성되는 것으로 이해된다. 원시반본에서 중요한 것은 돌아간다는 반返이 아니라 돌아가야 할 곳, 즉 본본이다. 반返은 돌아가는 과정過程이라면 본본은 돌아가야 할 목적目的이다. 즉 반返의 과정을 거쳐 이상적인 근본根本에 도달해야 한다는 것이 원시반본의 어원적 의미이다.

이 때 본본은 플라톤Platon(BCE 428~ BCE 348)의 이데아Idea론과 대비 가능할 것이다. 플라톤에 있어서 이데아는 인간의 영혼이 다시 돌아가서 알게 되는 진리의 대상이다. 즉 인간은 현실적 허구의 삶을 벗고 영혼의 세계로 돌아가서 진리를 알게 된다는 것이다. 플라톤에 의하면 이데아는 바로 돌아가야 하는 목적이다. 이 목적으로서의 이데아는 진리와 존재와 도덕의 본체이다. 원시반본의 본본은 존재해야 할 최상의 상태를 의미한다는 점에서 플라톤의 이데아와 동일하다. 그러나 그 상태는 플라톤의 이데아적 세계 혹은 예지계叡智界처럼 현실 초월적 상태가 아니라 현실 내재적 상태이다. 즉 현상적 우주자연과 구체적 삶의 현실이 변화하는 과정이고 목적이다.

이러한 원시반본의 본본은 넓게 우주적 근본과 문명의 근본, 인간의 근원심 등의 의미로 나누어 설명할 수 있다. **이 때 우주적 근본은**

후천개벽에 의해, 문명의 근본은 천지공사에 의해, 인간적 근본은 마음의 실천적 개벽에 의해 반返할 수 있을 것이다.

　그렇다면 '되돌아간다'는 것은 무엇을 의미하는가. 일반적으로 되돌아간다는 것은 과거 상태로의 회귀라는 의미를 갖는다. 그러면 인간과 우주가 현재의 상태를 벗어나서 과거로 되돌아가야 한다는 것을 의미하는가? 만일 그렇다면 이는 시간상 퇴행退行의 의미를 담고 있다. 그런데 현재의 발전된 상태에서 과거로 되돌아간다는 것은 오히려 불합리한 것처럼 생각된다.

　여기서 다시 위에서 풀이한 '원시반본'에 대해 자세히 분석해 보기로 하자. '되돌아간다'는 것은 현재에 대한 부정의 의미를 담고 있다. 즉 지금의 상태에서 벗어난다는 것을 뜻한다. 이는 다시 '현재를 벗어나 새로운 상태에로 간다'는 의미로 이해된다. 이 때 '간다'는 것은 현재가 아닌 미래의 시점을 갖는다. 즉 현재의 상태를 벗어나 미래의 어떤 새로운 상태로 가는 것인데 그 새로운 상태가 바로 도의 근원인 무극의 통일상태이다. 그런데 '되돌아간다'에서 '간다'는 현재의 과정과 미래의 시점을 의미하지만 그리고 미래의 상태는 지금과 다른 새로운 상태이지만, 문제는 '되돌아'에 있다. 즉 '도의 근원인 무극의 통일상태'는 지금은 존재하지 않는 상태이지만 미래에 가능한 상태이고, 그리고 인간이 가야 하는 이상적 상태이며, 그런 의미에서 현재와 다른 새로운 상태를 의미하지만, 그곳에 '되돌아' 가야 한다는 것은 이미 과거에 존재했던 본래적 상태에로의 복귀 혹은 일치를 의미한다.

　그렇다면 이러한 복귀는 퇴행退行인가? 물질적 과학적 발전은 직선적으로 이루어지며, 따라서 '되돌아' 간다는 것은 분명 퇴행이다. 즉

현재의 발전된 물질적 풍요를 버리고 과거의 원시시대原始時代로 돌아
감을 의미한다. 그러나 원시原始를 물질의 차원이 아니라 정신의 차원
에서 본다면, 혹은 가치의 측면에서 본다면 문제는 다르게 평가된다.
정신적 지평에서 볼 때 '되돌아 감'은 단순히 퇴행으로 생각되지는 않
는다. 예를 들어 흔히 우리가 말하는 "초심으로 돌아가자" 혹은 "처음
처럼" 등의 표현들이 그러하다. 물질적 발전은 직선적이며, 따라서 발
전이란 말이 전혀 거부감 없이 사용될 수 있는데 반해서, 정신적 사상
적 측면에 있어서 발전이란 말은 적당하지 않으며, 혹 발전한다 하더라
도 그것이 직선적으로 나아가지는 않기 때문이다. 도의 근원인 무극의
통일상태로 '되돌아가는' 것은 퇴행이 아니라 **상실된 의미에의 복귀이**
며 절대적 가치로의 회귀이다. 즉 모든 것들이 존재의 비본래적 상태에
서 본래적 상태에로 복귀하는 것이다.

원시반본의 의미는 "원시반본이란 우주의 순환원리(자연섭리)에 기
초한 말씀으로 우주의 가을철을 맞이하여 우주생명이 분열 운동을
마치고 뿌리를 찾아 하나로 통일되는 것"[12]이라는 구절에서 좀 더 구

---

12 증산도본부 엮음, 『증산도 기본교리』(서울: 대원출판사, 1998), 144쪽. 원시반본은 우
주 1년의 생장염장이라는 필연적 질서와 분리되어 생각할 수 없다. 존재하는 것들은 우
주의 순환 속에서 변화한다. 인간의 삶의 방식과 가치도 생장염장의 과정에서 벗어나
지 않는다. 노자老子 『道德經』 제 40장에 "반자도지동反者道之動"이란 말이 있으며,
제 16장에 "각복귀기근各復歸其根"이란 말이 있다. 오강남은 이에 대해 다음과 같이
풀이한다. "되돌아감이 도의 움직임입니다."(오강남, 『도덕경』, 현암사, 1999, 175쪽.) "(온
갖 것 무성하게 뻗어가나) 결국 모두 그 뿌리로 돌아가게 됩니다."(오강남, 『도덕경』, 79
쪽.) 이는 존재하는 모든 것들의 변화는 무한한 것이 아니라 다시 처음의 근본 뿌리로
돌아오는 것이라는 의미로 이해된다. "『도덕경』에서 밝히는 기본 가르침 중 하나가 되
돌아옴의 원리다. 만사는 그저 한쪽으로만 무한히 뻗어 가는 것이 아니라 한쪽으로 가
다가 어느 정도에 이르면 반대 방향으로 되돌아온다는 것이다.… 모두 이렇게 나름대
로의 작은 원, 큰 원을 그리면서 주기적으로 빙글빙글 돌아가는 반복 작용을 하는데 이
것이 도의 움직임이요, 우주의 리듬이라는 것이다."(오강남, 『도덕경』, 52−53쪽.)
우주 1년의 순환론은 상수학적象數學的 관점에서 볼 때 필연적 진리로 받아들여진다.

체적으로 알 수 있다. 즉 우주 1년의 과정에서 봄, 여름의 성장·분열시기가 끝나고 이제 가을 추수기를 맞이하여 우주생명이 분열 이전의 원초적 상태로 통일되는 것을 의미한다. 여기서 우리는 '원시반본'의 '반返'과 '본本'의 의미를 새롭게 이해할 수 있다. '본本'은 '우주생명의 뿌리'이며, '반返'은 '하나로 통일되는 것'이다. 이것을 앞의 정의와 상관해서 살펴본다면 '반返'은 '되돌아가서 하나로 통일되는 것'이며, '본本'은 '우주생명의 뿌리로서 도의 근원인 무극無極'[13]을 뜻하는 것으로 받아들일 수 있을 것이다.

우리가 되돌아가야 할 곳은 무극의 통일상태, 생명의 근본 뿌리이다. 이러한 원시반본은 미래에 가능한 우연적 상태로 존재하는 것이 아니라, 현재의 과정을 거쳐 미래의 시점에서 반드시 이루어져야 할 우주변화의 필연적 지향점이며, 문명과 정신의 당위當爲적 상태를 의미한다.[14] 즉 우주 1년의 순환과정에서 필연적으로 다가오는 역사적 현실

물론 지금까지 우리는 수없이 많은 우주론을 들어왔고 그러한 우주론들은 새로운 우주론에 의해 수정되거나 폐기되어 왔다. 증산도에서는 동양의 상수학에 근거한 우주 1년의 순환론을 절대적 진리로 받아들인다. 즉 창조의 본체로서의 무극에서 토土작용으로 인해 태극의 운동이 생겨나고 태극은 음양작용을 통해 만물을 생성하게 하며, 그렇게 생성된 만물이 성장하는 전 과정은 황극皇極에 의해 주도된다. 이 황극은 다시 무극에로 수렴하는 과정의 끝이다. 이렇게 우주는 무극 태극 황극의 존재운동의 순환과정으로 존재한다.(한동석, 『宇宙變化의 原理』, 서울: 대원출판사, 2001, 38-40쪽 참조.)

13 우주의 순환질서에 따라 우리는 무극의 상태를 0무극과 10무극으로 구분하여 설명할 수 있을 것이다. 우주의 처음 상태를 0무극 상태, 즉 태초의 무극으로서 모든 존재의 근거가 되는 무극이라고 한다면, 10무극은 가을 우주의 이상적 상태를 말하는 가을 무극, 즉 완성된 현상적 존재질서의 궁극적 상태를 의미한다.

14 원시반본이념의 실천적 측면과 관련해서 다음의 논의는 아주 중요하다. 당위當爲란 인간의 실천적 의지를 통해서 마땅히 이루어져야만 하는 것을 뜻한다. 칸트Kant는 도덕법칙에 따른 행위에 대해서 '우리가 해야 하므로(sollen) 우리는 할 수 있다(koennen)'라고 한다. 즉 해야 하는 당위는 할 수 있다는 것을 전제한다. 할 수 있기 때문에 해야 하는 것이 아니라 해야 하는 당위는 곧 할 수 있다는 자유를 의미한다. 원시반본의 이념은 생명의 근본자리로 돌아가는 것을 말한다. 그리고 이러한 원시반본의 실천원리는

을 뜻한다. **이 무극의 통일상태는 자연의 질서가 완전한 구조 속에서 정립되고, 인간의 이상이 현실 속에서 완결되고, 생명의 근본이 제 위치를 찾는 상태**로 이해된다. 즉 "원시반본이란 생명이 처음의 근본자리로 돌이켜서 복귀하는 것"[15]을 말한다. 이는 달리 표현해서 후천개벽을 통해서만 진정한 의미의 원시반본이 가능해진다는 의미로 이해된다.

> "원시반본이란 … 이상적인 자연환경 위에서 인간 완성의 구원의 길이 트이는 생명의 길이다. 그러므로 원시반본은 하느님의 생명이 천지의 봄, 여름 선천의 분열성장을 종결짓고 근원을 향하여 창조하신 자연 세계와 인간을 다 함께 완성시키는 통일의 길이다."[16]

그렇다면 이러한 원시반본이 언제 어떻게 이루어지는가? 위에서 말한 것처럼 후천 가을 개벽기에 우주의 질서와 인간의 본성은 반본하게 된다. "이 때는 원시반본하는 시대라"는 『도전』의 구절에서 보듯이 원시반본의 상태는 선천 5만년이 끝나고 후천 5만년이 시작되려는 하추교역시기夏秋交易時期의 후천개벽을 통해서 이 땅과 우주의 모든 것이 새로운 질서를 찾게 될 때 이루어지는 이상적인 상태이다. 이 이상적

보은報恩, 해원解兔 상생相生이다. 이러한 실천원리는 우리가 할 수 있으면 하고, 할 수 없으면 하지 않는 것이 아니라 반드시 해야 하는 당위를 내포한다. 왜냐하면 인간의 구원은 필연적이기 때문이다. 그러므로 원시반본과 그 실천원리는 인간에게 당위로 드러난다. 반드시 해야 하는 원시반본은 곧 인간에게 할 수 있음이다. 원시반본의 실천적 측면은 우주론적 필연성과 함께 실천적 자유를 내포하고 있다. 즉 인간의 구원에 있어서 주체적 실천의 역할은 구원의 한 조건이다. 원시반본이념의 인간적 당위는 실천적 자유를 전제함으로써 가능할 것이다.(I. Kant, *Kritik der praktischen Vernunft*, Felix Meiner, 1956, S. 51 및 김종문, 『칸트의 변증론과 자유』, 중문, 1989, 103-104쪽 참조.)

15 안경전, 『증산도의 진리』, 191쪽
16 안경전, 『증산도의 진리』, 191쪽.

인 상태는 바로 인간의 구원이 실현될 수 있는 지향점이며 목적이다. 즉 **원시반본은 인간구원의 필연적 과정이며 결과이다.** 『증산도의 진리』에서는 후천개벽기에 이루어져야 하는 원시반본이 가지고 있는 구원의 의미를 다음과 같은 네 가지 변화(되돌아감, 복귀, 회귀)로 설명하고 있다.

> 첫째, 천지만물과 그 주인공인 인간이 생명의 근원으로 복귀함을 뜻한다. 둘째, 생명의 근원으로 되돌아가서 천지가 성공되어짐을 뜻한다. 셋째, 창조의 이상이 완성되어짐을 뜻한다. 넷째, 선천문명의 상극을 상생으로 전환시킴을 의미한다.[17]

---

17 안경전, 『증산도의 진리』, 192-3쪽.

3. 후천개벽과 원시반본 – 우주론적 원시반본

증산도에서 가장 중요하고 특유한 사상은 '개벽開闢'과 '원시반본原始返本'이다. 이 절에서의 논의는 구원의 우주론적宇宙論的 측면에 초점을 맞추어 후천개벽과 원시반본의 상관성을 중심으로 전개될 것이다.

선천개벽과 대비된 의미로서의 후천개벽은 크게 두 가지 의미로 구분되어 이해될 수 있을 것이다. 하나는 지축이 바로 서는 우주론적 현상으로서의 개벽이고, 다른 하나는 신도의 차원에서 수행되는 천지공사로서의 개벽의 의미이다. 이 두 가지 개벽의 근본 정신은 모두 원시반본사상으로 고찰될 수 있을 것이다. 이 절에서 다루려는 것은 전자가 가지는 우주론적 의미이다.

"천지와 인간을 새 질서로 개벽시켜 통일하는 새 창조의 근본정신은 바로 가을 우주개벽의 원시반본 정신이다"[18] 이 말은 원시반본사상이 후천개벽의 근본정신이라는 것을 뜻한다. 후천개벽은 자연과 인간

---

[18] 안경전, 『이것이 개벽이다』, 760쪽

과 신명이 무극의 통일자리로 반본하여 후천선경에 도달할 수 있도록 하는 우주적 변화이며, 이는 우주 절대자의 무위이화적無爲以化的 주재 主宰의 결과이다. 그렇다면 후천개벽을 함으로써 원시반본 사상은 실재로 실현될 수 있을 것이다.

1) 우주론적 원시반본

후천개벽의 필연성은 우주 1년의 질서 속에서 드러난다. 앞에서도 언급한 바와 같이 증산도의 우주관은 천지자연의 변화를 직선적 과정이 아닌 순환적 과정으로 파악한다. 따라서 우주의 운동은 일정한 싸이클을 반복하여 순환하게 되는데 그 한 싸이클을 우주 1년이라고 한다. 우주 1년의 기간은 129,600년이다. 또한 우주 1년은 생장염장의 과정, 즉 봄, 여름, 가을, 겨울의 규칙적 과정으로 이루어진다.[19] 우주 일년의 과정에서 봄·여름의 선천시대가 끝나면 필연적으로 가을의 추수기가 돌아온다. "지금은 온 천하가 가을 운수의 시작으로 들어서고"

---

19 한동석, 『우주변화의 원리』, 198-200쪽. 여기에 대해 김용옥은 다음과 같이 말하고 있다. "우주는 무한하다. 천지는 유한하다. 우주는 무극이다. 천지는 태극이다. 우주는 직선이다. 천지는 순환이다.… 천지가 순환이라 함은 사실인 동시에 당위이다.… 천지에 있어서 사실적 가치와 자연적 가치가 이원화되지 않는 것이다. 천지의 순환을 우리는 태극이라고 부른다. 태극은 음양의 원리로 구성된다. 태극은 태太한 극極이다. 극極이라는 한계상황이 있기 때문에만 천지는 순환할 수 있는 것이다."(김용옥, 『氣哲學散調』, 통나무, 1997, 51쪽.) 우주의 존재 근원이 무극에 있다면, 우주의 운동이 무극과 동일한 존재성을 갖는 무극신의 무위이화적 주재라면 우주가 무한함은 부정되지 않는다. 무극無極은 극極이 없음(無)이다. 사실 이렇게 무한한 우주, 우주의 무한을 받아들인다면 창조론이나 종말론은 성립 불가능하다. 무한한 우주에서 창조의 시점이나 종말의 시점은 존재하지 않는다. 우주는 과정의 연속이며 그 과정은 주재적 과정이다. 증산도의 우주관에 의하면 우주는 우주 1년의 과정을 통해서 직선적으로 나아간다. 그러나 그러한 직선적 과정은 순환을 내포한 직선이다. 김용옥은 그것을 천지의 순환이라고 표현한다. 증산도에서는 그것을 우주 1년의 순환이라고 한다. 천지의 순환은 자연의 현상적 과정(사실)이면서 동시에 정신적 가치의 과정(당위)이다. 순환하는 천지자연과 함께 정신적 가치도 순환해야 한다. 그것을 당위(김용옥의 표현으로는 사실적 가치)라고 표현할 수 있다. 원시반본은 순환적 우주관에서 필연적이다.

(『도전』 2:43:1) 있다. 그러나 후천개벽이 우주자연의 운동법칙에 의한 필연[20]이라고 하더라도 개벽을 통해 바로 후천선경이 열리는 것은 아닐 것이다.[21] 이는 인간의 실천적 측면과 함께 후천선경의 한 필요조건으로 이해된다.

인간과 자연이 걸어가는 네 박자 리듬, 생장염장

	■ 생生	■ 장長	□ 염斂	■ 장藏
하루	아침	점심	저녁	밤
지구 1년	봄	여름	가을	겨울
인간의 일생	유·소년기	청년기	장년기	노년기
우주 1년	우주의 봄	우주의 여름	우주의 가을	우주의 겨울

후천 가을 개벽 시기에 천지자연의 운행도수運行度數는 정역正曆의 궤도를 갖게 된다. 이는 자연의 필연적 과정이면서 우주 주재자의 무위이화적 주재의 결과이다.[22] 그러한 정역운동은 천지자연의 환경을 변화시켜 인류의 구원과 후천선경의 가능성을 열어 보인다. 후천 우주가 정역운동을 하게 되는 것은 우주론적 측면에서의 후천개벽이란 말로 표현되며, 이는 상극相克의 이치에서 **생명의 총체적 살림의 근본인 상생**相生**의 이치**로 전이되는 이치의 변화를 동반한다.[23]

---

20 이 때 필연적 과정이라는 것은 두 가지 의미로 해석되어야 한다. 우주 자연의 변화가 필연적 과정이라고 해서 그것을 물활론적物活論的 기계적 운동을 하는 것으로 받아들여서는 안 될 것이다. 만일 우주 자체가 기계적 운동을 한다면 그 속에서 절대자의 역할을 기대할 수 없을 것이다. 우주의 운동은 기계적 필연이 아니라 주재적 필연이다. 또한 존재질서의 변화는 물활론적 운동이 아니라 예정적 운동이다. 따라서 우리는 우주의 변화는 필연적이면서 예정적 운동을 한다고 이해한다. 이 때 필연적 운동은 우주 주재자로서의 절대자의 무위이화로 드러나며, 예정적 운동은 인격신으로서의 절대자의 자율적 의지의 실현으로 규정된다.

21 이외에 천지공사와 인간의 실천적 역할은 후천선경을 이루기 위한 필수조건이다.

22 "공부하는 자들이 '방위方位가 바뀐다'고 이르나니 내가 천지를 돌려놓았음을 세상이 어찌 알리오"(『도전』 4:152:1)

23 지축이 바로 서는 것이 후천개벽의 환경적 변화라면, 상극의 이치에서 상생의 이치

증산도에서의 '개벽開闢'이라는 말은 만물의 존재기원, 존재원인, 존재근거를 우주론적으로 지칭하는 개념이다. 즉 "태시太始에 하늘과 땅이 '문득' 열리니라."(『도전』 1:1:1)는 구절에서 볼 수 있는 개벽이다. 개벽된 우주는 무위이화로 변화 순환하는 과정, 즉 생장염장의 과정을 반복한다. 이러한 **우주의 전 과정과 함께 하는, 즉 우주의 변화를 주재하는 주재신主宰神을 상제上帝라고 한다. 상제는 우주의 이법적 주재자로 존재한다.**[24]

> 내가 천지를 주재主宰하여 다스리되 생장염장生長斂藏의 이치를 쓰나니 이것을 일러 무위이화無爲以化라 하느니라.(『도전』 4:58:4)

위 인용문에서 보듯이 우주의 과정은 생장염장의 순환적 운행이며, 그 필연적 질서의 드러남은 절대자의 무위이화의 주재함이다.[25] 즉

로의 전환은 후천개벽의 원리적 변화이다. 지축이 바로 서는 것과, 상생의 이치로의 전환은 우주원리에 의한 변화이면서 주재자의 도법인 무위이화의 드러남이다.

[24] 『도전』의 구절에서 여러 차례 증산 상제는 무극신無極神이며 무극상제無極上帝라고 언급하고 있다. "상제님(은)…천지공사를 행하시어 우주의 무극대운을 여신 '무극상제'이시니라"(『도전』 1:11:6), 그리고 『도전』 5:355:2에 무극신이란 명칭이 있다. 그 『도전』 구절에 대한 각주에는 "무극신은 무극대운을 개벽하여 새 천지를 열어 놓으신 증산 상제님 자신을 말씀하신 것이다. 상제님은 무극대운을 주재하시어 무극대도를 열어주신 무극 상제님이시다"(『도전』 744쪽.) 무극은 우주창조의 본체이면서 주재자이다. 즉 "무극은 천지창조의 본체"(한동석, 『우주변화의 원리』, 38쪽.)이면서 "무극이란 바로 그들의(만물) 주재자인 것이다"(한동석, 『우주변화의 원리』, 40쪽.) 천지창조의 본체라는 것은 적극적 의지로 천지를 창조하신 주체라는 것이 아니라 그 본성상 자연스럽게 천지만물의 근원이 된다는 의미로 이해될 것이며(이는 무위이화의 화化), 주재한다는 것도 이와 같이 이해된다.
　증산도 『도전』의 다음 각주 내용은 주재신으로서의 무극신이 곧 상제(증산 상제)임을 밝혀준다. "태시에 우주가 개벽의 변화본성으로 열린 이래, 신도 문명이 자리 잡아나가면서 우주의 자연질서의 주재자 하느님이 열어 가시는 것이다. 만유생명을 다스리시는 하느님은 창조주 하느님이 아니라 새 질서를 열어주시는 개벽장 하느님이다. 우주의 주재자는 만드신 하느님이 아니라 만들어 가시는 하느님이다."

[25] 무위無爲는 노자老子 『도덕경』과 『장자』의 중심적인 개념이다. 무위無爲는 '함이 없음'을 뜻한다. 『도덕경』제 37장에 도道의 행위에 대해 '무위이무불위無爲而無不爲'라

태시太始에 문득 개벽開闢된 우주는 과정過程으로 존재하며, 이 과정은 선천先天개벽과 후천後天개벽을 반복하면서 순환한다.[26] 여기서 선천개벽이 우주 자연이 생성 성장하는 것을 의미한다면, 후천개벽은 천지자연의 운행질서와 존재질서가 원래의 근본자리로 수렴 통일되는 것을 말한다. 다음의 글은 우주운동이 후천개벽을 통해 원시반본하게 되는 필연성을 잘 밝혀주고 있다.

고 한다. 즉 '함이 없으나 하지 않음이 없는 함'을 뜻한다. 이 때 '함'이란 하려는 적극적인 '의지'없이 자연스럽게 그대로 함을 의미한다. 즉 자연스러운 변화, 법칙적인 함(爲)을 의미한다. 오강남은 이 구절에 대한 풀이에서 "도는 언제든지 억지로 일을 하지 않습니다. 그러나 안 된 것이 없습니다."라고 풀이하고 있다.(오강남 풀이, 『도덕경』, 서울: 현암사, 1999, 163쪽.) 이를 풀어서 설명한다면 하려는 의지가 없으므로 함이 아니요(무위無爲), 그러나 하지 않는 것이 아니므로 함(무불위無不爲)이다. 흔히 우리는 무위無爲와 함께 덧붙여 자연自然이란 말을 사용한다. 무위자연無爲自然이란 '의지적 함이 없으나 자연스럽게 그러하다'는 의미로 이해된다. 즉 하려고 하지 않음에도 불구하고 스스로 그렇게 됨이다. "도는 무엇을 본받는가? 도는 '자연自然'을 본받는다고 한다. 해석이 구구하지만 분명한 것은 여기서 말하는 자연이란 우리가 보통 생각하는 산천초목 같은 것을 뜻하는 것이 아니다. 문자대로 '스스로 그러함'이다."(오강남 풀이, 『도덕경』, 118쪽.)

『도전』에 나오는 "나의 일은 무위이화無爲以化니라."(『도전』 4:58:2)라는 구절에서 '무위이화'는 '함이 없으나 된다.'는 뜻으로 해석된다. 이도 마찬가지로 적극적으로 무언가를 하려고 하지 않지만 되지 않음이 없다는 의미로 이해되어야 할 것이다. 다시 말한다면 '의지하지 않지만 그렇게 된다.'는 것을 의미한다. 우주 주재자의 함은 자연과 같고 그 자연의 변화과정은 주재자의 무위이화이다. 즉 자연적 과정이 무위의 씀으로 이루어진다는 것이다. 필연적이지만 무위無爲의 화인 것, 그것이 주재자로서 절대자의 함, 즉 생장염장의 과정이다. 이러한 우주의 과정은 사적私的 의지가 아니라 공적公的 필연임은 다음과 같은 3절에서 명시된다. "이치가 곧 하늘이요 하늘이 곧 이치니, 그러므로 나는 사私를 쓰지 못하노라"(『도전』 4:111:13) 우리는 이를 다음과 같이 도식화 할 수 있을 것이다. 아래의 도표는 자연의 필연적 이법과 상제의 주재로서 무위이화는 구분되어 설명되지만 궁극적으로는 같은 것임을 뜻한다. 무극신 상제는 존재와 이법의 근원이며, 자연의 이법은 상제의 절대권능인 무위이화의 드러남이다.

우주 일년=생장염장 ↔ 무위이화=주재신 권능
　　　　‖　　　　　　　　　‖
　필연적 법칙　 =　　무위자연

26 "내가 이제 후천을 개벽하고…"(『도전』 2:43:2) 및 "선천개벽 이후로…"(『도전』 7:33:3)에서 보듯이 개벽에는 선천개벽과 후천개벽이 있다.

어찌해서 이런 원시반본이 이 때에 와서 비롯되는 것이냐 하는 데 대한 물음이 그것이다. 이것은 작게 보면 거의 이해될 수 없는 것이나 이를 역리易理상으로 보면 설명될 수 있게 된다. 첫째는 지금까지 많은 역학자易學者가 말하고 특히 정역正易에서 분명히 밝히고 있는 역의 생출生出시대 곧 생역生易시대와 장역長易시대가 이제 다 끝나서 역易의 완성 곧 정역正易시대가 비롯되었기 때문이다.[27]

이 글은 원시반본이 우주자연의 과정에서 이루어진다고 하고 있으며, 역학의 논리적 관점에서 그것이 정합적으로 이해될 수 있다고 주장하고 있다. 즉 **우주자연의 원시반본은 우주자연의 섭리이며 본성이다.** 이러한 섭리와 본성은 우주자연의 필연적 과정이다. 그러나 후천개벽은 필연적 과정이면서 주재의 결과라는 것을 다음과 같은 구절에서 다시 확인할 수 있다.

공부하는 자들이 '방위方位가 바뀐다'고 이르나니 내가 천지를 돌려놓았음을 세상이 어찌 알리요.(『도전』 4:152:1)

즉 공부하는 역학자들이 밝혀놓은 섭리와 원리는 기계적 필연이 아니라 우주 주재자의 무위이화라는 것이다. 여기서 천지를 돌려놓았다는 것은 우주자연의 **운행질서**를 새롭게 함을 의미한다. 즉 선천의 운행질서와는 다른 궤도, 즉 정역正曆운동을 함을 뜻한다. 그러나 이러한 필연적 과정은 기계적 필연성이 아니라 **주재적 필연성**이다. 다시 말하면 후천개벽을 통한 원시반본은 필연적 과정이면서 우주 통치자의 의지의 주재결과이다. 이 양자는 우주의 동일한 현상적 과정이면서, 구분된 의미로 이해된다. '주재'라는 개념과 '쓴다'는 개념과 '무위이화'

---

27 배용덕 외, 『증산사상연구』, 1990, 174-5쪽.

란 개념은 서로 다른 개념이지만 그 의미는 모두 동일하다. 주재한다거나 이치를 쓴다는 것은 일반적으로 이해하듯이 의지적 행위로 받아들여서는 안 된다. **생장염장은 우주의 필연적 과정**(우주적 이치)**이면서 또한 주재자의 주재의지가 무위이화로 드러남**이다. 이를 우주론적 원시반본으로 이해할 수 있을 것이다.[28] 우주론적 원시반본은 우주 가을의 필연적 도래를 의미하며, 동시에 우주 주재자의 무위이화로써 가을의 신의神義를 뜻하기도 한다는 것이다. 이러한 측면에서 볼 때 우주론적 원시반본은 인간의 구원에 있어서, 더 나아가 생명의 살림에 있어서 없어서는 안 될 필연적 과정이다.

2) 우주론적 원시반본과 상제

후천개벽의 근본정신은 **우주의 주재자가 우주자연의 새로운 운행**

---

28 김진 교수는 우주 1년의 필연적 과정, 즉 생장염장의 무위이화와 후천개벽과 천지공사의 관계에 대해 다음과 같이 언급하고 있다. "증산이 미륵불로 재현하여 천지공사를 수행하고 후천개벽적인 지상선경을 선동하였을 때, 어떻게 상제로서의 증산이 선천세계와 후천세계를 동시에 매개할 수 있었는가라는 블로흐Bloch적인 질문을 제기할 수 있을 것이다. 따라서 만일 증산이 상극과 갈등의 선천세계에 대한 섭리예정적인 책임이 있고, 증산 자신이 선천개벽의 주재자이기도 했다면, 후천개벽이나 지상선경 속에 상극의 세계를 주재했던 증산의 존재는 들어설 자리가 없게 된다."(김진, 『종교문화의 이해』, 울산: 울산대학교출판부, 1998, 231쪽.) 이 문제는 언뜻 심각한 문제점을 내포하는 것처럼 보인다. 그러나 우리는 다시 무위이화와 천지공사의 의미를 상기한다면 그 모순은 해소된다. 즉 무위이화는 우주 1년의 필연적 질서에 대한 주재원리이다. 선천의 생장生長과 후천의 염장斂藏은 우주 1년의 과정이다. 여기서 후천의 세계는 인간구원의 목적을 가지고 인격적 신으로 육화한 증산 상제의 새로운 질서예정의 결과이다. 선천의 구조는 악한 구조가 아니라 상극구조이다. 상극구조 그 자체가 악이기 때문에 부정되는 것이 아니라, 상극구조 내에 존재하는 인간을 악에로 지향하도록 만드는 원인이란 측면에서 부정되어야 할 것이다. 따라서 인격신으로서 증산 상제는 인간의 구원을 위해 선천의 상극적 문명질서를 새로운 상생의 질서로 예정하는 것이다. 이 땅에 인간이 없다면 후천개벽의 우주론적 무위이화는 단순히 자연적 의미(가치중립적 의미)만 가질 것이며, 천지공사의 문명개벽적 측면은 무의미할 것이다. 만일 인간이 존재한다 하더라도 인간구원의 목적을 갖지 않는다면 또한 후천개벽과 천지공사는 그 의미가 다르게 해석될 것이다.

질서를 마련함으로써 모든 존재들이 그 존재근원으로 돌아가도록 하는 것과 동시에 준엄한 추살의 심판을 하는 것에서 찾아볼 수 있다. 우리는 그 근본정신을 다르게 표현하여 원시반본이라고 한다. 그렇다면 궁극적으로 우주론적 원시반본은 하추교역기에 우주의 질서가 정역운동을 하게 되는 것을 뜻함과 동시에 그것을 통해 **우주 주재자의 존재를 확인하는 것을 포함**할 것이다.

『도전』의 여러 구절들에서 우리는 우주변화라는 것은 우주의 주재자에 의해 주어지는 필연적이면서 절대적인 원리에 따라서 이루어진다는 것을 알 수 있다. 앞 절에서도 인용한 "내가 천지를 주재하여 다스리되 생장염장의 이치를 쓰나니 이것을 일러 무위이화라 하느니라"(『도전』 2:20:1) 라는 구절은 우주변화의 원리를 주재의 결과와 동일시하는 내용이며, "공부하는 자들이 '방위가 바뀐다'고 이르나니 내가 천지를 돌려놓았음을 어찌 알리요"(『도전』 4:152:1) 라는 구절은 천지의 운행은 바로 주재자의 주재 권능의 표현임도 알 수 있다. "이치가 곧 하늘이요 하늘이 곧 이치니"(『도전』 4:111:13) 자연의 이법을 통해서 상제를 인식하고, 그 존재성을 확인할 수 있을 것이다. 이러한 내용들은 후천개벽이라는 우주변화, 생장염장이라는 우주 1년의 질서는 궁극적으로 우주의 절대적 주재자로서의 무극상제의 존재성을 드러내는 자연의 원리라는 것을 암시한다. 또한 가을전환기는 서신으로서의 우주 절대자의 필연적 역사 섭리를 실재적으로 보여준다.

영국의 주관적 관념론자인 조지 버클리G. Berkeley(1685~1753)는 '존재란 무엇인가' 라는 물음에서부터 '존재하는 모든 것은 지각되는 것이다'(Esse est percipi)[29]라는 대답을 내린다. 그러나 이러한 대답은 다음의 결론을 위한 첫 단계이다. 그의 마지막 결론은 '신은 존재한다'이다. 그렇다면 버클리는 어떻게 이러한 결론을 도출하게 되었는가? 우리는 그의 철학적 논증을 거울삼아 우주론적 원시반본을 통해 우주 주재자의 존재를 확인할 수 있을 것이다.

버클리에게 중요한 물음은 사물들이 존재하느냐 존재하지 않느냐의 물음이 아니라 사물들이 '어떻게 존재하는가' 하는 물음이다. 그 물음의 결론은 우리가 경험하는 그대로 존재한다는 것이다. 그는 우리가 지각하지 않는 존재자들의 존재성을 인정할 수 있는 방법이 과연 무엇인가라고 되묻는다.[30] 버클리에게 있어서 한 송이의 장미는 우리의 '감각사실(감각 자료sense data)의 종합' 이외의 다름이 아니다. 즉 장미는 우리에게 감각된 것이다. 여기서 더 나아가 그는 모든 존재하는 것의 존재성을 감각된 것과 감각된 것의 종합, 즉 관념으로 한정한다.[31] 그러므로 그에게 있어서 모든 사물들은 우리에게 감각된 그대로 존재한다는 것이다. 그의 세계는 감각된 세계 그 이상도 이하도 아니다. 만일 그렇다면 문제는 내가 지각하지 않는 사물들의 존재성이다.[32] 즉 대전에 있는 나에게 서울의 63빌딩이나 백두산 천지 속에서 헤엄치는 물

---

[29] F. Copleston, *A History of Philosophy*, 이재영 역, 『영국경험론』(서울: 서광사, 1991), 215쪽.

[30] G. Berkeley, *A Treatise Concerning The Principles of Human Knowledge in A New Theory of Vision and Other Writings*, Introduction by A.D. Lindsay, London J. M. Dent & Sons LTD, 1957, 115쪽.

[31] Berkeley, 같은 책, 113쪽.

[32] 버클리는 이러한 주장으로 인해 '유아론자唯我論者'라는 비난을 받게 된다. 즉 그의 이론에 의하면 한 송이의 장미가 존재할 때 그 장미의 존재성은 나의 감각에 의존한다. 만일 장미라는 대상에서 붉음, 향기, 가시, 감촉, 형태, 맛 등의 감각내용을 하나씩 제거할 때 최종적으로 남아 있는 것은 아무것도 없다는 것이다. 이는 나의 감각을 제외하면, 혹은 내가 지각하지 않으면 사물의 존재성은 그 근거를 상실한다는 것이다.(유철, 「칸트의 버클리비판」, 『哲學硏究』제57집, 1996 참조)

고기는 과연 어떻게 존재하는가? 철학자이면서 신학자인 버클리에게 그 대답은 간단하다. 절대적 지각자가 있다는 것이다. 즉 신이 존재한다는 것이다.[33] 신은 영원하며 절대적인 지각자로서 존재하며, 그러므로 내가 잠잘 때 사물들이 사라지는 일은 발생하지 않는다는 것이다. 이것은 그가 신에 대한 믿음이 명백한 상식의 문제라고 생각했던 하나의 이유이다. 만약 우리가 물질적 사물들의 존재와 본성에 대한 상식적 견해를 가진다면 우리는 신의 존재를 긍정하게 될 것이다.[34]

버클리에게 있어서 사물이 존재한다는 것은 일상적인 사람들과 마찬가지로 너무나 당연한 사실이었다. 그는 사물들이 형이상학적 실체로 존재한다는 사실을 부정한 것이다. 그 결과 버클리는 독단적 관념론자란 이름을 얻었지만 대신 신의 존재 확실성을 확보하게 되었다. 그에게 있어서는 사물이 존재하므로 신이 존재한다는 추리가 아니라 오히려 신이 존재하므로 사물들이 존재할 수 있다는 추리가 가능하게 된다. 그러므로 우리 주변에 감각할 수 있는 무수히 많은 사물들은 바로 신의 존재를 증명하고 있다는 것이다.

버클리의 결론은 현상론現象論이 유신론有神論을 수반한다는 것이다. 우주론적 원시반본에서 후천개벽이라는 개벽현상은 우주 통치자로서의 상제의 주재가 필연적 사실임을 수반한다. 앞 절에서 설명한 것처럼 우주 일 년의 순환은 역학자들에 의해 자연의 섭리로 설명되었으며, 이를 우리는 우주 주재자의 무위이화의 현현으로 표현하였다. 우리는 버클리의 신존재 증명의 방식을 차용하여 우주 주재자로서 상제

---

33 Berkeley, 같은 책, 148-9쪽.

34 F. Copleston, 『영국경험론』, 276쪽.

의 존재확인을 우주론적 원시반본의 의의라고 규정해볼 수 있다. 후천 개벽을 통해서 우주 주재자가 있다는 것을 추론하는 것이 아니라 오히려 우주의 절대적 주재자가 존재하지 않는다면 후천개벽은 불가능하다는 것을 확인하는 것이다. 다시 말하면 후천개벽을 통해 우주가 새로운 존재상태, 정역운동을 하게 되는 것은 우주의 절대적 주재자가 존재함을 사실적으로 드러내는 것이다. "그러므로 우리는 우주의 통치자를 알려 할 때는 그가 주재하는 우주의 법도, 즉 우주가 변화해 가는 원리를 캐보면 그 신비의 진면목을 알 수 있게 되는 것이다."[35]

우주론적 원시반본은 우주가 가을 개벽기를 맞이하여 본래의 존재상태를 회복한다는 것을 의미하며, 인간적 측면에서 본다면 그러한 우주의 변화를 통찰 이해함으로써 그 변화의 근거로서의 절대자의 존재를 확인함이다. 이는 도의 근원을 찾아감이며, 우주의 존재 근원을 드러냄이며, 상제문화로의 복귀이다.

3) 우주의 가을정신, 원시반본

후천의 가을개벽에 있어서 원시반본 한다는 것은 단순히 우주가 정역운동을 하게 된다는 환경의 변화만을 가져오지는 않는다. 여름과 가을의 전환의 시기는 자연의 과정이면서 우주의 근본을 찾는 계기가 되지만 "천지의 대덕大德이라도 춘생추살春生秋殺의 은위恩威로써 이루어지느니라"(『도전』 8:62:3)라는 구절에서처럼 심판의 계기가 되기도 한다. 즉 "가을 바람이 불면 낙엽이 지면서 열매를 맺는 법이니라. 그러므로 이 때는 생사판단을 하는 때"(『도전』 2:44:4~3)이다. 우주의 후천 가을개벽정신으로서 원시반본은 모든 생명존재의 근본 뿌리를 찾는

---

35 안경전, 『이것이 개벽이다』, 352쪽.

생명회복이면서 동시에 충격적인 심판을 뜻하기도 한다. "봄·여름의 죄업에 대한 인과응보가 가을에 접어드는 환절기가 되면 병세를 불러일으키게"(『도전』 7:38:3) 된다. 가을의 심판은 병겁으로 온다는 것이다. 우주의 가을정신은 생장염장이라는 우주의 변화과정에서 드러나는 추수의 정신이면서, 삶에 있어서 새로운 살림, 새 생명의 길을 드러내는 구원의 정신이다.[36]

우주의 가을정신으로서 원시반본은 지축이 서는 자연의 거대한 사건을 통해서 드러나는 우주의 전환기를 의미하며, 동시에 신도의 차원에서 내려지는 선천의 모든 악업과 죄악의 심판 및 이를 통한 새로운 역사의 출발을 의미하기도 한다. "봄기운은 만물을 내어놓는 것(放)이고 여름기운은 만물을 호탕하게 길러내는 것(蕩)이요 가을기운은 조화의 신神이며 겨울기운은 근본인 도道이니라"(『도전』 6:124:9)[37]라는 구절에서 가을기운은 신神이라고 했다. 즉 가을의 변화는 신의 섭리가 숙살지기를 띠고 천지에 실현되는 것이다. 이는 다시 말해서 신은 가을의 기운으로 우주를 섭리한다는 것이다. 우주론적 후천개벽은 신의 법도로 이루어지는 선천말세의 심판과 우주의 변화원리에서 드러나는 후천가을의 결실이념이 함께 함을 나타내는 말이다.

우주의 가을에 천지와 인간의 역사는 어떻게 전개되는가, 즉 우주

---

36 우주조화의 정신은 사랑仁愛과 정의正義이다. 우주의 봄기운으로 인한 춘생春生이 사랑이라면, 우주의 가을기운으로서 추살秋殺은 바로 정의를 상징한다. 사랑은 모든 생명존재의 살림으로서 상생의 이치이며, 정의는 우주 가을개벽이 갖는 수렴·통일정신이다.

37 "春之氣는 放也요, 夏之氣는 蕩也요, 秋之氣는 神也요, 冬之氣는 道也니"(『도전』 6:124:9) 여기서 중요한 것은 '秋之氣는 神也'란 구절이다. 이 구절의 궁극적 의미는 우주의 가을정신으로서 원시반본에 대해 철저히 사색할 때 드러날 수 있을 것이다.

론적 원시반본이 내포하고 있는 가을정신은 무엇인가를 우리는 '서신 사명西神司命'이란 구절에서 더 철저하게 이해할 수 있다.

> "이 때는 천지성공시대라. 서신이 명을 맡아 만유를 지배하여 뭇 이치를 모아 크게 이루나니 이른바 개벽이라. 만물이 가을바람에 혹 말라서 떨어지기도 하고 혹 성숙하기도 함과 같이 참된 자는 큰 열매를 맺어 그 수壽가 길이 창성할 것이요, 거짓된 자는 말라 떨어져 길이 멸망할지라."(『도전』 4:21:1-7)

이 구절은 가을이 되면 낙엽이 지지만 대신 열매를 맺는 바와 같이 서신, 즉 가을의 신으로서의 우주 주재자가 하추교역의 후천개벽기에 천지의 생명 열매를 추수한다는 의미이다.[38] 이처럼 우주의 가을정신으로서 원시반본은 필연적 과정 속에 내포된 수렴 통일이며, 그 과정을 주재하는 주재자(서신)의 씀(무위이화)이기도 하다.

우주의 가을도래는 우주가 순환적으로 운행되는 질서 속에서 드러나는 우주의 섭리이다. 지구의 4계절이 1년의 필연적 과정인 것과 비교될 수 있을 것이다. 앞에서 우주론적 원시반본은 곧 **지축의 정립을 통해 천지자연의 환경이**

●**낙엽귀근落葉歸根** : 여름철 무성했던 나뭇잎은 가을이 되면 다시 그 뿌리로 돌아간다.

---

38 서신西神은 천지의 가을철에 창조의 결실을 추수하기 위해 인간으로 강세하는 우주의 주재자, 구원과 심판의 신, 추수와 성숙의 신이라는 의미를 갖는다.

바뀌는 것이라고 하였다. 이러한 환경의 변화는 분열·성장한 만물의 모습을 수렴하고 통일하는 전환점을 통과하게 된다. 이 전환점은 심판의 전환점이면서 구원의 전환점이다. 그래서 천지가 성공하고 선천의 원과 한이 해소되는 이 시기를 증산 상제는 원시반본하는 시대라고 했던 것이다. 가을 심판의 이때에 모든 것이 근본을 되찾아야 하는 필연성과 당위성을 주장한 것이다.

증산도에 의하면 묵은 하늘이 빚은 무도無道와 죄악은 우주변화의 원리에 의해 필연적으로 다가오는 후천가을에 그 적나라한 모습이 드러나고, 이는 신의 준엄한 심판에 의한 죽음과 의통에 의한 구원의 갈림길을 맞이하게 된다. 후천의 병겁은 바로 죽음의 심판이면서 동시에 살림의 새 길이다. "내가 천지공사를 맡아 봄으로부터 이 땅위에 있는 모든 큰 겁재를 물리쳤으나 오직 병겁만은 그대로 두고 너희들에게 의통을 붙여 주리라"(『도전』 7:33:5 - 6)는 구절은 가을개벽기 신의 심판의 의지를 분명히 보여주는 것이다. 이 때는 바로 "생사를 판단하는 때"(『도전』 5:347:9)인 것이다. 천지성공시대에 "신위神威를 떨쳐 불의를 숙청肅清하며, 혹 인애仁愛를 베풀어 의로운 사람을 돕나니"(『도전』 4:21:6)라는 구절에서 우리는 병겁과 의통을 통한 증산도의 구원관이 갖는 사랑과 정의의 또 다른 한 측면을 이해할 수 있다.

증산 상제는 이러한 가을의 기운을 다음과 같이 시로써 표현하고 있다. 이 시는 증산 상제가 어렸을 때 지은 시이다. "운수가 오면 무거운 돌도 산이 멀어도 관계없고 잘 깎은 방망이로 세상을 다듬질하니 고목된 가을이구나!"(『도전』 8:44:3) [39] 이는 가을 운수가 될 때 증산 상제

---

39 "運來重石何山遠이요 粧得尺椎 古木秋라."(『도전』 8:44:3)

의 가르침으로 세상을 교화하여 심판하니 죄와 악업은 낙엽이 지듯 정리되고 앙상한 가지만 남게 된다는 것으로 이해될 수 있을 것이다. 후천개벽의 가을정신을 압축적으로 풀어낸 이 시에서 우주 1년의 과정에서 자연의 변화와 마찬가지로 필연적으로 도래하는 우주의 변화와 그 변화의 정신을 통찰할 수 있다. 이 때는 "우주 자연의 철바꿈의 대전환 시대"[40]이다. 문제는 이러한 가을의 정신을 이해하고 가을철에 인간의 역할을 철저히 수행하여야 한다는 것이다. "천하의 대세를 알고 있는 자는 살 기운이 붙어 있고, 천하의 대세에 눈 못 뜨는 자에게는 천하의 죽을 기운 밖에는 없을"(『도전』 5:347:12)[41] 것이다.

---

40 안경전, 『증산도의 진리』, 180쪽.

41 "知天下之勢者는 有天下之生氣하고 暗天下之勢者는 有天下之死氣니라."(『도전』 5:347:12)

4. 문명개벽과 원시반본

　후천개벽의 한 축으로서 천지공사는 선천의 모든 불합리한 이념, 이법, 질서를 개혁하고 수정하여, 후천의 새로운 문명으로 예정하는 천지개벽공사이다. 선천의 상극지리는 원冤과 한恨을 맺히게 하고, 쌓인 원과 한은 천지에 재앙을 일으키므로 새로운 천지운로를 예정할 수밖에 없는 것이다. 천지공사는 원시반본, 보은, 해원, 상생정신으로 천상신명계를 통일시키고, 세운공사世運公事로 인간의 역사를 바로 세우고, 도운공사道運公事로 모든 종교의 운을 거두고 새로운 신도神道를 열었으며, 지운통일공사地運統一公事를 통해 인류평화의 기틀을 마련하였다. 이러한 천지공사는 각 지방신과 지운을 통일하여 각 문화의 진액을 뽑아 새로운 후천문명을 마련하기 위함이었다.

　현대는 어떤 상황에 직면해 있는가? 문명은 성장의 극을 달리고 있으며, 인간은 자아를 상실하여 중심을 잡지 못하고 있으며, 자연은 환경의 오염으로 생태의 질서를 잃어가고 있다. 그렇다면 어떻게 할 것인가? 답은 되돌아가는 길 밖에 없다. 더 이상의 분열은 절망과 파괴이며 그 극은 종말이다. 이제 새로운 문명을 창조하는 것은 끊임없는 전진이 아니라 반성과 전망을 통한 수렴이며 통일이다. 이러한 분열의 끝에서 다시 그 원 뿌리로 돌아가지 않으면 안 되는 것이다. 극점에서 돌아섬은 혼란한 다양성에서 통일된 순수성으로 돌아가는 것이며, 앞으로의 끊임없는 전진에서 다시 그 시원을 되살펴 본래성을 반성하는 것이다. 이렇게 되돌아감에서 새 문명, 새 생명의 싹을 발견하는 것이다. 이러한 시대적 예견을 통해 행해진 인류구원의 불가피한 행위를 우리는 천지공사 속에서 발견하게 된다.

1) 천지공사와 문명개벽

앞에서 살펴본 후천개벽은 자연의 필연적 변화원리임과 동시에, 우주 주재자의 무위이화적 권능의 드러남이라고 할 수 있다. 그러나 이러한 필연적 우주운동 외에 "이제 하늘도 뜯어고치고 땅도 뜯어고쳐 물샐틈없이 도수度數를 짜 놓았으니 제 한도에 돌아 닿는 대로 새 기틀이 열리리라"(『도전』 5:416:1-2)는 구절에서 나타난 바와 같은 예정적 변화가 있다. 예정적 과정은 인간으로 강세한 우주 통치자 강증산 상제가 자연과 문명의 새로운 질서를 마련하는 것을 의미한다.[42] "나의 일은 천지를 개벽함이니 곧 천지공사니라"(『도전』 5:3:6) 라는 구절에

---

42 물론 이 때 두 절대자는 서로 다른 존재가 아니라 동일한 존재자의 두 위격位格으로 설명가능 할 것이다. 위의 내용과 관련하여 『도전』에는 다음과 같은 각주가 있다. "일 반적으로 개벽은 순간 순간 변화의 새 질서를 열어 가는 천지만물의 '생명의 변화본성' 을 말한다. 따라서 천지개벽은 천지의 새 질서를 여는 이러한 우주의 변화의 리를 신도 에서 주재하고 있다. 신도의 절대권자인 증산 상제님께서 인간으로 강세하시어 우주의 1년 4계절 시간대에서 가을개벽 세계의 변화를 열 수 있는 길을 9년 천지공사로써 열어 주셨다."

서 보듯이 천지공사는 개벽의 의미로 이해되며, 이 때의 개벽도 방법적 측면에서 자연과 인간의 역사를 새롭게 예정함으로써 선경의 근거를 마련하는 절대자의 행위로 간주되어야할 것이다. 이처럼 후천개벽은 두 가지 의미를 갖는 것으로 보인다. 첫째는 **자연의 운행질서**(시간질서)가 정역의 궤도로 바로잡히는 것이고, 둘째는 천지공사를 통해 **자연의 존재질서와 문명질서**를 동시에 새롭게 재조직화 하는 것이다.[43] 위에서 인용한 '하늘도 땅도 뜯어 고쳐…'라는 구절은 신명계와 인간의 문명을 총체적으로 개벽한다는 의미를 갖고 있으며, 이는 곧 자연과 문명의 존재질서를 새롭게 조화시키려는 의지의 표현으로 받아들여진다. 이는 "천지를 개벽함"이란 구절에서 구체적으로 표현된다.[44] **이 두 가지 후천개벽의 근본정신이 바로 원시반본이다.**

문명개벽적 측면을 갖는 후천개벽은 우주 주재자로서 절대자가 인간으로 육화하여 9년간(1901~1909) 집행한 천지공사天地公事에서 찾아볼 수 있다. 다음의 『도전』구절을 통해 후천개벽으로서 천지공사가 자연과 신명과 인간(理神事)의 새로운 질서를 마련하는 것임을 확인할 수 있다. "나의 일은 천지를 개벽함이니 곧 천지공사니라. 네가 나를 믿어 힘을 쓸진대 무릇 남이 만들어 놓은 것을 인습할 것이 아니오 새로 만

---

43 이 두 가지 후천개벽의 의미는 시간질서와 존재질서란 말로 표현될 수 있다. 시간질서는 하루, 계절의 바뀜, 1년 4계절이라는 시간의 변화이다. 도수는 만물을 생성 변화케 하는 천지의 시간질서이다. 존재질서는 시간질서에 따라 변화하는 천지만물의 예정적 질서이다. 우리는 **시간질서時間秩序와 존재질서存在秩序 양 의미를 갖는 것으로 후천개벽을** 이해해야 한다. 우리는 시간질서는 생장염장의 필연적 과정을 의미하며, 존재질서는 천지공사를 통해 새롭게 예정한 문명질서를 뜻하는 것으로 이해되어야 한다고 생각한다.

44 '천지개벽'과 '천지를 개벽하고'는 뜻이 크게 다르다. 천지개벽은 하늘과 땅의 필연적 변화 질서에서 드러나는 개벽이며, '천지를 개벽 한다'는 것은 천지가 가지고 있는 상극의 기운을 상생의 질서로 개벽하는 주재자의 의지적 개벽을 말한다.

들어야 하느니라"(『도전』 5:3:6-7) 처럼 천지공사는 이미 존재하는 것과는 다른 새로운 **존재질서**를 만드는 절대자의 행위이다. 따라서 **후천개벽의 두 번째 의미**, 즉 **천지공사**는 절대자 무극신의 권능을 통해서 가능한 것이다.[45] **이러한 새로운 천지개벽은 인간의 역사와 문명이 상극질서를 벗어나 상생의 가치질서, 존재질서를 갖도록 하는 예정적 개벽**이다. 예정적 개벽은 후천개벽의 첫째 의미와 달리 무위이화적 행위가 아니라 **의지적**意志的 행위로 이해되어야 할 것이다.[46] 즉 천지공사는 선천의 상극적 존재질서, 문명질서를 후천의 이상적 존재질서, 문명질서로 현실화될 수 있도록 미리 도수로서 설정하여 그렇게 필연적으로 진행되도록 한 예정적 행위이다.[47] 이는 '새로 만들어야 한다'는 구절에서

---

45 그러나 이러한 천지공사는 절대자 단독의 행위가 아니라 신명과의 조화를 통해서, 즉 신도로써 집행한 것이다. "이 세상은 신명과의 조화가 아니고서는 고쳐낼 도리가 없느니라."(『도전』 2:21:2) "귀신은 天理의 지극함이니, 공사를 행할 때에는 반드시 귀신과 더불어 판단하노라."(『도전』 4:67:1) 증산도의 진리를 이해하기 위해서는 무엇보다 신도 神道에 대한 이해가 우선된다.

46 "지금까지 우주의 틀이 새롭게 전환되는 자연의 변화, 지구축의 변화, 그리고 이로 인한 새로운 존재질서로의 전환 등 이를 김일부는 자연적 후천개벽이라고 역설했다. 그러나 강증산은 정역의 자연적 후천개벽 사상만으로 인간의 생명을 능동적으로, 생명의 자각적인 살림의 방향으로 회복시키기 어렵다고 판단하고 민중이 주체가 되는 인위적이고 적극적이며 능동적인 후천개벽의 전개를 생각한 것 같다."(김지하, 『동학이야기』, 1999, 155-156쪽 요약) 『동학이야기』는 그 전체적인 논조가 민중 중심적 변혁이라는 주제 하에서 동학을 이해하려는 한정된 관점으로 인해 전체적인 사상의 중요성을 간과하는 한계를 갖는다. 위 글에서 자연적 후천개벽만으로 인간의 구원의 전체적 논의가 완성되지 않는다는 것은 올바른 이해다. 그리고 김지하의 주장에서 능동적인 후천개벽은 우리가 보기에 천지공사를 의미하는 것으로 생각된다. 그러나 천지공사의 주체가 민중이 된다는 것은 그의 사회운동가적 관점에서 본 편향된 시각의 결과이다. 천지공사가 능동적인 개벽인 것은 사실이지만 그 주체는 인간이 아니라 인격신으로서의 우주 통치자(절대자)라고 보아야 한다.

47 천지공사를 존재질서와 문명질서를 새롭게 하는 것이라고 말할 때, 존재질서와 문명질서라는 개념의 혼란이 느껴질 수 있다. 존재질서는 문명질서를 포함하는 상위개념이다. 그러나 여기서 존재질서라는 개념을 천지의 자연적 질서로 이해한다면, 문명질서는 자연적이지 않은, 즉 인위적인 존재들의 질서로 이해한다. 천지공사는 양자 모두에 해당된다.

●증산 상제님의 9년 천지공사의 숨결을 간직한 구릿골 전경(전라북도 김제시 금산면 청도리)

분명해 진다. 즉 천지자연의 이치로서 무위이화적 드러남이 아니라 존재의 새로운 틀을 마련하여야 한다는 의미로 이해된다. 『도전』의 다음 구절은 천지공사의 주체와 방법과 의의를 압축적으로 잘 나타내고 있다.

> 증산 상제님께서 선천개벽 이래로 상극의 운에 갇혀 살아온 뭇 생명의 원寃과 한恨을 풀어주시어 후천 5만년 지상선경세계를 세워 온 인류를 생명의 길로 인도하시니 이것이 곧 인존상제님으로서 9년 동안 동방의 한국땅에서 집행하신 천지공사라. 이로써 하늘땅의 질서를 바로잡아 천지 속에서 일어나는 신도神道와 인사人事를 조화시켜 원시반본原始返本과 보은報恩, 해원解寃, 상생相生정신으로 지나간 선천상극先天相克의 운運을 끝막고 후천 새 천지의 상생의 운수를 여시니라. 이에 만고원신萬古寃神, 만고역신萬古逆神과 세계문명신世界文明神, 세계지방신世界地方神을 거느리시어 신명정부神明政府를 건설하시고 앞세상의 역사가 나아갈 이정표를 세우심으로써 상제님의 대이상향이 도운道運과 세운世運으로 전개되어 우주촌의 선경낙원仙境樂園이 건설되도록 물샐틈없이 판을 짜 놓으시니라.(『도전』 5:1:1-9)

천지공사는 우주의 절대자가 인간으로 육화하여 하늘과 땅의 질서를 바로잡아 신도와 인사를 조화시켜 도운과 세운이 선경낙원으로 갈 수 있도록 도수(프로그램)를 예정한 행위를 말한다. 즉 천지공사의 주체는 증산 상제이며, 방법은 원시반본, 보은, 해원, 상생정신으로 천지생명의 원과 한을 풀고 신명조화정부를 건설하여 역사의 도수를 짜는 것이며, 그 목적은 도운과 세운이 예정대로 전개되어 선천의 낡은 질서가 개벽되어 후천의 새로운 문명질서가 확립되는 지상의 선경낙원을 건설하는 것이다. 가을 개벽 전의 난법 해원시대와 천지공사를 통한 신문명 예정공사는 바로 원시반본을 통한 후천선경을 준비하는 조건이며, 총체적 생명살림의 의지의 표현이다.

지금은 혼란하기 짝이 없는 말대末代이다. 말대의 혼란을 없애고 새 세상을 열기 위해 낡은 천지를 뜯어고치는 일이 증산 상제의 천지 공사이다. 하늘과 땅이 새롭게 열리는 천지개벽은 완성을 향하는 우주 질서의 변화에 발맞추어 새로운 구원자가 인위적으로, 그리고 의도적으로 뜯어고침으로써 가능하다. 혼란한 세상을 종결짓고 신천지를 여는 천지개벽을 증산 상제는 '천지를 뜯어고침'이라고 표현했다. 그리고 이러한 개벽은 인간계나 신명계 어느 쪽에 한정되는 것이 아니라 인간과 신명, 천지를 다함께 구원하는 길이었다. 생명의 근본으로 돌아가는 원시반본, 천상의 원신과 지상 인간의 깊은 원한을 끌러내는 해원, 그리고 덕을 베푼 사람과 신명에게, 또 자신의 근본(조상)에 대해 은혜를 갚는 보은, 생명을 살리고 함께 더불어 잘 살자는 상생, 이것이 천지공사의 핵심 정신이며, 생장염장하는 우주의 필연적 과정이 내포한 가을 개벽의 구원사상이다.

증산 상제는 신도神道를 바탕으로 천상의 위계질서를 바로 잡고, 이 천상의 조화정부를 주재하여 인류구원의 역사를 예정적으로 모사 謀事하고, 그것을 인간의 실천적 의지에 의해 실현될 수 있도록 성사재 인의 바탕을 마련하여 주었다(모사재천謀事在天 성사재인成事在人). 즉 천지공사는 세계 각 지방신, 세계 각 문명신, 만고역신, 만고원신 등 여러 신을 소집하여 대통일신단을 형성하고 그 통일신단에서 세계의 모든 이념, 이법, 규범, 질서를 공사로써 결정하여 앞으로의 새세계가 이 결정대로 진행되도록 한 천지문명 예정공사이다. 천지공사는 바로 가을 우주 속에서 펼쳐질 인류 미래의 새로운 문명과 역사를 천명으로 예정한 것이다.

『도전』에서는 천지공사를 통한 새로운 문명질서에 대해 그 구체적 상황을 다음과 같이 언급하고 있다.

> 강가가 성의 원시라. 그러므로 이제 개벽시대를 당하여 원시로 반본되는 고로 강가가 일을 맡게 되었느니라.(『도전』 2:37:3-4)
> 옛적에는 신성神聖이 하늘의 뜻을 이어 바탕을 세움에 성웅이 겸비하여 정치와 교화를 통제 관장하였으나 중고 이래로 성聖과 웅雄이 바탕을 달리하여 정치와 교화가 갈렸으므로 마침내 여러 가지로 분파되어 진법을 보지 못하였나니 앞으로는 원시반본되어 군사위가 한갈래로 되리라.(『도전』 2:27:2-4)
> 지금은 원시반본하는 시대니 혈통줄을 바르게 하라. 환부역조하는 자는 다 죽으리라.(『도전』 7:17:3)

이 구절들은 인간의 정치와 역사, 생명뿌리가 **처음의 근원적 상태를 철저히 성찰하여 그 참된 본성을 회복하여야 한다**는 것을 말하고 있다. 원시반본하는 시대, 즉 개벽시대는 이상선경理想仙境의 시대이다. "이제 온 천하가 대개벽기를 맞이하여… 후천은 온갖 변화가 통일로 돌아가는"(『도전』 2:42:1-3) 때이며, "하늘과 땅이 성공하는 시대"(4:14:2)이며, "모든 덕이 근원으로 돌아가는 대인대의大仁大義의 세상"(『도전』 2:18:5), "천존天尊과 지존地尊보다 인존人尊이 큰 인존시대"(『도전』 2:22:1), "남녀동권시대"(『도전』 2:53:2)이다. 후천시대의 이상적인 문명상태를 지적한 이러한 구절들은 미래세계의 새 문화는 옛것의 가치를 회복하여 이상적인 상태의 문명, 신문명으로 재창조되어야 한다는 것, 즉 **신문**

명을 향한 원시반본의 의미로 이해되어야 할 것이다.

2) 민족의 근본으로 원시반본

증산도 『도전』에서 원시반본과 관련하여 언급한 구절 중에서 가장 중요한 구절 중의 하나는 바로 민족의 근본뿌리를 찾아야 한다는 주장이다.[48] "이 때는 원시반본하는 시대라. 혈통줄이 바로 잡히는 때니 환부역조換父易祖하는 자와 환골換骨하는 자는 다 죽으리라."(『도전』 2:26:1-2) "지금은 원시반본하는 시대니 혈통줄을 바르게 하라. 환부역조하는 자는 다 죽으리라."(『도전』 7:17:3-4) 이러한 구절들은 후천개벽을 맞이하여 모든 것이 그 근본 뿌리를 찾는 때에 민족과 조상의 근본을 중요시하는 말들이며, 동시에 **인류 문명의 근본뿌리를 찾는 것은 곧 후천선경의 실현이라는 인류의 구원과 필연적으로 관련되어 있다.** 이러한 구절들이 가능한 근거는 다음의 『도전』구절에서 알 수 있다.

천지는 억조창생의 부모요, 부모는 자녀의 천지니라.(『도전』 2:26:5)
천지가 사람을 낳으니(天地生人)(『도전』 2:23:3)

천지는 억조창생의 부모이며, 자녀에게 있어서 부모는 바로 존재의 뿌리이다. 조상과 조상이 확대된 민족은 천지와 분리되어서 생각될 수 없을 것이다. "천지 알기를 너희 부모 알듯이 하라"(『도전』 11:114:1)는 것이다. 그렇다면 환부역조하고 환골하는 것은 곧 천지의 이치를 부정하는 것이며, 동시에 신과 인간의 관계를 부정하는 것이다. 그래서 증산 상제는 "부모를 경애하지 않으면 천지를 섬기기 어렵다."(『도전』

---

48 민족의 근본을 찾고, 혈통줄을 바로잡아 후천의 새문명을 여는 문제를 원시반본의 측면에서 고찰하는 것은 그 범위와 내용이 방대하고 깊어 그 주제만 가지고 따로 상세히 다루어져야 할 것이다. 우리는 그 대략적인 것만 논의하고자 한다.

2:26:4)고 말할 뿐만 아니라 "이제 인종씨를 추리는 후천 가을 운수를 맞아 선령신을 박대하는 자들은 모두 살아남기 어렵다"(『도전』 2:26:8)고 한다. 따라서 민족의 뿌리를 찾고, 선령신을 받드는 것은 천지의 이치에 따른 삶을 사는 것과 동일한 맥락에서 이해될 수 있을 것이다.

혈통과 뿌리로서의 조상과, 조상의 확대인 민족, 그리고 각 민족이 갖는 민족문화는 현대의 다양한 문화와 종교의 기원이다. 그러나 선천의 상극이치에서 분열·성장된 문화와 종교의 다양성은 각 민족 간의 피나는 전쟁으로 지구 전체를 위기로 몰아가고 있다. 이러한 각 민족의 상극적 상황은 민족의 전통적인 근본을 철저히 부정한 채 단지 현재의 이익에만 집착함으로써 생겨나는 것이다. 『도전』에서 민족의 뿌리에로의 원시반본을 강조하고, 이러한 민족적 갈등과 원한을 천지공사에 의해 다 해원시키는 것은 현재의 인간들만의 문제들에 국한되어 이해되는 것보다 후천세계에 있어서 모든 인간과 신명에게로 확대된 총체적인 상생문명의 건립을 위한 것으로 받아들여져야 할 것이다.

●**국조삼신** : 황해도 구월산의 '삼성사'에 모셔져 있는 환인, 환웅, 단군 왕검의 초상화(왼쪽부터).

"앞 세상에는 족속에 따라 나라를 세우며"(『도전』 5:332:9) 그로부터 각 민족의 근본을 정립하고, 그러한 민족단위의 국가는 다시 통일정권에 의해 조화롭게 다스려지는 시대가 도래한다. "세계일가 통일정권 공사"(『도전』 5:325:10)는 바로 지구촌이 하나의 이념과 하나의 통치원리에 의해 통일되는 것을 말함이다. 이러한 일들이 어떻게 도수로써 가능하게 되고, 또한 후천의 새로운 문명세계와 어떻게 연관되는가의 문제가 바로 민족의 원시반본에서 다루어져야 할 것이다. 민족의 근본을 되찾고, 혈통줄을 바로잡는 것이 원시반본정신에 의한 것이라면, 이는 곧 과거에 존재했던 이상적 상태를 현재에 되살펴봄으로써 그러한 이상적 상태를 다시 회복하는 것으로 이해될 수 있다.

민족의 근본에로의 원시반본은 세계일가 통일정권을 가능하게 하는 신교문명으로의 복귀, 곧 상제문화로의 복귀를 뜻한다.[49] 이맥李陌의 『태백일사太白逸史』 첫머리에 "태초에 위아래 사방에 일찍이 어둠이 보이지 않고 과거는 지나고 현재가 다가오니 오직 한결같은 밝은 빛 뿐이었다. 상계로부터 문득 삼신이 계셨으니 이는 곧 한 분 상제로서 주체는 곧 일신이시니 각각 신이 있는 것이 아니고 작용으로만 삼신이시

---

49 단학회연구부 역음, 『환단고기』(서울:코리안북스, 1998), 361쪽. 신교에서 신앙하는 절대자를 상제라고 한다. 보통 삼신상제라고 부른다. 이 삼신에는 세 가지 뜻이 있다. 우주의 창조주로서의 삼신(우주자연의 순수조화정신), 이때의 삼신은 세 가지의 창조성을 지닌 조화성신이 되어 만물을 낳고 길러내는 우주의 지극한 조화의 성령이다. 그리고 두 번째는 천상의 궁궐에서 사람 모습을 하고 우주 역사를 통치·주재하는 인격신을 말한다. 이 우주의 삼신정신을 주재하여 천·지·인 삼계를 다스리는 실제적인 하느님이 삼신 상제님이다. 보통 삼신은 이 두 가지 의미를 동시에 말한다. 셋째는 세속적인 의미에서의 삼신을 말한다. 민족사적인 측면에서 보면 민족의 역사정신으로 열어주신 국조삼신(환인, 환웅, 단군), 그리고 나의 존재측면에서 보면 자손줄을 태워주는 선령신, 즉 현실적으로 지상에 다녀간 모든 선령신들이다.(『도전』, 54−55쪽 및 안경전, 『이것이 개벽이다』, 766쪽.)

다."[50] 라는 구절이 있다. 이 일신一神이면서 삼신三神인 상제는 바로 우리 민족 시원의 종교적 신앙대상이며, 환국의 가르침의 근본이 되는 것이다. 따라서 민족의 뿌리를 찾아감에서 우리는 그 문명의 근본을 발견하게 되고, 신교문화의 맥을 찾게 될 것이다. 민족의 뿌리를 찾는 원시반본을 통해 각 민족의 뿌리가 하나의 근본에서 만나게 되며, 이는 세계 통일문명의 초석을 놓는 것이다.

증산 상제는 "나도 단군의 자손이니라"(『도전』 2:26:3) 고 말했다. 이는 한민족의 시원성과 역사성을 동시에 선언하는 말이다. 우주의 통치자인 증산 상제가 인류의 시원민족인 한민족으로, 뿐만 아니라 한민족의 뿌리 성姓인 강씨姜氏姓으로 강세하게 된 것은 우연이 아니라 민족의 근본으로의 원시반본을 실현하기 위한 필연적 과정이다. 증산 상제의 이 말은 또한 한민족에 있어서 조상은 단군임을 분명히 언급하여 주고 있다. 그럼에도 불구하고 현재의 인류는 각자의 조상을 부정하고 자신의 뿌리를 망각하며, 스스로의 근본을 찾지 못하고 환부역조를 자행하고 있다. 단군을 신화로 받아들이는 것은 조상을 부정하는 것이며, 나아가 자신의 존재 자체를 부정하는 것이다. "조선국 상계신(환인) 중계신(환웅) 하계신(단군)이 몸 붙여 의탁할 곳이 없나니 환부역조하지 말고 잘 받들기를 글로써 이렇게 경계하노라"(『도전』 5:347:16) 라는 증산 상제의 말은 우리의 현실을 철저히 반성하도록 한다.[51]

---

50 "大始上下四方 曾未見暗黑 古往今來 只一光明矣 自上界 却有三神 卽一上帝 主體則 爲一神 非各有神也 作用則三神也."

51 이에 관한 자세한 설명은 하기락의 『朝鮮哲學의 流脈』(자유인총연맹, 1994) 참조바람. 『도전』에서 인용한 이 구절은 증산 상제가 남긴 유일한 저서인 『玄武經』과 연관된 「病勢文」끝부분의 내용이다. 인류가 안고 있는 병의 대세와 의통에 관한 내용을 담고 있는 병세문에서 증산 상제는 환부역조를 경계하는 글로써 마무리를 하고 있다. 가을 개벽에 있어서 민족의 원시반본이 갖는 중요성을 다시 한 번 생각해볼 수 있는 것이다.

증산도에서 민족의 근본을 되찾는 원시반본의 중요성을 강조하는 것은 단지 인간의 도덕적 차원에서 그치는 것이 아니라, 그 문제가 신명과의 조화와 연관되어 있으며 또한 후천의 세계통일문명과 절대적으로 관계가 있기 때문이다. 즉 혈통줄을 바로잡는다는 것과 환부역조하지 말라는 것은 단지 현시대의 가정윤리의 문제에 국한되는 것이 아니라 조상신과 민족신에까지 확대된 의미로 이해되어야 하며, 나아가 신교문명으로의 원시반본과 상관해서 이해되어야 할 것이다.

> "증산도가 이 말세기적인 주체성의 위기를 극복하기 위해 네 조상의 뿌리와 네 민족의 정기를 바로잡으라고 제시하는 구원의 역사섭리는 천지성공시대의 임박에 따른 민족의 원시반본이다."[52]

민족의 근본으로의 원시반본이 어떤 측면에서 중요하며, 그것이 후천개벽과 관련하여 어떻게 이루어지는지에 대한 논의는 후천의 이상적인 문명세계와 관련해서 반드시 해명되어야 할 것이다. 민족의 근본을 찾는다는 것이 중요하다는 것은 현대의 시대적 상황을 직시해 볼 때 드러난다. 현대 국가간 분쟁은 민족적인 문제들과 이에서 확대된 종교문제가 그 원인이다. 이러한 첨예한 문제들은 민족단위의 조상신이 존재함을 인식하고 그 뿌리로 되돌아 갈 때 해소될 수 있다. 즉 "역사상 민족 간의 모든 투쟁과 갈등은 지방신이 통일되어 혈통줄이 바로잡힐 때 해소되어 사라지고 인류평화가 실현되어진다"(『도전』 4:18:1-4) 민족의 원시반본은 민족의 갈등과 투쟁을 해소하는 것이면서 동시에 신명계의 분란과 투쟁을 종식시킴으로써 신인합발의 후천문명이 이상적인 조화를 이루도록 하는 근본이 된다.

---

52 안경전, 『증산도의 진리』, 223쪽.

3) 신교문명으로 원시반본

한민족에 있어서 민족의 원시반본은 무엇이고 어떤 의미를 갖는가. 앞에서도 언급한 바와 같이 한민족의 근본은 단군 성조에서 찾아진다. 물론 그 이전 최초의 역사적 국가를 형성한 환인천제桓仁天帝의 환국시대는 인류문명의 시발점이면서 우리민족의 시원적 뿌리가 된다.

"선천개벽 후 몇 차례의 소개벽을 거쳐 지구상의 기상의 대변화가 일어난 것은 약 일만 이천년 전으로 밝혀지고 있다. 그런데 이 소개벽 이후에 다시 인간이 개벽한 최초의 원시문명이자, 당시의 한민족뿐만 아니라 인류문명의 뿌리 되는 세계최초의 시원始原 문명국가는 '천산동방天山東方'에 위치한 환국桓國으로 전해지고 있다."[53]

그러나 현대 우리나라의 직접적 뿌리는 단군조선에서 찾아질 수 있을 것이다.[54] 그럼에도 불구하고 현재 우리의 역사교육은 단군을 실재적 사건 속에서 실존했던 인물로 간주하기보다는 단군신화[55]라는

---

53 안경전, 『이것이 개벽이다』, 617쪽 및 『三聖記下』, 한국철학회편, 『한국철학사』(서울: 동명사, 1987), 17쪽 이하 참조.

54 시베리아 지방에서 발생한 최초의 국가인 환인시대는 역사상 가장 오래된 국가이다. 그렇다면 여기서 모든 문명의 전파가 이루어졌다고 할 수 있을 것이다. 문명사적, 고고학적 논증에 의하면 세계문명의 근거는 환국에서 시발한다. 다음의 내용은 신교문화의 뿌리를 이어받은 민족의 정통성을 이해할 수 있다. "옛날에 시조 추모왕鄒牟王이 이 나라를 창업하였다. 북부여로부터 나오셨는데 천제의 아들(天帝之子)이고 어머니는 하백河伯의 딸이다.… 나는 천황天皇의 아들이다.… 임종 시 황룡을 타고 승천하였다."(광개토대왕비, 『삼국유사』부록 최남선 편) 광개토대왕의 비문이 시작되는 이 구절에서 우리는 고구려의 정신적 뿌리가 한울님에 맞닿아 있고 그래서 고주몽高朱蒙은 임종 시에 다시 환인桓因과 환웅桓雄의 나라 하늘에 황룡을 타고 재귀再歸하였음을 알 수 있다.(한국철학회편, 『韓國哲學史』, 18쪽.)

55 특히 단군은 곰의 자식이라는 신화에는 철저히 우리 민족의 역사적 뿌리를 말살하려는 부정적 의도가 숨어 있다. 그러나 역사서에 의하면 고조선의 최초 통치자인 단군왕검은 배달국 말기의 역사적 인물이며, 곰이나 호랑이 이야기는 배달국 당시의 부족명칭, 즉 웅족熊族과 호족虎族에 관련된 것을 의도적으로 왜곡한 것이라고 판단된다.

말로 그 의미를 단순화 추상화하고 있다. 단군신화라는 표현은 우리의 조상과 뿌리를 철저히 왜곡하고 부정하여 한민족의 근본을 말살하려는 의도가 숨어있다. 즉 역사적 인물로서 단군을 말하는 것이 아니라 가상의 인물로 격하시켜 한민족의 뿌리를 없애려는 동기에서 나온 말이다.[56] 그러나 현존하는 역사서에 의하면 단군성조뿐 아니라 그 이전의 환웅시대와 환인시대 모두 우리 민족의 뿌리로서 실존하였던 역사적 사실이라는 것이 분명하게 드러난다. "상고시대 우리 겨레의 역사에 대하여 삼성기전三聖記全 상편上篇과 하편下篇은 각각 대동소이한 사실史實을 간략하게 기록하고 있다. 이에 따르면 1. 환국시대桓國時代, 2. 신시神市(배달)시대時代, 3. 단군檀君(조선)시대時代로 구분되고 4. (북北)부여

『환단고기』가 전해 주는
한민족사의 국통맥 9,200년

뿌리역사(삼성조) 시대			열국 시대	사국 시대	남북국 시대
환국 (BCE 7197~ BCE 3897) 7대 환인: 3301년간 (조화시대)	**배달** (BCE 3897~ BCE 2333) 18대 환웅: 1565년간 (교화시대)	**조선** (BCE 2333~ BCE 238) 47대 단군: 2096년간 (치화시대)	**북부여** (BCE 239~BCE 58) 남삼한, 최씨낙랑국 동부여, 동옥저 동예	**고구려** (BCE 58~CE 668) 백제 신라 가야	**대진국(발해)** (668~926) 후신라(통일신라)

	고려	조선	임시정부	남북분단시대
	(918~1392)	(1392~1910)	(1919~1945)	**대한민국**(1948~) 조선 민주주의 인민공화국 (1948~)

우리의 상고사는 중국과 일본에 의해 너무나 오랫동안 왜곡과 말살의 질곡에 갇힌 채 신음해 왔다. 본래 한민족의 역사는 상고사만 해도 시원국가인 환국으로부터 배달, 고조선까지 7천년에 이른다.

●**한민족사의 국통맥** : 역사는 단순한 과거가 아니라 현재를 만들어온 바탕이다. 역사를 바로 아는 것은 찬란한 미래를 열기위해 가장 중요한 일이다.

---

56 하기락, 『조선철학의 유맥』, 18쪽. "우리나라의 옛 경서와 사서는 여러 번 병화를 입어 흩어지고 없어졌다. 그러다가 후세에 소견이 좁고 생각이 얕은 자들이 중국 책에 빠져서 주周나라를 높이는 사대주의만이 옳은 것이라 하고 먼저 근본을 세울 줄 모르고 내 나라를 빛낼 줄 몰랐다."(北崖, 고동영역, 『揆園史話』, 자유문고, 1986, 7쪽.)

시대扶餘時代가 이에 후속한다."[57]

　　민족의 원시반본은 우리의 역사 속에서 조상의 근본 뿌리를 찾아 가고 그 조상의 실체를 정확히 인식함으로써 민족문화의 근본을 되살 려 현재 우리의 삶의 이상적 가치로 재창조하자는 의미를 갖고 있다.

　　민족의 주체성이 바로 서지 않은 입장에서 자아의 주체성 이 바로 서지는 않을 것이다. 여기서 민족의 시원을 살 펴 그것의 의미를 고찰하고 후천의 바람직한 문명전개 의 방향이 무엇이어야 하는가를 알아보기로 하자.

　　한민족의 뿌리로서의 환인, 환웅, 단군 삼성조시 대는 그 문화적 뿌리를 신교神敎에서 물려받았다고 전해진다. 즉 천신天神의 뜻을 받들어 나라를 세 우고 백성을 교화했다는 기록에 의하면 **인류 가 최초로 시작하는 문화의 근본은 바로 신 교에서 찾아질 수 있을 것이다**.[58] 이는 한 민족과 민족문명의 시발점이 신교에서 출발하고 있다는 것을 말한다.[59]

●**목잘린 단군상** : 전북 김제시 순동공원에 세워 진 단군상의 목이 누군가에 의해 예리한 톱으로 잘 려나갔다. 공원측이 잘린 목을 임시로 올려놓았다.

---

57 환인, 환웅, 단군 삼성조三聖祖 시대의 역사적 사실에 대해서는 하기락의 『朝鮮哲 學의 流脈』18−61쪽에 자세히 언급되어 있다. 그 내용은 『환단고기』의 「삼성기」와 「단 군세기」를 근거로 하고 있다. 환국, 배달국 신시시대, 고조선시대의 통치자를 각각 환 인, 환웅, 단군이라고 부른다. 환인은 7世 3301年, 환웅은 18세 1565년, 단군은 47세 2096 년에 거쳐 우리 민족을 교화하였다고 전해진다. 따라서 한민족은 반만년 역사가 아니 라 9000년에 이르는 장구한 역사를 가진 뿌리민족이다.

58 하기락, 『조선철학의 유맥』(서울: 자유인총연맹, 1994), 18쪽. 이하 참조.

59 안함로安含老의 「三聖記全」上篇에 다음과 같은 기술이 있다. "우리 환桓이 나라를 세운 것은 가장 오랜 옛날이었다. 한신(一神)이 있어 사백력斯白力(시베리아)의 하늘에 있으면서 오직 유일한 신이 되어 밝은 빛을 우주에 비춰 주었다. 이에 권능으로 형체를 변하여 만물을 생기게 하였다. 오래 살면서 그것을 보고 항상 쾌락을 얻었으며, 지기至

"단군 조선시대 이후로 한민족이 이제까지 가슴속에 지녀온 기본
적인 삶의 정신은 경천敬天, 만민구원의 홍익인간弘益人間, 대도의
진리로서 새롭게 다스린다는 이화세계理化世界의 3대 이념이다. 그런
데 이 민족의 구원정신은 당시 우리 민족의 국교였던 신교의 가르
침이기도 하다. 이 신교는 한민족이 광활했던 저 만주로부터 한반
도에 들어오기까지 신앙해온 본래의 시원종교이며, 지금의 유·불·
선·기독교가 출현하기 전에 전 세계 인류가 신앙해온 인류의 모체종
교이다."[60]

민족의 원시반본은 우리 민족의 근본뿌리가 단군임을 인식하고
동시에 민족의 뿌리문화의 근거인 신교와 그 근본이념을 오늘에 되살
려야 한다는 의미와 동시에 인류구원의 진리를 포함한다.[61]

"동방의 한국은 본래 신교를 닦아 상제님과 천지신명을 함께 받들

氣를 타고 다니니 묘함이 자연과 어울렸다. 형체가 없이도 보이며 하는 것이 없어도 만
들어 내며 말이 없이도 행하였다. 어느 날 동녀童女 동남童男 800명을 흑수黑水 백산白
山 땅에 내려 보냈다. 이에 환인桓因은 무리를 거느리며 하늘에 있었다. 돌을 쳐서 불
을 붙임으로 비로소 익혀 먹는 법을 가르쳤다. 이것을 환국桓國이라 하며, 천제天帝 환
인씨桓因氏라 하고 또는 안파견安巴堅이라고도 한다. 칠세七世를 이어 내려왔으나 그
햇수는 헤아릴 수 없었다." 이 환국이 우리 민족의 근본 뿌리 조상이며, 이 환국은 바로
유일신인 흔님(한울님)으로부터 그 근본 가르침을 받게 된다는 것이다. "그 후에 환웅
이 이어 일어나사 삼신의 명을 받들고…", "뒤를 이어 신인 왕검이…삼신의 뜻을 이어
받아 바름 대를 세우니…"(『환단고기』「三聖記全」上篇) 등의 구절들은 우리의 시원종
교가 삼신을 신앙하는 신교였음을 알 수 있다.

60 안경전, 『증산도의 진리』, 228쪽.

61 신교문명에로의 원시반본은 인류최초의 정교일치 체제로 돌아가는 것을 뜻한다.
"옛적에는 신성神聖이 바탕을 세움에 성웅이 겸비하여 정치와 교화를 통제관장 하였
으나, 중고中古이래로 성과 웅이 바탕을 달리하여 정치와 교화가 갈렸으므로 마침내
여러 가지로 분파되어 진법을 보지 못하였나니 앞으로는 원시반본되어 군사위君師位
가 한 갈래로 되리라."(『도전』 2:27:3–4) 단군 이전부터 부족국가의 통치자는 천신의 뜻
을 통치의 이념으로 삼았으며, 이는 정치와 종교가 합일된 상태다. 정치와 교화가 일
치됨으로써 자연과 문명과 인간의 다스림에 사사로움이 없어질 수 있으며, 이는 종국적
으로 이상적인 후천문명의 통치형태가 원시반본을 통해 이루어짐을 뜻한다.

어온 인류의 제사문화의 본고향이라. 한민족은 환국·배달·조선의 삼성 조시대가 지난 후 열국시대 이래 중국의 한족漢族과 일본에 의해 역사가 왜곡되고 민족사의 뿌리가 단절되어 그 상처가 심히 깊더니 상제님께서 이 땅에 인간으로 강세하시니라"(『도전』 1:1:5~7)는 구절 속에서 한민족의 민족신앙으로서의 신교 혹은 천신교는 단순히 한민족에 한정된 것으로 이해되어서는 안될 것이다. 오히려 지금 현대에 우리는 인간의 뿌리, 한민족의 뿌리문화인 신교문화로 원시반본하여 신교가 새로운 시대의 새로운 문명임을 인식하여야 할 것이다. 기독교, 불교, 유교, 이슬람교 등 각 종교는 특정한 지역에서 특정한 민족에 의해 신앙되어 왔다. 그러나 역사를 거슬러 시원을 더듬어 볼 때 우리는 그러한 모든 종교적 신앙의 뿌리에서 신교의 맥을 찾을 수 있으며, 그 맥은 바로 삼신사상에 맞닿아 있다는 것이다. 그리고 그 신교는 바로 우리 민족의 뿌리종교이다. 즉 이러한 모든 종교의 근원에 한민족의 신교가 뿌리로서 먼저 있었다.[62]

> 태시에 하늘과 땅이 문득 열리니라. 홀연히 열린 우주의 대광명 가운데 삼신이 계시니. 삼신은 곧 일신이요, 우주의 조화성신이니라.… 이 삼신과 하나되어 온 우주를 다스리시는 통치자 하느님을 동방의 땅에 살아온 조선의 백성들은 아득한 예로부터 삼신 상제, 삼신하느님, 상제님이라 불러오니라. 동방의 한국은 본래 신교를 닦아 상제님과 천지신명을 함께 받들어 온 인류의 제사문화의 본고향이니라.(『도전』 1:1:1~5)

---

[62] 안원전, 『동양학 이렇게 한다』(서울: 대원출판사, 1994), 221쪽 이하, 안원전, 『통곡하는 민족혼』(서울: 대원출판사, 1996), 163쪽 이하, 김상일, 『한 思想』(서울: 온누리, 1992), 43쪽 이하 참조.

이제 선천의 종교가 현대의 위기를 해결하지 못하였고, 선후천이 교역하는 우주의 가을시기를 맞이하여 민족의 뿌리 종교로서 신교가 모든 지방종교를 통일하여 세계문명의 근본으로 새롭게 드러난다는 것은 시대적 당위이며, 역사적 필연이며, 우주적 진리이다. 민족의 원시반본사상은 세계 모든 민족과 종교가 신교문화로의 복귀라는 측면에서 후천의 새로운 문명세계와 필연적 상관성을 갖는다고 볼 수 있을 것이다. 증산도에 의하면 이는 논리적 귀결도, 직관적 인식도 아닌 천지공사를 통해 도수로써 예정된 역사의 실현이다. "조선을 세계상등국으로 만든다"(『도전』 5:389:2)는 구절은 선천의 왜곡된 역사를 바로 잡아 인류의 뿌리문화인 신교의 나라 조선이 후천세계의 종주국으로 예정되었음을 선언한 것이다.

이러한 신교문화의 진리, 우주의 가을정신을 전하는 증산도는 현대에 있어서 천지와 인간의 기원, 그리고 그 목적을 원시반본하는 우주의 원리를 통하여 드러내고 있다. 후천의 지상선경이 필연적으로 도래한다는 것은 바로 원시반본사상의 핵심적 내용이다.

5. 인간생명의 근본과 원시반본 : 일심一心

우주 1년의 순환은 우주의 필연적 법칙이면서 생장염장의 과정으로 드러나는 우주 주재자의 무위이화 현현顯現이다. 이 법칙 속에서 자연과 인간은 선천과 후천의 순환과정을 겪게 되며, 이와 함께 인간 구원의 필요조건으로서 상생의 이치가 우주의 근본원리가 된다. 그러나 이것만으로 구원의 모든 문제가 해결되는 것은 아니다. 여기에 또 다른 필요조건으로서 구원을 향한 인간의 적극적 실천이 요구된다. 우주 1년의 과정 속에서 드러나는 환경적 변화를 통해서 그 가능성이 열려지는 이상세계를 현실적으로 이 땅에 건설하기 위한 인간적 조건은 무엇인가 하는 문제는 인간의 구원과 관련해서 아주 중요한 문제이며 원시반본과 밀접히 관련되어 있다.[63] 증산 상제의 "이제는 모사謀事

---

[63] 김진 교수는 증산도의 구원사상을 이중적 관점(김진, 『종교문화의 이해』, 울산대학교출판부, 1998, 85쪽 참조.) 즉 타력신앙적 구조와 민중자신의 자력적인 실천구조로 표현하고 있다. "후천선경은 형식적으로는 증산의 천지공사에 의하여 설정된다는 점에서 타력적 신앙구조로 성격 지워지는 것 같지만 실제적으로는 인간의 자력적인 실천의지가 항상 동시에 요청되고 있다."(김진, 『종교문화의 이해』, 232쪽.) 이러한 김진 교수의

는 재천在天하고 성사成事는 재인在人이니라."(『도전』 4:5:5)는 말은 인간의 실천적 의지의 중요성을 강조한 말일 것이다. 여기서는 가을 개벽기를 맞이하는 시점에 인간의 실천원리가 무엇인가란 물음을 일심一心과 관련하여 논의하고자 한다.

1) 마음개벽과 천지일심

원시반본하는 이 시점에서 인간에게 주어진 사명은 무엇인가? 원시반본 정신에 의하여 근본과 뿌리를 찾지 못하는 자들이 후천개벽이 일어날 때 다 죽는다면(『도전』 7:17:1~4) 인간 생명의 살림은 원시반본을 떠나서 있을 수 없을 것이다. 그러나 근본으로 돌아가 모든 생명의 살림을 도모하는 원시반본이 후천개벽기에 저절로 이루어지는 것은 아닐 것이다. 다시 말하면 우주 1년의 과정 속에서 후천개벽을 통한 새로운 천지 운행질서와 천지공사에서 보여지는 예정적 존재질서가 모든 인간의 구원이 필연적이라는 것을 함축하고 있지는 않다. 여기서 생명의 근원자리로의 회귀로서 원시반본이 어떻게 이루어지는지, 인간의 구원이 원시반본과 관련하여 어떻게 실현될 수 있는지를 논의하는 것이 올바른 순서일 것이다. 다음의 『도전』구절은 후천개벽과 심적 실천의 상호연관성을 잘 드러내고 있다.

> 내가 천지운로天地運路를 뜯어 고쳐 물샐틈없이 도수를 굳게 짜 놓았으니 제 도수에 돌아 닿는 대로 새 기틀이 열리리라. 너희들은 삼가 타락치 말고 오직 일심으로 믿어 나가라. 이제 9년 동안 보아

글은 후천선경과 원시반본의 상관성에 대해 대체적인 윤곽을 잡고 있는 듯이 보인다. 그러나 그의 글 속에서 우주질서의 선천구조와 후천구조에 대한 논의가 부족한 것이 단점이다. 그는 후천우주의 정역괘도에 대해서는 논의를 배제하고 있고 그로 인한 논리적 비약은 한계로 지적될 수 있을 것이다.

온 개벽공사의 확증을 천지에 질정하리니 너희들도 참관하여 믿음을 굳게 하라.(『도전』 5:414:3 - 6)[64]

위 구절은 후천개벽을 통한 선경의 가능성은 그 가능성에 대한 일심의 믿음으로써 확증되고 실현될 수 있다는 뜻으로 이해된다. 여기서 우리가 실천해야 할 일심은 원시반본의 또 하나의 의미이다.[65]

후천의 선경을 현실적으로 이 땅, 이 시대에 이루기 위한 심적 상태는 과연 무엇이어야 하는가? 이 물음은 곧 후천개벽을 통해 가능해진 이상세계를 현실적으로 실현할 수 있도록 하는 실천적 근거가 과연 무엇인가 라는 물음과 일치한다. 증산도에 있어서 구원은 크게 후천개벽이라는 타력적 요소와 심적 개벽을 통한 일심의 실현이라는 자력적 요소, 이 양자에 의해 가능하다. 앞의 물음과 관련되어 있는 이상세계의 조건은 인간 마음의 본래적 상태, 원시심原始心, 순수심純粹心, 본원심本原心을 회복하는 것이다.[66] 현대인간이 가지고 있는 무한한 욕망구조나 과학적 물신주의는 선천의 상극이치 속에서 생겨난 비본질적 마음이며, 이는 무도無道의 근거이며, 원한의 씨앗이 된다. 즉 정신의 참된

---

[64] 여기서 인용한 『도전』의 구절은 다음과 같이 첨가될 경우 그 뜻을 정확히 이해할 수 있을 것이다. 이는 후천개벽의 때에 인간의 역할에 대한 언급으로 받아들여진다. "내가 천지운로를 뜯어 고쳐 물샐틈없이 도수를 굳게 짜 놓았으니 제 도수에 돌아 닿는 대로 새 기틀이 열리리라. (그러나 그것으로 모든 것이 다 이루어지는 것은 아니다. 그러므로) 너희들은 삼가 타락치 말고 오직 일심으로 믿어 나가라…"

[65] 일심은 선경을 실현할 수 있는 실천적 방안이다. "이제 모든 일에 성공이 없는 것은 일심一心가진 자가 없는 연고라."(『도전』 8:52:1) 일심의 문자적 뜻은 한마음이다. 한마음이란 마음의 통일된 경지, 지순至純한 상태를 의미한다.

[66] 우리는 심적 개벽의 목적, 즉 심적 원시반본의 본본을 원시심原始心이라고 부르고자 한다. 2절에서 밝힌 것처럼 원시반본은 '처음의 시원을 살펴서 근본으로 돌아간다'는 의미이다. 그렇다면 심적 원시반본은 원래의 마음의 근본으로 반返한다는 의미로 이해될 것이다. 이 원래의 마음자리, 즉 원시심은 본문 속에서 순수심純粹心, 근본심根本心, 일심一心, 본래심本來心, 본원심本原心, 자연심自然心 등으로도 표현된다.

본성을 벗어난 비본질적 마음은 인간의 역사를 원한의 역사, 욕망의 역사로 만들었다. 문제는 이러한 원한의 역사를 해원하고 상생의 역사를 만드는 것이며, 그 속에서 생명을 되살리고, 선경을 실현할 수 있는 구원의 마음을 어떻게 찾을 수 있는가이다.

그렇다면 인간의 참된 삶을 찾을 수 있는 본래의 마음이란 과연 무엇인가? 혹은 인간의 본성은 과연 있는 것인가, 아니면 상황에 따라 계속해서 변해 가는 상태의 연속인가?

선진유가先秦儒家철학에서는 인간의 본성에 대해 다양하게 논의하고 있다. 공자의 인仁이나 맹자의 성선설性善說, 순자의 성악설性惡說 등은 인간의 본성에 대해 어질다거나 선하다거나 악하다고 규정한 것이

●솟대 : 인류의 원형문화를 향해 날아 갈듯한 모습. 솟대는 고조선 시대부터 내려온 민간 풍습이다. 솟대는 신을 모시는 장소인 소도에서 유래한 것이라 한다.

다. 그러나 이러한 인간의 본성은 그 자체로 인간의 모든 행위를 규정하지는 않는다. 오히려 환경에 따라 인간의 본성은 악하게도 혹은 선하게도 드러난다는 것이다. 뿐만 아니라 인간의 본성에 대한 규정으로서의 선善이나 악惡은 절대적인 개념이라기보다는 행위로 드러날 경우에 그 행위가 규범에 일치하는가에 따라서 달라지는 상대적인 개념이다. 그렇다면 유가철학에서 말하는 인간의 본성은 곧 도덕적 본성의 측면에서 논의되는 것이며 이는 상대적 가치를 가질 수밖에 없을 것이다.[67]

인간의 순수심, 혹은 원시심은 상황에 따라 달라지는 도덕적 개념이 아니라 도덕적 행위나 개념으로 구분되기 이전의 근원적 의미로 이해되어야 할 것이다. 이는 인간 구원의 조건으로 받아들여지는 마음은 상대적 가치를 갖는 도덕적 범주가 아니라, 절대적 의미를 갖는 자연적 본성, 구분되고 분화되기 이전의 순수한 심적 상태이어야 한다는 의미이다.[68] 그러나 이러한 본래의 마음은 우주의 순환원리에 의한

---

67 한국동양철학회편, 『동양철학의 본체론과 인성론』(서울: 연세대학교출판부, 1996), 172–75쪽 참조. 동양철학 중에서 유가철학은 인간을 윤리적 존재로 파악하며, 또한 그런 관점에서 인간의 본성을 규정한다는 점에서 이렇게 이해할 수 있을 것이다. 그러나 도가철학에서는 인간을 동물과 구별되는 윤리적 존재로 본다기보다는 인간과 천지만물이 서로 통할 수 있으며 같이 가지고 있는 어떤 것을 인간의 본성이라고 본다. 즉 도가의 인간관은 자연적 인간관이라고 할 수 있을 것이다.(한국동양철학연구회편, 『東洋哲學의 本體論과 人性論』, 220–221쪽 참조.) 우리는 증산도의 인간본성에 대한 이해를 도가적 이해와 상관적으로 해명하고자 한다.

68 『莊子』外篇 天地 第 十二 에 "太初有無. 無有無名. 一之所起. 有一而未形. 物得以生. 謂之德. 未形者有分. 且然無閒. 謂之命. 留動而生物. 物成生理. 謂之形. 形體保神. 各有儀則. 謂之性. 性修反德. 德至同於初"라는 구절이 있다. 이를 안동림 역주 『莊子』(서울: 현암사, 1992, 321쪽.)에서는 다음과 같이 번역했다. "천지의 시초에는 무無가 있었다. 존재하는 것이란 아무 것도 없고 이름도 없었다. 여기서 일一이 생겨났는데 일一은 있어도 아직 형체가 없었다. 만물은 이 일一을 얻음으로써 생겨나는데 그것을 덕德이라 한다. 아직 형체는 없지만 구분이 생겨 차례로 만물에 깃들면서 조금도 틈이 없다. 이것을 운명運命이라 한다. 유동하여 사물을 낳는데 사물이 이루어져 사리事理가 생긴다. 이

변화와 삶의 가치의 다양화, 존재본질의 상실로 인해 절대적 본성을 상실하고 상대적 의미로 전락하게 된 것이다. 현대의 위기의 원인은 바로 여기서 찾아질 수 있을 것이다.

위기의 원인이 분열된 마음에서 찾아진다면, 위기의 해결책은 분열된 마음의 통일에서 구해질 수 있다는 결론이 자연스럽게 도출된다. 원시반본을 "무극의 통일상태로 돌아감"이라고 해석할 때, 그 통일상태는 생명이 음과 양으로 나누어지기 이전, 즉 주객이 분리되기 전 인간과 우주생명의 상대성을 초월한 절대자리이다.[69] 그 중 인간 마음의 통일상태는 바로 **다양한 가치로 분화되기 이전의 마음상태, 절대적 가치로 존재하는 통일된 심적 상태를 의미**할 것이다. 다시 말하면 마음의 경계가 사라진, 그래서 절대적 가치를 회복한 상태를 마음에 있어서 무극의 통일상태라고 할 수 있다. 그렇다면 이러한 원시심은 구체적으로 어떤 마음상태인가.[70] 『도전』에서 인용한 다음의 구절은 마음의

─────────

를 형체形體라고 한다. 형체는 정신을 지키고 각기 고유한 법칙이 있다. 이것을 본성本性이라고 한다. 본성이 잘 닦여지면 본래의 덕으로 돌아가고 덕이 지극한 데에 이르면 태초의 상태와 같아진다." 필자의 생각에는 여기서 말하는 덕德이 인간의 원시심의 상태를 말하는 것이고, 성(性:本性)이란 것은 이 원시심에서 분화된 것으로 이해된다. 따라서 원래 인간의 본성은 도道로부터 생겨난 것으로써 장자는 그것을 덕德으로 표현하고 있다. 그러나 도道에서 생겨난 덕德은 비록 도에서 생겨난 파생적인 것이지만 도道와 다르지 않다는 의미로 이해된다. 여기서부터 다시 분화가 일어나면 명命과 이理와 성性이 생겨난다. 따라서 다양하게 분화되기 이전의 덕德은 인간에 있어서 상대적인 것이 아니라 근원적이며, 이차적인 것이 아니라 일차적인 것이며, 이를 근본심根本心, 혹은 원시심原始心으로 이해할 수 있을 것이다. 이는 "성수반덕性修反德. 덕지동어초德至同於初"이란 구절에서 알 수 있다. 즉 본성이 잘 닦여지면 이를 덕德이라 하고, 덕德은 곧 최초의 상태(도道와의 경지) 같아질 수 있다는 것이다. 결국 인간의 본성으로서의 원시심原始心은 도덕적 차원에서 머무는 것이 아니라 이를 넘어선 상태라는 것을 알 수 있다.

69 안경전, 『증산도의 진리』, 15쪽.

70 장자는 이상적 인간을 성인聖人, 신인神人, 지인至人, 천인天人 등으로 표현한다. 장자가 보는 이상적 인간은 본성을 회복하여 그 본성에 내맡겨 살아가는 사람이다. 본성

이러한 경지, 즉 원시심은 곧 천심天心임을 말하는 것으로 이해된다.

> 대인을 배우는 자는 천지의 마음을 나의 심법으로 삼고 음양이 사
> 시四時로 순환하는 이치를 체득하여 천지의 화육에 나아가나니 그
> 런고로 천하의 이치를 잘 살펴서 일언일묵一言一黙이 정중하게 도
> 에 합한 연후에 덕이 이루어지는 것이니라.(『도전』4:95:11－12)

천지의 마음을 나의 심법心法으로 삼는다는 것은 인간의 마음은
곧 하늘의 마음이어야 함을, 그리고 그렇게 하여 천지의 이치와 마음
씀(心法)이 일치하여야 함을 강조한 것이다. 그 때 인간의 본래 마음(원
시심)은 사사로움이 없는 공평한 마음, 곧 천지심天地心이라고 할 수 있
을 것이다. 이러한 마음의 근본자리로 되돌아 감(심적 원시반본)은 곧 천
지의 이치와 일치함, 혹은 위 『도전』의 인용문처럼 우주의 사시四時,
즉 생장염장의 순환법칙에 대한 체득體得이며, 이는 바로 도道의 근원
에 합치하는 것을 뜻한다고 볼 수 있다. 다시 말하면 근본적으로 생명
의 본 바탕자리를 찾아가는 것이라고 생각할 수 있을 것이다.

후천선경의 실현이라는 인간 구원의 구체적 모습은 마음의 근본자
리로 돌아감, 즉 마음의 절대적 상태의 회복에서 이루어질 수 있을 것이
다. 이러한 마음 개벽, 심적 원시반본의 방법적 측면은 초월적 차원
에서 이루어지는 것이 아니며, 또한 절대자의 은총에 의해 주어지는
것도 아니다. 이는 실천적인 인간의 마음씀에서 이루어질 수 있는 것
이며, 후천선경의 인간적 조건이며, 생명의 근본자리를 회복하는 것이

의 회복은 인간이 원래 가지고 있었으나 지식, 욕망, 분별심 등에 가려져 있는 덕德을
되찾는 것이다. 이러한 본래적 자아의 회복을 흔히 '반본복초返本復初'(근본으로 되돌
아가며 처음의 상태를 회복하는 것)이라고 한다.(『莊子』, 繕性篇, "反其性情而復其初",
안동림 역주, 『莊子』, 408－409쪽 참조.)

다. 다음의 『도전』구절은 마음의 중요성을 알려주고 있으며, 그 마음자리는 인간의 현실적 노력의 차원이라는 것을 보여준다.

> 천지만물天地萬物이 시어일심始於一心하고 종어일심終於一心이니라. 천지 만물이 일심에서 비롯하고 일심에서 마치느니라. 일심이 없으면 우주도 없느니라. 너희는 매사에 일심하라. 일심하면 안되는 일이 없느니라. 일심으로 믿는 자라야 새 생명을 얻으리라.(『도전』2:91:2~5)

이 구절은 아주 중요한 의미를 갖는다. 존재하는 모든 것이 일심에서 비롯된다는 것은 언뜻 관념론적觀念論的 세계관을 연상케 한다. 즉 존재하는 모든 것들의 존재성을 주관主觀에서 찾는 것으로 생각된다. 그러나 이렇게 이해한다면 마음의 문제에 초점을 두는 것이 아니라 세계의 존재성에 초점을 두는 것이 된다. 이 구절의 본래의 의도는 마음이란 어떤 것인가를 드러내는 것이다. 일심에서 천지가 비롯된다는 것은 마음이 천지의 존재근거라는 의미로 해석되기보다는, 천지의 이치, 우주의 원리는 마음에 의해 깨침으로서 그 진리성이 드러난다는 의미이다. 즉 이 구절에서 '매사에 일심하라'의 의미는 일심을 갖도록 노력하라는 것이며 그 노력의 주체는 바로 인간이다. 일심을 갖는다는 것은 마음개벽을 통해 인심人心이 천심天心임을, 그리고 천심이 일심一心임을 깨달음으로써 인간 본래의 마음자리, 원시심을 회복하는 것이며, 이는 인간 생명의 본래성을 회복하는 것이다.[71]

---

71 사실 이러한 논의는 철학적 견지에서 논증論證하는, 혹은 논증되는 것이 아니라 인간의 절대적 심적 가치의 회복에 대한 정당성, 혹은 당위를 강조하는 말이다. 즉 인간의 원래적 심적 본성을 회복함으로써 삶의 새로운 질서를 가능하게 하고 그렇게 함으로써 현대의 위기를 극복해야 한다는 당위이다. 이를 우리는 증산도의 진리 속에서 규명하고자 하는 것이다.

2) 일심으로의 원시반본

그렇다면 이러한 일심은 어떻게 가능한가. 즉 인간은 어떻게 함으로써 원래의 근본적인 통일된 마음자리를 회복할 수 있는가. 결론적으로 말해서 이러한 마음의 회복은 수행의 결과이지 논리의 결과로 보아서는 안 될 것이다. 『도전』에 "내가 삼계대권을 맡아서 선천의 도수를 뜯어고치고 후천을 개벽하여 선경을 건설하리라. 너희들은 **오직 마음을 잘 닦아** 앞으로 오는 좋은 세상을 맞으라"(『도전』 2:74:2-3)라는 구절과, "마음 닦는 공부이니 심통心通공부 어서 하라"(『도전』 11:250:10)는 구절은 바로 마음 닦는 수행의 중요성을 일깨워주고 있다.[72]

"도통천지 해원상생道通天地 解冤相生"(『도전』 11:249:6)이란 구절에서 '도통천지'는 우주의 원리를 일심의 경지에서 통찰함이며, 이는 천지의 원리와 인간의 마음씀이 서로 다른 것이 아님을 깨닫는 차원으로 이해될 수 있다.[73] "도통천지 해원상생道通天地 解冤相生"은 도통천지의

---

72 "주자의 성즉리性卽理란 외물관찰 및 독서를 바탕으로 한 개념적 사색과 논리적 추론에 의거해서 인간 본연의 성性이 바로 우주의 일리一理와 같다는 사실을 이해하고 천명한 것이고, 상산의 심즉리心卽理란 직접 본심本心을 발명發明하고 회복함, 즉 그의 마음이 우주와 합치된 체험을 통하여 나의 본심과 인간 모두의 본심이 바로 우주의 일리一理와 합치되어 있는 존재임을 깨닫고서 천명한 것이라 하겠다."(안영석, 『象山心學에 關한 硏究』, 영남대학교 대학원 철학과 박사학위논문, 1998, 41쪽.)

73 "일이 금방 된다고 해도 천지일심으로 하나가 되어야 일이 되느니라."(『도전』 8:91:6) 일이 금방 된다는 것은 후천개벽을 의미하고, 이러한 후천개벽의 선경은 천지일심으로 근본적 마음을 회복할 때, 즉 원시심의 통일 상태에서 가능하다는 의미이다.

중국 송대宋代 육구연陸九淵은 천지일심에 대해 "宇宙便是吾心, 吾心卽是宇宙"(陸九淵, 『象山先生全集』, 卷36, 商務印書館, 1968, 「年譜」489쪽.)라는 말로 표현하고 있다. 이는 "우주는 곧 내 마음이고, 내 마음은 곧 우주다"라는 의미이다. 상산象山 철학의 본질은 인간의 본성을 밝히고 회복하는 것으로 이해된다. 이는 일심을 인간의 본성으로 보고 이를 본체심本體心, 본체적本體的 본심本心, 심본체心本體라고 부르는 것과 일치한다. 즉 무한한 우주는 곧 내 마음의 본체와 같다는 주장이다.(안영석, 『象山心學에 關한 硏究』, 50-62쪽 참조.) 이러한 본체심의 회복은 수행의 결과이지 논리의 결과로 보아서는 안될 것이다. 『도전』에 "내가 삼계대권을 맡아서 선천의 도수를 뜯어

경지가 해원, 상생과 상관적임을 보여준다. 천지의 도통은 선천의 상극질서로 인해 삐뚤어진 천지가 본래의 근본을 회복하는 것이며, 원과 한에 사무친 모든 생명존재와 신명존재를 해원하는 것이다. 이는 궁극적으로 상극이 아니라 상생을 근본 이치로 갖는 새로운 세상의 바탕이 될 것이다. 일심의 경지에서 천지의 이치가 인간의 마음씀과 같음을 통찰하는 것, 즉 마음의 근본으로 원시반본하는 것에는 먼저 해원과 상생이 요구되어야 한다.[74] 인간과 신명의 원의 뿌리가 남아있는 상태에서, 그리고 우주 자연의 상극의 이치 속에서 일심의 경계는 찾아질 수 없을 것이기 때문이다.

인간이 구원되기 위해서는 구원의 요소가 있어야 할 것이다. 인간이기 때문에 구원되어야 하는 것이 아니라 인간의 어떤 측면 때문에 구원되어야 한다는 것이다. 증산도에서는 구원의 대상에 대해 "오늘날의 인류는 그 누구도 죽음에 이르는 병에 걸려 있다. 인간이 범한 죄악으로부터 커지기 시작한 이 병의 뿌리는 무엇으로부터 잉태된 것인가… 이 죄악과 죽음의 근원은 마음 깊은 곳에 맺혀 있는 '원한冤恨'으로부터 나온다."[75]고 말한다. 이 말에서 우리는 증산도의 구원관은 인

고치고 후천을 개벽하여 선경을 건설하리라. 너희들은 **오직 마음을 잘 닦아 앞으로 오는 좋은 세상을 맞으라.**"(『도전』 2:74:2‑3)라는 구절과, "마음 닦는 공부이니 심통心通 공부 어서 하라."(『도전』 11:250:10)는 구절은 바로 이러한 의미로 이해된다.

[74] 증산도에 있어서 인간의 본질적 마음으로서 '천지일심' 혹은 '일심'은 인간의 실천과 관련되어 있지만 이를 윤리적 개념으로 생각해서는 안 될 것이다. 유가적 의미의 마음의 본성은 도덕적 관점을 벗어나서는 성립될 수 없을 것이다. 필자의 견해로는 증산도의 일심은 도가적 의미의 심을 통해 더 잘 해명될 수 있으며, 천지자연의 본성을 통해서 이해되어야 한다. 즉 인간본래의 마음으로서 일심은 윤리적 가치규범이 분화되기 이전의 통일된 순수심, 자연심, 천지심이다. 이에 반해 해원과 상생 보은은 윤리적 실천과 무관하지 않다. 그러나 이러한 윤리적 실천개념도 완전히 인간만의 문제로 그치는 것이 아니라 자연적 상황을 배제하고는 이해될 수 없다. 천지와 인간과 신명의 해원이며, 상생이며, 보은이다. 증산도의 심법은 자연을 떠나서 완전히 이해될 수는 없을 것이다.

[75] 안경전, 『증산도의 진리』, 194~195쪽, 및 2:52:1‑5.

간이 구원되어야 하는 까닭을 원한에서 찾고 있다는 것을 알 수 있다.

이러한 원한이 생겨나는 기원에 대해서 『증산도의 진리』는 "인간
은 누구나 뜨거운 소망과 욕망을 가지고 아름다운 꿈을 가지고 살아
간다.… 인간은 자신의 동기가 본래 선의든 악의든 간에 자신의 불타
는 소원과 욕구 충동이 일단 좌절되면 가슴에 응얼병이 들어 분통이
터지고 마음 깊은 곳에 원한이 맺힌다. 이것은 육신을 쓰고 있는 인간
의 영원불변한 순수한 본질이다.… 인간의 죄는 마음에서 일어나서 말
과 생각함으로 번지며 행동으로 옮길 때 표면화된다. 죄의 뿌리가 원
한 속에 뻗어 흐르고 있다."[76]고 밝히고 있다. 즉 인간의 원한은 바로

●**대원사 칠성각** : 증산 상제님이 천지대신문을 여신 곳. 대원사 칠성각은 박금곡이 대원사 중창시에 처음
세웠으며 상제님 재세시에는 방이 두 칸이었으나 후에 세 칸으로 개축되었다.(『도전』 측주 2:3:1)

---

76 안경전, 『증산도의 진리』, 195쪽.

인간의 무한한 욕망구조 속에서 드러난 것이며, 이러한 **욕망구조는 선천 인간의 본질**이라는 것이다. 선천의 이치는 인간을 욕망과 충동의 존재로 이끄는 상극적 상황을 드러낸다. 선천의 자연 속에서 분열된 인간의 본성은 우주의 가을 개벽과 함께 구원의 계기를 마련하여야 하며, 그 계기는 바로 일심의 회복, 심적 원시반본이다.

증산도의 죄악개념은 기독교의 원죄原罪와는 달리 인간의 문제이고 이 인간의 문제는 상극의 이치로 인한 욕망의 구조, 그리고 원한의 불가피성에서 찾아질 수 있다. 따라서 인간이 구원되기 위해서는 원한을 풀어버림으로써 욕망과 죄악과 고통의 근원을 없애 버려야 한다. 이를 해원解冤이라고 한다.[77] 즉 해원은 욕망의 소멸이면서 동시에 고통과 죄의 소멸이며 반드시 이를 통해서만 구원이 가능하다. 그렇다면 인류구원의 단서는 일차적으로 해원에서 찾아질 수 있을 것이다. 다음의 『도전』구절은 해원의 중요성을 말하는 것이다.

> 각기 원통함과 억울함을 풀고 혹은 행위를 바로 살펴 곡해를 바로 잡으며, 혹은 의탁할 곳을 붙여 영원히 안정을 누리게 함이 곧 선경을 건설하는 첫걸음이니라.(『도전』 4:17:8)

이는 천지와 인류역사 속에 누적된 원한의 고리를 풀어 버릴 때 지상선경을 향한 구원의 문을 열 수 있으며, 상생의 대도를 실현할 수 있

---

[77] "증산에 의하면 후천선경의 시대는 선천시대의 상극적 원한을 해체함으로써 마련될 수 있으며, 이것은 그 자신에 의해 수행되는 천지공사를 통해서만 가능하다고 강조한다. 증산은 이러한 선천적 원한을 완전하게 척결하기 위해서는 모든 원한의 원인이 되는 최초의 원한을 해소해야 한다는 이른바 원시반본사상을 강조했다"(김진, 『종교문화의 이해』, 84쪽.) 인용문에서 볼 때 김진 교수는 구원에 있어서 해원이 갖는 근원적 성격을 중요시한 것 같다. 해원은 선천시대의 원한을 적극적으로 해체하는 행위로 이해된다. 원한과 해원에 대한 자세한 논의는 본서 3장에서 살펴보도록 한다.

다는 것이다. 해원은 인간과 신명의 한과 죄의 근원으로 돌아가서 그 한의 고리를 풀어 버림으로써 후천선경의 새로운 문명를 만들어 가는 방안이다. 이러한 해원은 천지의 질서를 바로잡고 신도를 바로잡으며, 인간의 이상적 문명을 예정하는 천지공사 속에서 구체적으로 현실화된다.

인간의 무한한 욕망구조는 앞에서 살펴본 바와 같이 선천의 상극적 이치로 인한 이차적인 것이지 본래적인 것은 아니다. 즉 인간이 무한한 욕망구조를 갖고 죄를 탄생시키는 것은 선천의 뒤틀린 환경 때문이다. "선천에는 상극의 이치가 인간 사물을 맡았으므로 모든 인사가 도의에 어그러져서 원한이 맺히고 쌓여 삼계三界에 넘침에 마침내 살기가 터져 나와 세상에 모든 참혹한 재앙을 일으"(『도전』 4:16:2 - 3)킨다. 따라서 인간의 원한의 근거는 바로 선천의 자연환경이다. 원래 인간의 마음의 본질은 무극의 통일상태, 즉 일심으로 존재한다. 그러한 일심의 상태는 자연환경의 상극질서로 인해 분열 성장하여 무한한 욕망구조를 갖게 되었다. 따라서 해원은 상극의 이치로 인해 분열된 마음을 통일시키는 조건으로서 일심과 상관적으로 이해될 수 있을 것이다.

후천개벽을 통한 상생의 이치 속에서 자연과 인간과 신명이 조화로운 생명의 뿌리를 되찾아가기 위한 조건은 해원이다. 이는 해원이 인간의 힘만으로 이루어지지 않는다는 것을 함의한다. 증산도의 죄악과 구원의 문제는 완전히 인간의 실천의 차원도 아니고 그렇다고 완전한 초월적 차원도 아니다. 역사에 기록된 원한의 기원은 단주丹朱의 원冤이며, 그 원한이 풀릴 때 인간의 모든 원한의 고리가 풀린다는 것은(『도전』 4:17:1), 원과 한, 그리고 해원이 인간적인 관계 속에 있다는 것을 뜻한다.[78] 그러나 더 나아가 살펴보면 이러한 원冤의 역사의 근원은 선천의 상극구조 때문이다. 즉 선천의 원한은 선천의 상극질서 속에서 발생한 인간의 행위로 인한 것이라고 보여진다.

원한의 근거가 선천의 우주환경으로 인한 인간의 상극적 행위 때문이라면 해원의 가능성은 인간의 힘만으로는 불가능할 것이다. 후천개벽과 천지공사는 우주 주재자의 절대적 권능에 의해 이루어지며, 이는 해원의 가능근거이다. 선천의 역사에서 쌓인 죄업과 원한이 해원되고 천지의 이치가 상극에서 상생으로 전이됨으로써 인류의 역사와 문명은 그 본래적 조건을 회복할 것이며, 인간의 심적 본성도 그 근원적 경계를 마련할 수 있을 것이다. 해원과 상생은 인간의 원을 끌러 버리는, 그리고 인간 상호간에 생명을 살리는 한정된 의미만으로 해석되어서는 안될 것이다. 이는 자연과 인간과 신명의 해원, 상생이라는 총체적 의미에서 설명되어야 한다. 해원은 분열성장하는 선천에서 어그러진 생명의 본래성을 바로잡는 것이며, 상생은 해원된 존재의 총체적 상호살림이다. 이러한 해원상생은 이상적인 선경을 건설하는 토대이며, 일심으로 원시반본하는 조건이다.

---

78 "이 때는 해원시대라... 이제 원한의 역사의 뿌리인 당요의 아들 단주가 품은 깊은 원을 끄르면 그로부터 수 천년 동안 쌓여 내려온 모든 원한의 마디와 고가 풀릴지라."(『도전』 2:24:1−5)

6. 이 장을 나서며

　19세기말에 태어난 강증산 상제의 눈에 비친 사회는 어떤 사회였을까? 부패 관료에 착취당하고 일제에 수탈당하는 민중들의 모습은 인간 강증산의 눈에 말 그대로 '희망 없음'이며, 그 희망 없음의 뒤편은 원冤과 한恨이라는 가시가 가슴을 꿰차고 있었다. 그러나 이러한 사회적 모습은 드러난 현상에 불과했다. 어렸을 때부터 신동이었고, 천지의 이치를 스스로 깨우친 증산 상제는 당시의 조선 땅을 순회하면서 세상이 참으로 원하는 것이 무엇인지를 고민했다. 결국 수년간의 명상과 수도를 통해 천지대신문을 열고 스스로 우주의 주재자임을 알게 된 증산 상제는 삼계대권의 집행자로서 새로운 세상의 필연적 도래를 예정하였다. 인간의 병든 모습 뒤에 드러난 우주는 말 그대로 "선천은 상극의 운"(『도전』 2:17:1)이었고, 가을의 시간을 준비하는 우주의 흐름은 숙살지기로 천지와 인간을 뒤덮고 있었다. 증산 상제의 천지공사는 여기서 시작된다. 천지의 원한을 풀고, 새로운 세상의 이치를 "상생의 운"(『도전』 2:18:3)으로 개벽하였다. 우리는 지금까지 우주와 인간을 살리는 천지의 새 틀의 이러한 열림을 증산 상제가 말하는 원시반본을 중심으로 살펴보았던 것이다.

현대는 상극의 이치가 지배하는 시대이므로 천지와 인간과 신명은 그 본래적 존재성을 상실하고 근원적 생명성을 잃어버렸다. 이러한 선천의 병든 하늘과 땅, 그리고 인간은 필연적으로 잃어버린 본래성을 찾을 수 있는 결정적 전기를 필요로 한다. 생장염장하는 우주의 변화 속에서 우주 내 모든 존재자들의 존재방식과 인간의 삶의 가치를 변화시키는 틀바꿈이 바로 개벽開闢—더 정확히 후천개벽後天開闢—이다.

후천개벽이란 천지운행의 질서가 바뀌고, 천지의 이치가 변화하는 총체적 변국이다. 이 변국은 우주의 계절이 바뀌는 시기에서 일어나며 그 과정에서 천지만물은 분열·성장을 멈추고 수렴·통일 작용을 하게 된다. **후천개벽을 통한 이러한 틀전환은 생명의 본래성을 회복하는 아르키메데스적 일점이다.** 원시반본은 천지와 인간의 기형적 모습을 고치기 위한 필연적 방안이다. 세상의 크고 작은 온갖 병은 욕망과 원한 그리고 여기서 확대된 '사회 도덕의 무도無道'로부터 나온다. 이러한 병의 일차적 원인은 선천의 상극질서에서 기인한다. 따라서 증산도적 구원관을 이해하기 위해서는 우주관과 문명관, 그리고 인간관을 함께 다루어야 한다.

원시반본은 우주의 가을개벽기에 천지와 문명이 변화하는 기본정신이면서 후천선경을 실현하기 위한 인간실천의 기본방향이다. 우리는 원시반본의 본질을 우주론적 측면과 문명사적 측면, 그리고 인간의 실천적 측면을 중심으로 살펴보았다. 이 세 가지 측면이 갖는 공통의 주제는 바로 **우주심판의 가을정신에서 생사를 판단하는 때에 모든 것은 원시반본하여야 한다는 것이며, 이는 바로 개벽함으로써 구원의 길을 연다는 것이다.** 원시반본에 의해 열리는 10천의 지상후천선경은 인간이 주체가 되고, 목적이 되는 인존시대이다.

역사이래로 인류는 철학·정치·과학 등을 통해 새로운 이상세계의 모습을 꿈꾸어 왔고, 그러한 이상세계의 실현은 바로 인류의 구원을 의미한다고 생각해 왔다. 인간의 도덕적 이상사회인 목적의 왕국이나, 플라톤의 이상국가, 과학의 진보로 인한 풍요로운 물질적 세계 등은 인간에게 현재의 삶의 반가치反價値를 극복한 새로운 이상세계로 인식되었고, 그러한 이상세계의 실현은 바로 인간의 손에 달려 있다고 믿어왔다. 뿐만 아니라 기존의 종교에서도 이상세계를 통해 인간의 구원을 약속해 왔다. 기독교의 천년왕국이나 신의 나라, 불교에서 말하는 불국정토 등은 종교적 이상세계이고 이러한 이상세계에 들어가는 것은 바로 인간의 구원을 의미했다.

그러나 수천 년을 지속해온 이러한 기존의 구원관은 한계를 가지고 있다. 인류가 원하는 것은 인류의 구원이다. 그러나 이러한 인류의 구원은 인간에게만 한정될 때 진정한 의미의 구원이 될 수 없다. 인간의 진정한 구원은 인간뿐만 아니라 그 외 모든 존재자들이 그 본래성을 회복할 때 완성될 수 있을 것이다. 인간과 천지와 신명, 즉 모든 존재하는 것들의 새로운 존재질서의 확립, 새로운 존재가치의 회복, 새로운 생명뿌리의 살림에서 인류의 구원이 실현된다는 것이다.[79] 이것이 바로 **후천 가을개벽이 담지하고 있는 총체적 생명살림의 원시반본정신**

---

[79] "이제는 지상의 인간 구원만을 외치는 종교나 사상은 아무런 의미가 없게 되어버린 대변국의 시대이다."(안경전, 『이것이 개벽이다』, 785쪽.)

이다.

그러나 이러한 우주의 철바뀜과 함께 오는 후천의 개벽은 가을이 낙엽을 떨구는 동시에 또한 열매를 맺는 것과 같이 병겁의 정의와 구원의 사랑이라는 심판을 동반한다. 이 때는 생사를 판단하는 때이다. **상극의 선천에서 상생의 후천으로 개벽**되는, 다시 말해서 우주의 여름에서 가을로 넘어가는 과정에서 인간에게 어떠한 일이 벌어지고, 인간은 이러한 철바뀜의 환겁을 어떻게 극복하여 새로운 이상세계 속에서 새 생명의 뿌리를 찾을 수 있는가 하는 것이 가을개벽의 때에 원시반본이 갖는 궁극적 의미라고 생각된다.

지금까지 살펴본 원시반본에 대한 논의를 통해 우리는 우주의 환절기에서 인류의 역사가 어떻게 전개되는가, 그리고 또 우주의 가을개벽기에 후천의 신문명을 열기 위해 인간은 무엇을 어떻게 하여야 하는가라는 물음에 대한 증산도적 해결책으로 원시반본사상의 필연성과 절대성을 살펴보았다.

인간은 언제나 현재와는 다른 이상사회를 원해 왔다. 그리고 새로운 존재질서와 이상적인 삶을 만들기 위해 인간은 철학과 윤리와 과학을 사색하여 왔다. 그러나 이러한 인간의 노력은 이성이 가진 근원적 한계로 인해 불완전한 모습으로 그려질 뿐이었다. 이제 우리는 인간의 한계를 겸허하게 인정함으로써 새로운 시대를 위한 절대적 삶의 기준을 찾아야 하고, 그러한 진리는 구하는 자에게 보여지게 된다는 믿음을 요구하게 되었다. 여기서 보여진 **구원의 대도大道가 바로 시원을 살펴서 천지와 인간과 생명의 본질을 회복하는 우주의 가을정신, 원시반본이다.**

Chapter 2.

보은
— 반반지은半飯之恩도 필보하라 —

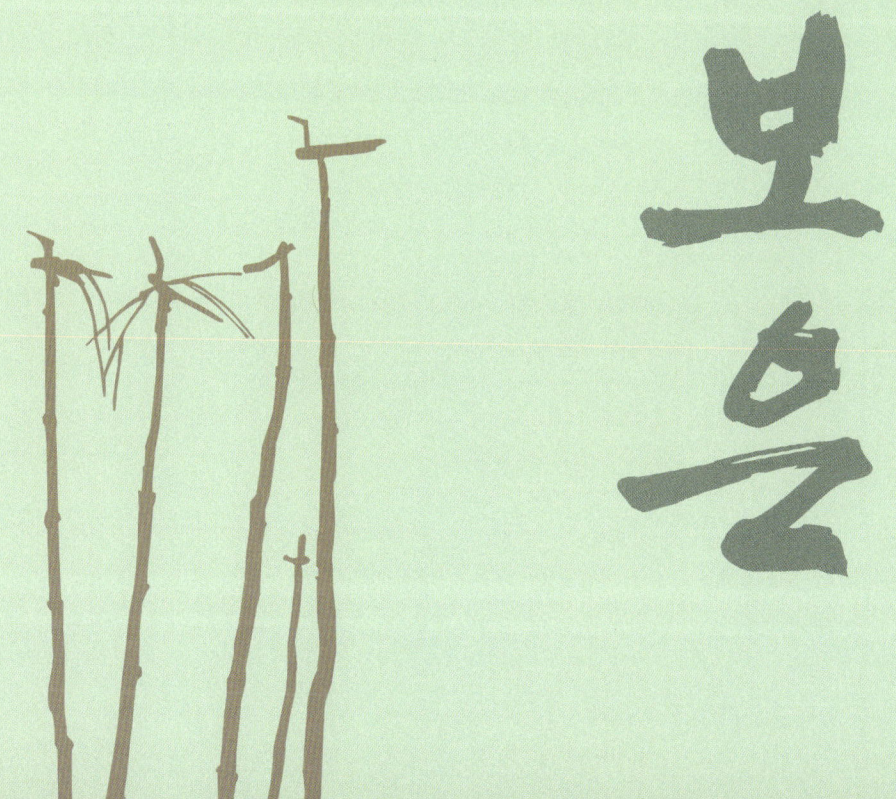

보은이란 은혜를 갚는다는 뜻이다. 이는 우리 인간의 삶에서 너무나 상식적인 인간관계이다. 우리는 은혜를 모르는 인간에 대해 '배은 망덕한 놈'이라고 비난한다. 그러한 사람을 짐승만도 못하다고 말하기도 한다. 은혜를 갚는 것이 얼마나 중요한 것임을 잘 알려주는 것이다. 우리 인간은 누구나 은혜를 입고 갚으며 살아가고 있다. 그것이 서로 유기적 관계에 있을 때 인간은 인간다운 삶을 살아갈 수 있다. 그래서 우리는 다른 어떤 잘못보다도 은혜를 모르는 인간에 대해 큰 비난을 하는 것인지도 모른다. 이 장에서는 증산도 사상에서 은혜란 무엇이고, 그것을 갚는 것이 왜 중요한지를 다양한 논의를 통해서 논증하고자 한다. 특히 원시반본의 실천이념으로서 보은이 갖는 의미를 논리적으로 설명해보고자 한다.

1. 우주와 인간의 유기체적 관계

증산도 우주관에 의하면 우리가 살아가는 우주는 만물이 상호대립적 존재관계로 성립하는 개체독립적 우주가 아니라 모든 존재자들 각자가 유기적 관계 속에서 유기적 작용을 하는 유기체적 우주이다. 이러한 유기체적 우주관은 존재하는 천지자연의 제 현상들을 합리적으로 설명할 수 있을 뿐만 아니라 존재해야할 이상적 신관과 인간관 및 윤리관을 설명하는 핵심적 요소이다. 우주관 혹은 자연관에 기반하지 않은 신관이나 인간관 및 윤리관은 그 자체 공허한 담론에 그칠 뿐이며 그 진리성의 근거가 없는 사상누각砂上樓閣에 불과할 것이다. 그래서 선철先哲들은 인간관이나 윤리관을 설명하기 위해서 먼저 우주와 자연에 대해 관심을 갖지 않을 수 없었던 것이다.[80]

---

80 고대 그리스의 자연철학자들뿐만 아니라 근세, 현대 철학에서도 우주관과 존재론에 대한 명확한 이해를 전제로 인간의 윤리적 속성을 설명하였다. 철학적 사유를 처음 시작한 밀레토스의 자연철학은 신화적 사고방식, 가치판단의 탈피를 의미하면서 동시에 합리적 사유와 윤리적 가치판단의 출발을 의미한다. 철학의 관심이 자연에서 인간으로 바뀐 소피스트 시대에 와서도 상대주의적 윤리관의 전제는 자연에 대한 절대적 진리가

보은사상을 이해하기 위한 중요한 요소는 바로 우주와 인간과 신명의 유기적 상관성을 밝히고 있는 증산도 우주론이다. 우리는 원시반본, 해원, 상생 등 증산도 개벽사상을 대표하는 주제에 대해 공부하면서 이러한 사실을 확인할 수 있었다. 이런 견지에서 볼 때 지금 우리가 접근하고자 하는 보은 사상 역시 단순히 인간대 인간의 은혜 입음(被恩)이나 은혜 갚음(報恩)에 대한 한정된 담론으로 이해되는 것이 아님은 분명하다. 오히려 보은사상이야말로 우주론적 원리에 대한 인식을 근거로 하며, 이를 바탕으로 해서만 인간 삶의 근본 원리로 확정될 수 있을 것이다.

　　우리의 관심은 **은혜를 갚는다는 다분히 윤리적 의미를 갖는 보은사상이 사실은 그 근저에 우주론적 토대를 깔고 있음을 확인하는 것**이며, 그렇게 함으로써 증산도의 핵심사상 전반에 흐르는 몇 가지 필연적 연결고리를 밝혀내는 것이다.

　　첫째, 우주의 질서에서 드러나는 생명살림의 의도, 둘째, 우주의 질서에서 추론되는 은혜 갚음의 실천적 규범들, 셋째, 보은 개념에 내포된 인간의 궁극적 심적 상태와 후천선경의 실현 등에 관한 것이다. 결국 이는 우주론으로부터 실천적 행위규범을 추론하는 것은 객관적 자연현상에 대한 인식을 토대로 하고 있다는 것에 대한 확인이며, 우연적 개념으로 보이는 실천규범들은 우주내 인간의 당위적 행위로 규정되어야 한다는 것이다.

존재하지 않는다는 상대론적 진리관을 바탕으로 하고 있다. 소크라테스나 플라톤, 아리스토텔레스 또한 예외가 아니다. 고대 자연철학을 지나서 희랍적 로마시대 즉 헬레니즘 시대에 와서는 이러한 현상이 뚜렷해진다. 고대철학 중에서 윤리철학시대로 불리워지는 에피쿠로스학파나 스토아학파의 윤리관은 자연과 우주에 대한 명확한 철학적 인식을 바탕으로 하고 있다. 칸트의 인식론은 형식주의 윤리학의 방향과 목적을 제시한다.

지행知行이 합일合一할 때 진정한 삶의 모습이 현실 속에서 투영되어 나타나게 된다. 고대 희랍의 철학자 소크라테스Socrates는 앎과 실천의 일치를 주장하면서 선善은 지知에서 나옴을 강조하였다. 우리는 뒤에 나오는 '상생'에 관한 글에서 증산도 인간론의 특성을 앎을 매개로 하는 실천임을 확인할 수 있을 것이다. 즉 우주원리에 대한 통찰에서 도덕적 행위의 근거를 찾을 수 있다는 것이다. 이는 증산도 실천이념의 근본적 특성이며, 따라서 보은에 대해서도 적용된다. 새로운 삶의 원리는 후천선경에서, 증산 상제의 가르침에 대한 깨달음에서, 천지의 이치를 맑은 물 속의 물고기를 보듯 통찰할 때 가능하다는 뜻이다. 결

◉천지 대천제 봉행 : 증산도에서는 우리 신교의 맥을 이어 삼신 상제님께 천제를 올리고 삼신 상제님과 천지의 큰 은혜를 되새긴다. 2011년 6월에 봉행된 이 천제는 1897년 고종황제 즉위 후 114년 만에 명맥이 끊겼던 천제를 봉행한 것이다.

론적으로 앎과 실천은 분리될 수 없다. 아니 앎이 없는 행위란 이치에 합당하더라도 그 윤리적 가치는 획득될 수 없다. 보은에 대한 증산도의 사상에서 우리는 바로 이 점을 확인할 수 있다. 도통을 통해 천지의 이치를 깨닫는 것에서 보은은 시작된다.

이 장에서 우리는 시종일관 이러한 관점을 논증하는 자세를 취할 것이다. 그 이유는 증산도의 핵심사상은 그 자체 인간의 실천을 위한 인위적, 상대적 개념관계에 있는 것이 아니라 객관적 필연적 기반을 갖고 있기 때문이며, 우리는 이를 확인하면서 인간의 행위규범으로 보여지는 증산도 핵심사상들의 법칙성을 드러내고자 한다.

2. 보은의 원리적 이해

이 절에서 다루려는 것은 은혜 입음과 은혜 갚음에 대한 원리적 이해이다. 그리고 그 은혜의 초점은 생명살림의 목적을 갖는 천지의 은혜에 관한 것이다. 원리적 이해란 법칙적 이해 혹은 근원적 이해란 의미이다. 따라서 보은의 당위성에 대한 법칙적 논증, 혹은 원리적 논증이 '보은의 원리적 이해'의 주제가 될 것이다.

보은이란 '받은 은혜(被恩)를 되돌려 보답하는 것(報恩)'이다. 증산상제는 "우리 공부는 물 한 그릇이라도 연고 없이 남의 힘을 빌리지 못하는 공부니 비록 부자 형제간이라도 헛된 의뢰를 하지 말라. 어떤 사람을 대하든지 마음으로 반기어 잘 대우하면 그 사람은 모를지라도 신명神明은 알아서, 어디를 가든지 대우를 잘 받게 되느니라. 밥을 한 그릇만 먹어도 잊지 말고 반 그릇만 먹어도 잊지 말라. '일반지덕一飯之德을 필보必報하라'는 말이 있으나 나는 '반반지은半飯之恩도 필보必報하라' 하노라"(『도전』 2:28:1-4)고 하였다. 이 구절은 보은의 중요성과 함께 밥 반 그릇에도 보은줄이 붙어 있다는 보은의 철저성에 대해 강조한 말이다. '밥 반그릇의 은혜' 조차 반드시 갚음을 강조하는 증산상제의 보은사상에서 하물며 천지의 은혜, 그것도 생명의 낳음과 살림에 대한 은혜는 그 갚음의 당위성에서 볼 때 인간의 의무로 다가온다.[81] '배은망덕만사신背恩亡德萬死身'은 밥 반그릇의 은혜에서부터 생명 살림의 은혜까지 그 갚음의 당위성을 강조한 말이다. 그렇다면 그 은혜 갚음의 당위성을 어떻게 논증할 것인가.

1) 보은의 당위성에 대한 논증

인간의 행위는 인간 의지의 드러남이다. 그리고 그 행위와 그 행위의 의지에 대해 선악의 판단을 할 수 있을 경우 우리는 그 행위를 윤리적 행위라고 한다.[82] 윤리적으로 선한 행위는 인간이 할 수 있는 행위

---

[81] 보은은 인간의 의무이다. 의무는 반드시 해야하는 행위의 당위성이다. 천지보은은 천지와 인간의 관계성을 규정하는 말이다. 원정근 박사는 이를 예의 차원에서 접근한다. 그는 순자의 예에 대한 설명 "천지는 만물의 근본이고, 선조는 종족의 근본이고, 군사는 다스림의 근본이다. 천지가 없다면 어찌 생겨나고 선조가 없다면 어찌 태어나고 군사가 없다면 어찌 다스려지겠는가? 그러므로 예는 위로는 하늘을 섬기고, 아래로는 땅을 섬기고 선조를 존중하고 군사를 높인다. 이것이 예의 세 가지 근본이다."(王先謙撰, 『荀子集釋 下』, 「禮論」(北京: 中華書局, 1988, 349쪽)에서 그 예의 근본적인 의미를 보은에서 찾는다.(『도전』세미나 발표문, 원정근, 「증산도의 예를 어떻게 볼 것인가」, 2002. 4.12, 2-3쪽 참조) 물론 이는 타당한 주장이다. 그러나 예는 인간의 모든 행위의 가장 이상적인 방식을 뜻하므로 보은보다는 큰 범주이다. 따라서 예의 본질적 의미가 보은이 아니라 보은은 예법에 맞는 행위의 한 모형일 것이다. 그리고 이 때 예禮는 윤리적 행위에 한정되지 않는다. 천지와 인간, 인간과 신명, 인간과 인간 사이의 가장 바람직한 관계성을 예라고 부를 수 있기 때문이다. 우리가 여기서 말하는 도덕적 행위라는 말은 바람직한 행위이지만 이는 윤리적 개념으로 한정되지 않는다. 우주의 이치에 일치하는 행위의 의미로 이해될 수 있을 것이다. 넓은 의미에서 이는 천지예법에 맞는 행위이며, 따라서 도덕적이라고 불릴 수 있다.

[82] 인간의 모든 행위가 윤리적인 것은 아니다. 인간의 행위나 사고 중에서 참과 거짓의 구분이 가능한, 즉 정보를 갖는 행위는 윤리적 행위가 아니다. 참이거나 거짓을 확인할 수 있는 행위나 사상은 과학적 혹은 학문적 행위이다. 반면에 참과 거짓이 아니라 가치판단이 가능한 행위, 즉 선악의 구분이 가능한 행위를 우리는 윤리적 행위라고 한

이면서 해야하는 행위이다. 도덕적 관점에서는 그러하다. 그러나 실제로 인간의 모든 행위가 도덕적이지는 않다. 인간은 이렇게 저렇게 행위하며 그 행위는 도덕적으로 선하기도 악하기도 하다.

칸트는 행위의 도덕성을 행위하는 자의 의지에서 찾는다.[83] 그러나 선한 의지를 갖는 행위는 도덕적이지만 그렇다고 해서 그 행위의 결과가 반드시 바람직하거나, 혹은 성공적이지는 않다. 윤리적 가치는 그 행위의 결과에서 찾아지는 것이 아니라 동기가, 그리고 그러한 동기에서 일어나는 행위가 원칙에 합치할 때 주어진다. 아래서는 원리에 합치하는 도덕적 행위, 즉 당위적 행위에 대해 살펴보고 보은은 바로 그러한 당위적 행위임을 논증하고자 한다.

이제 우리는 칸트가 행위의 당위성을 도출하는 논의에 따라서 의무의 개념을 도입하고자 한다. 의무는 도덕적이기 위해 어떤 행위를 행해야할 당위성이다. 칸트는 의무에 합치하는 것이 아니라 의무에서 말미암는 행위의 도덕적 가치에 대해 말하고 있다. 다시 말해 의무가 곧 행위의 순수한 동기가 되고 또 되어야 한다는 것이다.[84]

다.(『사고와 논리』, 하영석 외 저, 대구: 형설출판사, 1997, 38쪽.)

[83] 어떤 행위가 도덕적으로 선한지 악한지를 판단하는 기준에 따라서 윤리설은 다양하게 구분된다. 그 중 칸트의 윤리설은 동기론을 윤리적 행위의 기준으로 삼는다. 칸트의 『도덕형이상학원론』의 첫 문장은 바로 "세계 안에서 뿐만 아니라 세계 밖에서도 일반적으로 어느 곳에서나 무제한적으로 선으로 간주될 수 있는 것은 오직 선의지를 제외하고는 아무 것도 없다"(I. Kant, *Grundlegung zur Metaphysik der Sitten*)고 말한다. 그리고 이러한 칸트적 기준이 증산도 사상에 접근하는 올바른 해석기재가 될 수 있을 것이다.

[84] I. Kant, 『도덕철학원론』정진 역, 32쪽 이하 참조. 의무에서 말미암은 행위는 경향성 Neigung에 의한 행위와 대립되지 않는다. 경향성이란 어떤 행위를 할 때 그 행위의 동기로서 의무감 이외의 모든 것, 예를 들면, 행위에 대한 감정이나 아니면 그 행위의 내용이나 목적, 결과 등에 대한 행위자의 행위동기이다. 칸트는 이를 관습화된 감각적 욕망이라고 한다. 경향성에 의한 행위나 자기 이익을 위한 행위는 결코 도덕적 가치가 없다. 즉 칸트가 오직 의무에서 말미암은 행위는 도덕적으로 선하며, 오직 경향성에 의한 행

우리가 지금 찾으려고 하는 것은 의무에서 일어나는 행위가 근거해야할 원리이다.[85] 그리고 그것은 행위에 관련된 실천원리이다. 물론 칸트가 말한 도덕원리들, 즉 정언명법들은 보편적인 행위원리이다. 그러한 보편적 행위원리는 그 속에 어떤 구체적 행위의 종류를 거론하는 것이 아니기 때문에 일반적으로 '형식적'이라고 부른다. 다시 말해서 칸트의 도덕철학은 법칙윤리학, 혹은 형식윤리학이라고 할 수 있다. 이제 우리는 이러한 형식윤리학이 도덕적 원리를 발견하는 절차에 따라 보은을 하나의 필연적 실천원리로 도출하고자 한다.

보은이 행위의 동기로서의 실천원리이면서, 동시에 실천원리로서의 보은은 단지 주관적 타당성만을 갖는 '준칙'이 아니라 객관적 '법칙'이어야한다면, 보은은 어떻게 보편적이면서 필연적인 행위의 동기가 될 수 있는가. 이 문제의 해결은 보은의 당위성을 논증하기 위해 필요한 유용한 절차이다.

은혜 입음과 은혜 갚음의 관계는 '보은'이라는 실천원리가 갖는 동기와 결과, 이 양자에 동시에 관련된다. 엄격히 말해서 보은은 '은혜 갚음'이고, 은혜를 입음에 대한 인식에서 그 은혜를 갚아야 함의 의무감

위는 도덕적 가치가 없다고 말한 것은 사실이지만, 이는 의무감없는 경향성, 혹은 자기 이익에서 나온 행위의 도덕적 가치에 대한 것이다. 이 말은 결코 의무감과 경향성이 상호 배타적이라는 것은 아니다. 도덕적으로 선한 행위는 의무에서 말미암으면서 경향성과 일치하는 행위라고 할 수 있을 것이다.

85 어떤 행위가 의무에서 행해지는 것과 그 행위가 선하기 때문에 행해지는 것은 별 차이가 없다. 사실 인간은 어떤 것이 선하기 때문에 행해야 한다. 그러나 인간은 모든 상황에서 항상 선한 행위를 선택할 수는 없다. 인간은 경향성을 갖고 있기 때문이다. 칸트의 대답은 신성한 의지는 항상 선을 행하는 의지이며, 이는 신적 의지이다. 그러나 인간의 때로 나약한 의지는 항상 그렇게 선을 선택할 수 없다. 만일 그렇다면 인간은 모두 전적으로 선한 성인이 될 것이다. 이런 불가능성에서 칸트가 도입한 개념이 의무이다. 즉 인간은 의무가 명하는 것을 따라 선한 행위를 하게 된다. 의무는 항상 자발적으로 선을 선택할 수 없는 인간에게 도덕적 명령을 내리는 개념이다.

이 생겨나고, 그 의무감이 동기가 되는 행위의 결과가 보은이다.[86] 그렇다면 실천원리로서의 보은은 행위의 형식적 원리가 아니라 은혜 갚음이라는 내용을 갖는 '내용적' 원리이다. 이는 아마도 '은혜를 입었다면 그 은혜에 반드시 보답해야 한다'라는 원리로 정식화될 것이다.[87] 물론 이 원리에 따른 행위는 의무감에 따른 행위이며, 따라서 그 행위의 결과가 무엇인가와는 무관하다. 즉 **은혜를 갚음으로서 얻게 되는 결과와 상관없이 보은은 의무감에서 행해져야 한다**. 우리는 칸트의 정언명법에 따라서 증산도 후천개벽의 행위법칙을 정식화하면 아마도 "너의 행위의 준칙이 언제나 어디서나 우주의 법칙에 일치하도록 행위하라"가 될 것이다.[88] 이 때 이러한 행위의 법칙은 경향성을 배제한, 선천적 형식을 갖는다. 보은은 이러한 절대적인 행위원칙, 혹은 실천법칙에 따르는 보편적 행위규범이다.

엄격히 말해서 '보은의 의무감'이란 말은 칸트의 도덕철학적 관점에서는 불합리한 것처럼 보인다. 왜냐하면 의무는 그 내용을 배제한, 전적으로 행위의 형식적 동기이기 때문이다. 의무에서 말미암은 행위의 선택에서 그 의무감 이외에 어떠한 구체적 경향성이나 행위의 내용

---

86 은혜에 대한 인식은 그 은혜의 근거에 대한 인식이다. 증산도 우주론에서 천지는 만물을 낳고 기르는 주체이다. 은혜의 인식은 결국 그러한 우주의 법칙에 대한 명확한 이해이다. 만일 칸트적 의무가 법칙에 대한 존경심Achtung에서 행해지는 행위의 동기라면, 보은은 이러한 법칙에 대한 존경심에서 발생하는 의무감이외 다름아니다.

87 은혜를 입었다면 은혜를 갚아야한다는 명제는 그 문장 형식으로 볼 때 조건명제이다. 보은은 은혜에 대한 보은이고 따라서 조건명제로 드러난다. 그러나 근원적으로 볼 때 보은은 조건명제가 아니라 단언명제, 혹은 정언명제, 즉 '너희는 은혜를 갚아라'는 명제로 정식화된다. 그 이유는 모든 존재자는 존재하는 순간 생명의, 존재성의 은혜를 받기 때문이다. 즉 존재하는 모든 것은 은혜의 수수법칙에서 벗어날 수 없다는 것이다. 따라서 보은은 조건에 따라 해도 되고 안 해도 되는 것이 아니라 천지의 낳음과 기름이라는 우주의 원리 속에서 필연적으로 행위해야 할 절대적 실천규범이다.

88 A. Pieper, *Einfeuhrung in die Ethik*. 진교훈, 류지한 역, 『현대윤리학 입문』, 108참조.

도 행위선택의 근거가 되어서는 안되기 때문이다. 따라서 보은이라는 특정한 구체적 행위를 함에 있어서 그 행위가 바람직한 행위이기 위한 그 특정한 행위의 의무감이란 것은 무의미하며 불필요하다는 결론이 도출된다. 그러나 이는 한편 형식적으로는 칸트의 본의에 가까우면서 한편 그 실제성에 있어서는 칸트의 진의에서는 벗어난 생각일 수 있다. 왜냐하면 행위의 경향성과 의무감은 결코 모순개념이 아니기 때문이다. 이러한 주장은 아주 섬세한 논의를 필요로 한다. 결국 보은이라는 행위의 특정한 경향성이 행위의 도덕적 가치를 결정하는 의무감에서 말미암은 행위와 어떻게 상호 조화될 수 있으며, 따라서 보은이 행위의 구체적이면서 도덕적인 원리일 수 있는가의 문제는 양자가 모순개념이 아님을 보여줌에서 해결 가능하다.

이는 칸트의 주장이 의무감에 따른 행위가 반드시 그 행위로 인한 행복이나 경향성에서 완전히 배제되어야 한다고 말하는 것으로 해석되어서는 안된다는 사실에서 찾을 수 있다. 칸트의 주장은 단지 의무감에 따른 행위의 규정에서 경향성이 행위의 동기에서 배제되어야한다는 것을 의미할 뿐이다. 이를 통해서 순수형식 윤리학의 토대를 마련할 수 있기 때문이다. 즉 의무감에 따른 행위는 도덕법칙에 대한 존경에서 근거하는 행위이며, 이는 어떤 경험적 경향성도 배제된 상태에서의 행위 동기이기 때문이다.[89] 그러나 이는 도덕적 행위와 경향성이 상호 배제적인 모순개념이어야 한다는 것을 의미하지는 않는다. 의무와 일치하는 행위로서 보은에 대한 본성적 경향성이 그 자체로 도덕

---

[89] 어떤 의미에서 보은은 이러한 형식적 행위와 동일하다. 왜냐하면 우주의 원리라는 행위의 절대법칙에 대한 예禮(혹은 존경심)에서 나온 의무감이 바로 보은이기 때문이다. 그러나 한편 이 때 보은은 은혜의 갚음이라는 행위와 관련되기도 한다. 그러나 은혜의 수수법칙이 우주의 존재원리라면 결국 보은은 원리적 행위이외 다름 아닐 것이다.

적 행위를 산출할 수는 없지만(왜냐하면 칸트에 있어서 도덕성은 결코 경향성에 따른 행위가 아니기 때문이다) 도덕적 행위가 되기 위한 필요조건이어야 한다는 것이 칸트의 결론이다.[90] 또한 보은을 의무감에 따른 행위로 규정할 때, 은혜 입음과 갚음에 대한 경향성이란 것은 어떤 구체적 경험의 내용에 따른 경향성이 결코 아니다. 이는 증산도 우주론에서 볼 때 보은은 가장 선천적이고 형식적인 보편원리라는 것을 뜻한다. 여기서 이러한 문제를 깊이 있게 다루는 것은 이글의 영역을 벗어난 것이다. 단지 우리는 칸트가 행위의 도덕적 동기로 받아들이는 의무의 개념을 도출하는 것을 통해서 보은이 개벽시대 인간의 의무이며, 따라서 보은은 행위의 당위성과 필연성을 확보하는 실천원리라는 것을 밝히고자 한다.

칸트의 의무감과 경향성의 관계는 실천이성의 영역 내에서 도덕적 행위와 관련된다. 그러나 이제 우리가 문제로 삼고 있는 보은과 보은의 원리화 가능성은 그러한 도덕적 행위에 한정되는 실천개념의 영역을 넘어서고 있다. 우리는 증산도의 개벽사상과 그 개벽의 정신으로서의 원시반본, 그리고 원시반본의 구체적 실천원리 중의 하나인 보은에 대해 그 원리성을 검토하고 있다. 따라서 **우리는 보은이 인간의 모든 행위를 도덕적으로 만들어주는 실천원리임을 증명하려는 것이 아니라, 우주 원리로서 후천개벽을 실현하는 최고의 실천원리임을 논증하려는 것이다.**

칸트는 도덕적 행위의 원리를 주관적 원리와 객관적 원리로 구분

---

[90] 이는 소위 칸트식의 도덕주의자가 항상 경향성을 배제해야 하고 그래서 행복의 달성과는 거리가 먼 불행한 삶을 살 수 밖에 없다고 주장하는 것의 모순을 지적하는 것으로 충분하다.

하고 전자를 준칙, 후자를 정언명법이라고 부른다.[91] 그 양자의 차이는 행위가 개인에게 타당한가 아니면 모든 인간존재에게 타당한가에 있다. 준칙은 개인적 행위원리이며 이는 객관적 원리처럼 다른 사람에게도 타당하다고 주장되지 않으며, 좋을 수도 나쁠 수도 있다. 객관적 원리는 모든 사람에게 타당한 행위원칙이며 따라서 만인의 준칙이라고 할 수 있을 것이다. 이는 곧 준칙이 개인적 경향성에 따른 원리이지만 그 경향성이 항상 개인적인 이익과 관련되지는 않는다는 것을 보여준다. 이는 칸트가 준칙을 경험적 준칙(실질적 준칙)과 선천적 준칙(형식적 준칙)으로 구별하는데서 찾을 수 있다. 전자는 경험적 감각적 욕구와 경향성에 기초한 준칙이라면 후자는 경험적 욕구에 의존하지 않는, 따라서 그 목적의 이·불리에 관계하지 않는 준칙이다. 준칙이 객관적이 된다는 것은 형식적 준칙이 된다는 것이고, 그 때 행위의 경향성은 보편적 경향성이 되며 우리는 이를 도덕적 행위와 관련지어 의무감으로 받아들일 수도 있다.

보은은 바로 이러한 행위이다. 즉 선천적이고 따라서 그 목적에 관계하지 않는다. 그럼에도 불구하고 그것은 모든 인간의 당위적 행위이며, 그러므로 의무이다. 보은은 준칙이면서 개인적 이익에 관계하지 않고, 또 그 준칙은 보편적 행위의 타당성으로, 즉 모든 인간에게 타당한 보편적 경향성을 갖는 행위이다. **보은은 은혜를 갚아야 한다는 준칙에**

---

91 칸트에 있어서 도덕성은 그 자신이 입법자인 도덕법칙들에 복종한다.(H.J. Paton, *The Categorical Imperative*, 김성호 역, 『칸트의 도덕철학』,서울 : 서광사, 1988, 71쪽 참조) 여기서 칸트의 자유와 도덕법칙이 상호 관련된다. 증산도 보은은 결코 우주의 법칙이 강요하는 행위의 강제가 아니다. 보은은 천지의 이치에 대한 깨달음, 혹은 천지와 하나된 심적 경지를 떠나서는 의미가 없기 때문이다. 결국 천지의 이치와 인간의 의무는 일치한다.

서 출발하지만 이는 나 자신에게만 타당한 것이 아니라 만인에게 타당한 보편적 법칙이 될 것을 의도하는 행위이다. 즉 보은에 따른 행위는 나에게만 타당한 것이 아니라 남에게도 타당하다고 생각되는 행위라는 것이다. "네 행위의 준칙이 보편적 법칙이 될 수 있도록 행위하라"는 형식적 정언명법이 칸트적 도덕법칙이라면, **보은은 천지와 인간의 우주론적 관계에서 드러나는 제일의 도덕법칙이다. 아니 나아가 이는 존재법칙이다.** 보은이 원리에 합치하는 행위임은 보은의 궁극적 대상과 방법에 대한 논의에서 밝혀진다. 천지보은에서 보은은 천지의 이치에 따르는 행위이다.

보은이 합치하는 원리는 우주의 원리이다. 그리고 가장 보편적인 존재원리인 우주의 원리에 벗어난 어떤 행위도 도덕적일 수 없다. 그것은 천지가 인간을 낳은 목적이며, 후천개벽시대 인간의 의무이다. 이러한 의무감은 곧 칸트에 의하면 도덕성의 존재근거이다. 보은이 모든 경향성을 배제한 순수 형식적 도덕원리라고 할 수는 없을 것이다. 왜냐하면 보은은 곧 은혜에 대한 갚음이라는 구체적 영역을 표시하고 있기 때문이다. 그러나 의무와 도덕성, 그리고 도덕원리의 상호연관적 성립에서 그것들과 경향성이 완전히 모순적 관계에 있지 않다는 것이 칸트의 결론이고 보면 우리는 경향성을 포함한, 그러므로 구체적 영역 내에서의 원리이지만 그 도덕성과 법칙성을 동시에 찾아볼 수 있다.

보은은 증산도의 최고 목적, 즉 우주와 인간의 최고 목적인 후천개벽의 실천원리 중의 하나이다. 여기서 후천개벽은 그 모든 가치의 절대적 기준이란 점에서 최고선이라고 할 수 있을 것이다. 그 최고선을 지향하는 실천원리인 보은은 인간의 도덕적 행위의 가치를 결정하는 기준이다. 즉 인간은 후천개벽의 때인 우주의 가을에 어느 누구도 보은의 당위성과 의무감을 벗어날 수 없다는 것이다. 이런 측면에서 볼 때 보은이 갖는 행위의 경향성은 물론 보은이 최고의 도덕적 원리가 될 근거를 가로막는 것은 아니다. 즉 칸트에 있어서 구체적 내용을 지시하지 않는 최고선에 대한 지향으로서의 도덕법칙과 달리 증산도의 보은 사상은 후천개벽이라는 최고선을 지향하는 최고의 실천원리이다.

동시에 보은은 필연적으로 경향성을 내포하는 만큼 그 속에 구체적 내용을 담고 있지 않을 수 없다. 이는 보은이 그 행위를 통해 목적을 지향하는 것이라는 의미가 아니라, 행위를 하기 위해 그 행위의 동기인 은혜 입음(피은)에 대한 인식이 있어야한다는 의미이다. 즉 보은의 경향성은 그것이 좋기 때문이 아니라, 혹은 그 목적이 이익이기 때문이 아니라, 그것이 의무이기 때문에, 즉 은혜에 대한 인식은 은혜에 대한 갚음을 당위적으로 지시하기 때문에 경향성에서 벗어날 수 없다는 것이다. 보은이 목적을 지향하지 않는다는 것은 목적이 행위의 동기가 아니라는 것이다. 즉 보은의 행위동기는 바로 의무감, 즉 은혜의 인식에서 나오는 의무감, 혹은 우주원리에 따르는 의무감이라고 할 수 있다. 우리는 보은이 갖는 당위성과 의무를 은혜의 보편성과 필연성의 측면에서 접근해야할 것이다. 다시 말해서 보은은 은혜 입음의 보편성, 즉 천지의 모든 생명체는 존재자체가 은혜의 줌과 갚음의 관계성 속에 있다. 그리고 이러한 관계성에서 은혜에 대한 갚음의 동기는 우주원리에 따라 필연적이고 당위적으로 주어져야 한다. 그것이 곧 삶의 한 방식이며 피할 수 없는 생명관계이기 때문이다.[92]

---

[92] "의무는 법칙에 따른 존경심에서 나온 행위의 필연성"(I. Kant, 『도덕적철학원론』, 26쪽)이라고 할 때 우리는 보은이란 바로 인간의 행위의 필연적 원리라는 것을 알 수 있다.

이제 다음 내용에서 이 문제에 좀 더 구체적으로 접근하여 보은의 우주론적 필연성에 대해 다루어 볼 것이다. 이는 은혜의 주고 받음, 즉 은혜의 수수법칙授受法則은 우주 내 모든 생명존재들의 최상의 삶의 법칙, 행위방식이며 이를 밝힘으로써 우리는 보은이 갖는 그 필연적 경향성 혹은 동기를 인간의 주관적 실천원리의 한계를 넘어서 우주론적 당위성으로 귀결시킬 수 있을 것이다.

2) 피은被恩, 지은知恩, 보은報恩에 대한 우주론적 이해

원시반본의 실천이념인 해원과 상생의 상호 주고 받음의 관계이지만 보은의 '주고-받음'의 관계는 이와 다르다. 엄밀히 보면 해원과 상생은 오히려 보은과 반대의 관계에 있다. 왜냐하면 해원이나 상생은 상대방에게 은혜를 배푸는 행위라면, 보은은 이와 달리 받은 은혜를 전제로 그 은혜에 보답하는 관계이다. 즉 보은은 은혜 입음이라는 전제를 반드시 필요로 한다.

이는 보은이 쌍방적 관계라는 것을 뜻한다. 물론 상생도 서로 살림이라는 의미를 갖지만 엄격히 쌍방적 관계일 필요는 없다. 내가 남을 살리는 것은 반응을 필요로 하는 행위가 아니기 때문이다. 해원 또한 원의 주체와 객체의 상관관계를 필요로 하지만 반드시 그러한 것은 아니다. 스스로 원이 쌓이게 되기도 하기 때문이다. 그러나 은혜 입음, 즉 '피은被恩'이 없이 보은이란 것은 불가능하다.

피은과 보은의 순환고리는 모든 존재의 존재원리이다. 이러한 쌍방

이 때 칸트에 있어서 법칙은 이성에 의해 도출된 도덕법칙이지만, 우주와 인간에 있어서 최고의 법칙은 바로 우주변화의 법칙, 천지가 낳고 기르는 생장염장의 법칙이다.

적 관계는 보은줄[93]이란 개념을 통해 필연적 행위원리로 귀착된다. 여기서 우리는 피은과 지은知恩과 보은의 상관관계를 주목해야한다. 은혜를 입었다는 것만으로 보은이 성립되지는 않는다. 그 은혜가 암묵적이거나 워낙 작을 수 있고, 아니면 반대로 너무나 커서 그 은혜의 존재를 잘 인식하지 못하는 경우도 있기 때문이다. 인식하지 못하는 은혜는 그 은혜에 보답할 필요도 방법도 모를 것이다. 따라서 은혜는 반드시 인식되어야만 보은으로 이어진다. 다시 말해서 은혜에 대한 인식, 즉 지은知恩은 보은을 위해 반드시 필요하다. 여기서 중요한 것은 지은의 의미이다. 즉 은혜를 갚기 위해서 중요한 것은 그 받은 은혜를 반드시 바로 인식해야 한다는 것이다. 아무리 은혜 입음, 즉 피은이 보은의 전제가 된다고 하더라도 그 은혜에 대한 정확한 인식없이는 진정한 보은이란 불가능할 것이기 때문이다. 이러한 지은은 은혜가 과연 무엇인가를 인식하는 것인 만큼 은혜의 근원과 내용에 대한 분석이 불가피하다.

보은이 가능하기 위해서는 보은의 주체와 대상이 있어야 한다. 보은의 구체적 대상은 은혜의 구체적 내용과 그 은혜를 베풀어 준 모든 존재이며, 보은의 주체는 은혜를 입은 자이다. 자연의 오묘한 변화와 인생의 모든 일은 그 어느 것도 주고받는 법칙을 벗어난 것이 없다. 은혜를 주고받음은 생명의 조화와 창조의 원리이다. 인간은 부부 간에, 부모와 자식 간에, 형제 간에, 사회 구성원 간에, 더 나아가 자연과 더불

---

93 "남의 덕 보기를 바라지 말라. 남의 은혜를 많이 입으면 보은줄에 걸려 행동하기가 어려우니라."(『도전』 8:27:5) 여기서 보은줄이란 은혜의 수수관계로 얽혀있는 관계를 뜻한다.

어 호흡하며 모든 생명존재와 은혜를 주고받는다.[94]

보은에 대한 이러한 설명은 은혜의 대상에 대해 말해준다. **천지의 만물은 모두 상호 은혜 갚음의 주체이며 대상이다. 증산 상제는 이를 천지보은**天地報恩**이란 말로 가르쳐 준다.** 이는 한편, 천지 간에 존재하는 모든 만물은 서로 독립적으로 존재하는 것이 아니라 상호 은혜의 주고받음으로 그 생명성을 유지한다는 것을 뜻하며, 다른 한편 **우주 내의 모든 생명존재는 그 생명의 근원이며, 만물의 존재근거인 천지와 천지의 주재자에게 보은해야한다는 의미**이기도 하다.[95] 이 중 후자의 의미는 증산도 보은사상의 우주론적 이해를 위한 바탕이다.

보은사상과 관련해서 은혜의 본질에 접근하기 위해서는 '천지보은' 의 개념분석이 가장 일차적으로 요구된다. 천지보은이란 말은 '천지의 은혜에 보답해야 한다'는 것을 의미할 것이며, 이는 다시 그렇다면 천지의 은혜란 무엇인가란 물음으로 나아가게 한다. '천지보은'이 증산도의 보은사상에서 가장 핵심적인 용어가 되는 이유는 무엇인가? **그 이유는 바로 천지는 곧 만물의 존재근거이며 만생명의 어머니이기 때문**이다. 증산 상제는 "천지는 억조창생의 부모"(『도전』 2:26:5) 라고 단언하

---

94 안경전, 『증산도의 진리』, 207쪽 참조.

95 증산도 보은 사상의 핵심은 천지보은에 담겨있다. 그리고 이는 기존의 윤리적 관점에서 언급되어온 은혜사상과 구분되는 점이다. 즉 은혜에 대한 접근이 우주론을 바탕으로 이루어진다는 것이다. 원불교의 사은사상四恩思想은 그 출발을 불교에서 찾고 있지만 그 배태적胚胎的 근원은 바로 증산도 천지보은사상에 기인하고 있다. "소태산이 제창한 사은은 전통적인 불교의 사은과 관계없이 깨달음의 체험 속에서 천명되었으나 그 내용은 매우 유사하다. 동포은은 중생은과 통하고 법률은은 국왕은 삼보은과 통하고, 부모은은 동일하다… 전통적인 사은에 비해 크게 다른 점은 천지은이다. 그러나 근본적인 차이는 전통적인 사은이 중요한 사종은四種恩임에 반하여 원불교의 사은사상은 일체 우주적 존재의 은적 분류이며, 신앙의 실제적 대상이라는 점에 있다"(원불교사상연구원편,송천은, 「일원상신앙과 사은신앙」, 『원불교신앙론 연구』, 1996, 35쪽)

고 있다. 우리는 이를 『도전』의 다음 구절에서 유추할 수 있을 것이다.

> 하늘과 땅을 형상하여 사람이 생겨났나니 만물 가운데 오직 사람이
> 가장 존귀하니라. 하늘 땅이 사람을 낳고 길러 사람을 쓰나니 천지에서
> 사람을 쓰는 이 때에 참예하지 못하면 어찌 그를 인간이라 할 수 있겠느
> 냐!(『도전』 2:23:2−6)[96]

천지는 만물을 낳은 근본이다. 인간은 그 중에서 그 은혜를 인식하
는 유일한 존재이다. 따라서 궁극적으로 보은이란 개념은 인간에게 해
당되며, 특히 천지가 낳은 생명의 은혜에 대한 보은을 우리는 천지보
은이라고 한다. 위 구절에서 '천지에서 사람을 쓰는 이 때 참예하지 못
하면 어찌 그를 인간이라 할 수 있는가' 라는 구절에서 천지보은의 중
요성을 확인할 수 있다. 이는 낳음에 대한 보은의 중요성, 그리고 그 보
은은 곧 천지개벽의 때에 인간의 역할과 관련된다.[97]

> 만물을 생성함이 끝이 없음은 천지의 대업이요 쉬지 않고 운행함
> 은 천지의 대덕이니라.(『도전』 2:49:3−4)[98]

천지의 대업은 만물을 낳고 기름이며, 천지의 대덕은 그러한 만물
을 쉬지않고 이치대로 운행하게 하는 것이다. **이러한 천지의 은혜는 사**

---

96 "形於天地하여 生人하나니 萬物之中에 唯人이 最貴也니라. 天地生人하여 用人하나
니 不參於天地用人之時면 何可曰人生乎아!"(『도전』 2:23:1)
97 보은사상은 천지성공시대라는 증산 상제의 말에서 그 중요성이 다시 부각된다. 왜
지금, 현대에 있어서 천지보은이 언급되는가? 이는 천지가 이제 지금까지의 생생지은과
화육지덕을 추살의 기운으로 바꾸어가는 개벽시대이기 때문이다. 지금까지의 배은망
덕은 천지의 운행을 가로막고, 만물의 생명을 파괴하는 극단으로 달려왔다. 보은사상
의 핵심은 이 때 천지와 만물과 인간의 관계를 새롭게 정립해야하는 당위성을 밝히는
데 있다.(아래 '원시반본과 보은' 참조.)
98 "生物無窮은 天地之大業이요 運行不息은 天地之大德이라."(『도전』 2:49:3)

람을 낳고 기르는 은혜 그 자체이므로 천지에 보은함은 생명의 근본에 보은하는 것과 다름 아니다. 증산 상제는 이러한 천지보은은 바로 천지 대업에 참여하는 것임을 분명히 알려주고 있다.

천지의 은혜는 곧 생명, 삶의 은혜이다. 이러한 천지의 은혜와 그 은혜에 대한 인식은 동양적 사유의 본질이다. 서양의 자연관이 자연을 정복의 대상, 개발의 대상으로 인식한 기계적 자연관이라면, 동양의 자연관은 자연을 따라야할 대상, 생명의 어머니로 인식한다. 이러한 자연과 인간의 관계는 곧 유기적 관계이며 이를 통한 자연관은 유기적 자연관이다. 서구의 기계적 자연관은 자연을 도구로 생각하도록 하였으며 그러한 자연관의 결론인 과학은 자연을 지배하는 힘으로 작용한다.[99] 서양의 과학은 자연과 물질을 분석하여 잘게 쪼개고 다시 그것을 종합하여 문명의 도구로 이용한다. 이러한 서양이성의 특징을 계몽철학자 호르크하이머Horkheimer는 '도구적 이성instrumental reason'이라고 하였다. 그러나 동양적 사고에서 자연은 인간과의 조화를 통해 그 자연스러움을 드러내며 천인합일天人合一, 혹은 자연합일을 추구한다.

자연에 대한 지배는 근세 과학의 아버지 베이컨F. Bacon에 의해 '아는 것이 힘이다'는 모토motto로 드러났고 이러한 서구과학의 힘은 철저히 자연의 생명성을 부정하고 파괴하는 방향으로 작용했다. 자연을 기계로 간주하고 정복하고 이용해야할 대상으로 생각한다면 자연과 인간의 관계는 이미 결정된 것이나 다름없다. 즉 자연이 기계라면 자연에 대한 인간의 도덕적 의무를 기대하는 것은 무의미하다. 따라서 서양의 기계적 자연관에서 천지와 인간의 관계는 은혜를 주고받는 호혜적 관

---

99 문성학, 『현대인의 삶과 윤리』(대구: 형설출판사, 1998), 285쪽 참조.

계가 아니며, 자연에 대한 인간의 태도 또한 도덕적 관계로 발전할 수 없다.[100]

반면 동양의 자연은 인간이 태어나고 자라나는 어머니 가슴과 같은 존재이다. 신은 자연을 창조하였고 인간으로 하여금 그 자연을 정복하고 이용하라고 명령하는 기독교적 자연관[101]은 물질문명의 발달 과정에서 생태계파괴와 환경의 오염이라는 심각한 문제를 발생시켰다. 그러나 천지자연을 생명의 근거로, 양육의 어머니로 받아들이는 동양의 자연관에서 볼 때 자연의 변화와 운동은 곧 인간과 만물의 존재이유, 생명의 근거이다. 즉 다시 말해서 자연을 기계가 아니라 천지생명의 부모로 인식하는 자연관에서 자연과 인간은 동종同種의 생명성이며, 상호 파괴적, 대립적 관계가 아니라 상생적 은혜수수관계에 있다.

이러한 자연의 은혜에 대한 인식은 어떻게 가능한가. 자연은 말없이 순환할 뿐이다. 그러한 천지자연의 순환의 이치에 대한 바른 인식을 가질 때 우리는 천지의 은혜를 올바르게 인식할 수 있을 것이며 이로써 진정한 은혜 갚음, 즉 보은이 가능하게 될 것이다. 천지의 이치와 상제의 무위이화, 그리고 후천개벽과 후천선경은 서로 맞물려 돌아가

---

100 현대 환경과 생태질서의 파괴현상을 극복하기 위해 서구의 윤리학자들은 생태윤리학을 강조하고 있다. 그러나 본질적으로 생태윤리학은 단지 생태계 파괴라는 현상을 치유하기 위한 자연과 인간의 새로운 계약관계, 자연에 대한 인간의 태도 수정일 뿐 엄격한 의미에서 자연에 대한 인간의 도덕성 회복은 아니다.

101 신은 아담과 이브를 창조한 다음에 그들에게 "생육하고 번성하여 땅에 충만하라. 땅을 정복하라 바다의 고기와 공중의 새와 땅에 움직이는 모든 생물을 다스리라"고 말하였고, 또 "내가 온 지면의 씨 맺는 모든 채소와 씨 가진 열매를 맺는 모든 나무를 너희에게 주노니 너희 식물이 되리라."(「창세기」 1:28-29)고 했다. 이는 인간에게 자연에 대한 정복과 소유를 허락한 것으로 해석된다.

는 우주의 섭리이며 목적이다. 우주변화의 원리와 상제의 주재와 인간의 구원에 대한 정확한 인식은 보은에 대한 우주론적 해답을 분명하게 알려줄 것이다.[102]

　지금 현재 주어진 자연과 인간의 관계를 반성해 볼 때, **자연과 인간의 유기적 관계, 혹은 천지자연 전체의 유기적 생명성에 대한 인식의 당위성은 바로 자연과 인간의 새로운 관계정립을 가능하게 한다.** 과학은 그 힘의 극단적 확대로 자연에 대한 지배와 정복, 그리고 나아가 새로운 자연의 창조까지 가능할 것으로 생각했다. 학문과 기술은 스스로 가치중립적 판단기준으로 자연에 대한 인간의 관계를 한정 지웠다. 특히 과학을 통해 자연과 인간은 그 최상의 상태를 유지한다는 과학 유토피아는 결국 자연을 최대한 이용하려는 합리화에 불과한 기만된 이데올로기일 뿐이다.[103] 이는 과학만능주의, 즉 과학은 미래에 대한 창조뿐만 아니라 과거의 모순까지 모두 해결할 수 있다는 독단이다. 이러한 자연에 대한 태도의 부당성, 혹은 과학적 발전의 무한성에 대한 미신은 자연에 대한 인간의 양심이나 선한 태도 등의 수동적 관심으로 수정될 수 없는 지경에 이르렀다. **점점 더 복잡해지고 다양해지고 잔인해지는 자연에 대한 과학적 수탈에서 이제 인간은 스스로의 삶과 생명의 본질을 회복하기 위해서 선한 양심의 판단을 벗어나 자연의 본**

---

102 은혜의 인식에 대한 문제는 인간에 있어서 특히 절실한 문제가 아닐 수 없다. 사실 인간만이 자연에 대립해서 삶을 유지하는 유일한 존재이기 때문이다. 인간 이외의 모든 존재들의 생명과 삶의 방식은 바로 자연 순응적이며 자연친화적이다. 그리고 자연은 그러한 스스로의 운행방식을 통해 봄, 여름, 가을, 겨울을 순환한다. 자연에 대한 인간의 착취와 생태계의 파괴는 자연과 인간의 유기적 은혜수수관계, 은혜의 수수법칙에서 벗어난 유일한 행위이다. 보은은 이러한 굴절된 관계를 원래의 관계로 되돌리는 우주의 법칙이며, 인간의 행위원리이다.

103 문성학, 『현대인의 삶과 윤리』, 294-5쪽 참조.

질, 천지의 원리, 우주의 생명에 대한 인식의 당위가 요청되고 있다. 이제 자연에 대한 정확한 인식은 자연에 대한 인간의 바람직한 도덕적 태도를 규정하게 해 줄 것이다. 동양의 전통적 자연관으로의 회복, 천지와 인간의 원래적 본성으로의 되돌아감은 이러한 인식을 근거로 하고 있으며 이를 바탕으로 천지보은의 본질적 의미를 찾을 수 있을 것이다.[104]

이러한 천지에 대한 바른 인식을 근거로 한 보은의 당위성은 바로 인간의 생명성의 본질을 회복하고 지켜나가기 위한 유일한 방안이다. 이는 현대 생태윤리학이 주장하는 자연에 대한 인간의 태도변경에서 찾아볼 수 있다. 현대 과학의 무차별한 자연파괴는 인류전체의 생존을 위협하는 전대미문의 위기적 상황을 초래하였다. 자연을 이용하고 파괴하는 인간의 행위는 바로 자연과 인간의 조화로운 은혜관계를 일방적으로 단절하고 자연의 은혜를 부정하는 행위이다. 이는 증산 상제가 말한 "배은망덕만사신背恩忘德萬死身"(『도전』 7:66:2)으로 드러난다.

자연은 이제 인간의 배은背恩에 대해 생태계의 질서를 스스로 바꾸게 되었다. 자연의 인내는 더 이상 존재하지 않고 이제 자연은 인간의 행위에 대한 철저한 응징을 시작한 것이다.[105] 이는 결국 인간과 자연의 새로운 윤리적 태도를 설정하도록 만들게 되었고 이것이 생태윤리학으로 드러났다. 그러나 생태윤리학이 갖는 한계 또한 분명하다. 이는 인간과 자연의 도덕적 관계회복 그 이상의 의미가 없다. 즉 자연을 도

---

104 A. Pieper, 『현대윤리학입문』, 109쪽.

105 돌연변이의 확산, 종의 단절, 물의 감소, 대기의 불안정, 기형출산, 이상기온 등의 자연현상은 더 이상 자연이 스스로의 자정능력이나 조화기능을 발휘하지 않는 것을 뜻한다.

덕적으로 착취하자는 것일 뿐이다. 이러한 형식적 관계는 무의미하다. 오직 **천지와 인간, 천지만물의 생명적 동일성에 대한 철저한 자각을 바탕으로 할 때만 진정한 생명윤리학이 가능해질 것이다.** 따라서 자연과 인간의 도덕적 관계, 자연의 은혜에 대한 인간의 태도는 이제 **천지 보은**이란 말을 떠나서 성립할 수 없게 되었다.[106]

우리는 이러한 자연과 인간의 새로운 관계의 필요성을 우주론을 바탕으로 설명해볼 수 있을 것이다. 선천 상극의 원리에서 자연과 인간의 관계는 과학의 힘을 토대로 한 인간의 자연수탈역사로 드러났다. 자연과 인간은 상호 살림의 관계가 아니라 대립과 투쟁의 과정을 통해 상호 극호하는 성장을 지속하여 왔던 것이다. 그 결과 인간의 기술과 문명은 최고의 경지에 도달했으며 천지의 기운은 파괴와 질병의 절정에 이르게 되었다. 이제 천지와 인간의 상호 살림, 즉 상생의 문제는 보은을 토대로 설명되어야한다. 천지에 대한 수탈을 그만두고 천지가 만물을 낳은 최초의 정신으로 되돌아가, 천지와 만물이 보은의 관계를 회복할 때 진정으로 상생의 근거가 마련될 수 있을 것이다.[107] 물론 이 과정에서 해원이 필요한 것은 당연하다. 보은, 해원, 상생의 문제는

---

106 자연을 기계로 생각하는 자연관에서는 결코 자연과 인간의 상호 도덕적 관계를 기대할 수 없다. 서양에서 인간과 신은 자연 초월적 존재라면 동양에서는 인간과 신은 자연 내재적이다. 따라서 자연파괴와 생태질서의 혼란은 결국 자연 초월적 존재로서의 인간이 갖는 우월성, 즉 인간 중심주의에서 찾을 수 있다. 기계론적 자연관과 인간 중심주의는 밀접한 관련을 갖는다. 따라서 인간 중심주의적 사고의 탈피에서 자연에 대한 인간의 도덕적 관계 및 자연의 은혜에 대한 보은이 가능해질 것이다.

107 우리는 한편 보은, 해원, 상생에서 보은이 가장 실천적 규범에 가까운 개념이라고 생각할 수 있으며, 또 한편 어쩌면 보은이야말로 우주론적 해명이 반드시 필요한 개념이라고 생각할 수 있다. 물론 이 세 가지 개념 모두 증산도 우주론에 대한 명확한 인식 없이는 제대로 이해되기 어렵다. 보은에 대해서는 특히 그 실천적 특성에 얽매여 우주론적 본질을 놓치기 쉽다. 그러나 증산 상제는 천지보은이란 단 한마디로 그 우주론적 중요성을 밝혀주고 있다.

단순히 인간의 실천적 행위규범의 문제에 제한되어 이해되어서는 안 된다. 우주원리에 대한 정확한 인식을 근거로할 때 보은의 당위성과 원리성의 본질을 이해할 수 있을 것이며, 여기서 해원, 상생의 문제 또한 자연스럽게 도출될 것이다.[108]

3) 원시반본과 보은

천지가 인간을 낳은 그 원래적 관계로 '되돌아감'은 바로 천지의 은혜에 대한 보은의 출발이다. 즉 **보은의 궁극적 방법과 실천은 천지와 인간의 관계, 만물의 생명성의 근원인 천지에 대한 모든 생명존재의 관계, 그 관계의 원초성을 회복**하는데서 찾아질 수 있다. 따라서 원시반본原始返本과 보은은 상호 연관적 관점에서 해명되어야 할 것이다. 보은은 곧 천지가 만물을 낳은 최초의 상태를 되돌아봄으로써 실현될 수 있다는 것이다.

이 부분에서 요구되는 설명은 원시반본의 실천이념으로서의 보은에 대한 규정이다. 즉 후천개벽의 절대정신으로서의 원시반본의 실천적 측면을 보은, 해원, 상생으로 볼 때, 그 중에서 보은이 갖는 의미를 집중해서 살펴볼 것이다. 또한 보은과 해원, 보은과 상생의 상관관계를 살펴보고 원시반본, 보은, 해원, 상생의 관계정립을 구상해볼 것이

---

108 보은사상을 철저히 이해하기 위해서는 증산도 우주론에 대한 인식이 필요하다. 선천과 후천, 그리고 후천개벽, 상극의 이치와 상생의 도 등에 대한 이해를 바탕으로 보은의 필요성과 당위성이 해명된다. 천지인 삼계가 닫힌 선천의 세계와 선천을 지배하는 상극의 이치는 인간과 천지자연의 관계를 단절시켜 상호 은혜의 수수관계마저 단절시키고, 천지의 생육이라는 일방적 은혜만 강조하게 되었다. 이러한 일방적 은혜 입음의 관계에 대한 인간의 응답은 대립과 갈등, 폭력과 투쟁이었다. 이러한 배은망덕은 선천 상극의 이치 하에서 일어나는 불가피한 상황이다. 결국 상극의 이치와 이로 인한 배은망덕은 천지의 생명성을 파괴하고 나아가 결국 인간 스스로의 삶을 부정하는 근원이 된다.

다. 이는 보은이 갖는 원리적 특성을 찾는 한 방편이 될 것이다.

보은 사상의 중요성은 동양의 우주관에서 극명하게 드러난다. 서양의 시간관과 우주관이 직선적이라면 동양의 시간관이나 우주관은 순환적이다. 서양의 전통적 신관이나 철학적 사고와 이를 바탕으로 한 현대철학의 흐름에서 드러나는 과정철학적 진보, 변증법적 진화, 혹은 창조적 발전 등의 개념, 그리고 현대과학의 도구주의, 진보주의 등은 궁극적으로 직선적 시간관을 배경으로 한다. 그러나 한편 노자의 "반자도지동反者道之動"[109]이란 표현이나 인도사상[110], 그리고 불교에서 주장하는 윤회 등의 개념은 우주만물과 인간문명이 직선적 운동을 하

●**조상천도 보은치성** : 돌아가신 조상님을 위한 기도와 제사는 나의 생명의 근본인 부모에 감사하고 조상에 보은하는 한민족의 소중한 전통이다.

---

109 노자, 『道德經』제40장, 오강남 풀이 『도덕경』(서울 : 현암사, 1995), 52–53쪽 참조.

110 인도철학에서 내생, 혹은 재생의 개념. Sarvepalli Radhakrishnan, *Indian Philosophy*, 이거룡 역, 『인도철학사 I』(서울: 한길사, 1997), 340쪽 이하 참조.

는 것이 아니라 반복순환함을 주장하는 것이다. 이는 우주의 순환운동을 배경으로 하는 증산도의 원시반본사상과 일치한다.

서양과 동양의 이러한 사상적 차이는 은혜와 그 갚음인 보은에 대한 상호 대립된 견해를 보여주는 듯하다. 서양의 과학과 문명은 감각주의에 근거하여 욕망과 욕구충족의 당위성을 강조한다면, 동양의 전통적 사유는 욕망의 절제와 관련된다. 또한 시간의 직선적 과정에서 볼 때 만물은 흘러가면 그만이지만, 순환적 시간관에서 현재는 언젠가 다시 우리에게 되돌아오는 미래로 인식된다. 당연히 은혜는 단지 주거나 받는 알방적 관계에서 끝나는 것이 아니라 미래에 다시 받게 되거나 주게 되는 상호 호혜적 반응으로 나타난다. 이러한 동양적 시간관은 주고받음의 당위성을 이해하는 근본적 토대이다.

이렇게 본다면 원시반본의 궁극적 의미는 보은사상의 토대가 된다. 원시반본이란 '시원을 살핌으로써 근본으로 되돌아감'이다. 풀어서 말하면 '우주생명이 처음의 근본위치, 상태, 입장, 본원적 의미, 절대적 가치 등을 성찰하여 그 근본으로 되돌아가서 새롭게 되는 것'이다. 이러한 원시반본은 우주의 운동패턴이면서 인간 삶의 궁극적 방향이며, 모든 실천적 가치의 규범이 된다. 보은의 궁극적이면서 최종의 실천은 우주생명이 자신의 존재근거인 무극대도에로 원시반본하여 천지의 은혜에 보답하는 것이다. 즉 **우주생명이 유기적 통일성의 상태로 귀속함으로써 자신을 생성, 화육시켜준, 그러므로 자기의 존재근거인 천지부모에 적극적으로 화답하는 일이다.**

여기에는 결국 천지와 인간의 새로운 관계를 어떻게 구현할 수 있는가 하는 문제가 포함되어 있다. 천지는 인간의 부모가 그런 것처럼 우주생명을 생성시키고 화육시켜서 생명의 창조적 열매를 맺게 한다. 원시반본은 바로 그러한 천지의 은혜를 인식하고 실천하는 보은의 방편이 된다. 다르게 표현해서 **천지의 은혜를 인식하는 것과 그 은혜에 보답하는 것, 즉 보은사상은 그 자체 천지가 만물을 낳은 그 근본정신으로 되돌아가는 원시반본의 한 방안이다.** 우리는 보은의 궁극적 의미, 천지보은의 우주론적 의미에서 원시반본의 실현을 확인하게 된다. 후천개벽하는 이 때는 바로 원시반본하는 때이며, 모든 것이 그 근본으로 되돌아감으로써 천지의 질서가 바로 잡히는 때이다. 이러한 원시반본하는 우주의 변화에 따라서 보은의 당위성, 필연성이 드러난다. **천지의 시원을 되살펴 그 근본으로 되돌아감은 바로 보은 그 자체이다.**[111]

보은은 단순히 인간이 천지의 은혜를 갚는 차원에 한정되는 것이 아니라 천지의 생성화육의 공덕에 화답하여 그 천지의 대업을 완결짓는 것을 뜻한다. 증산 상제는 지금은 원시반본하는 때(『도전』 7:17:3)이며, 그래서 동시에 이 때는 천지가 성공하는 시대(『도전』 2:43:4)라고 하였다. 우주생명이 상호 유기적 연관관계를 가지고 무극의 통일적 조화를 실현하여 원시반본하는 것은, 곧 자신의 생명을 낳고 길러준 천지의 공덕에 대한 보답이 되는 것이다. 이는 인간이 자신을 살리는 것일 뿐만 아니라 동시에 우주 생명의 근원인 천지부모를 살리는 길이기도

---

111 이와 관련하여 우리는 다음 『도전』 구절에 대해 유의해 볼 필요가 있다. "이 때는 원시반본하는 시대라. 혈통줄이 바로 잡히는 때니 환부역조하는 자와 환골하는 자는 다 죽으리라"(『도전』 2:26:1-2) 이 구절에서 환부역조나 환골이란 말은 그 근원을 찾지 못하는 자, 원시반본하는 때에 그 근본을 모르는 자의 의미이지만, 더 나아가 그 환부역조나 환골은 결국 배은망덕과 연관된 개념으로 이해된다. 즉 원시반본과 보은은 그 상호 연관된 맥락에서 이해되어야하고 그 근거를 위 구절에 대한 확대된 이해에서 찾아 볼 수 있을 것이다. 이 구절 바로 앞의 구절은 바로 보은사상의 화두인 "반반지은半飯之恩도 필보必報하라"는 구절이며, 그 다음 구절은 "부모를 경애하지 않으면 천지를 섬기기 어려우니라"(『도전』 2:26:4)는 구절이다.

하다. 따라서 **우주생명이 자신의 본래성으로 되돌아감으로써 천지부모와 원초적 관계를 정립하는 것**에서 우리는 보은의 본래적 의미를 찾을 수 있다.

증산 상제는 원시반본하는 우주의 운동원리에서 보은의 궁극적 의미를 규정함으로써 인간의 삶이 지향해야할 방향을 제시하고 있다. 이러한 은혜에 대한 보답은 우주의 이치에 따른 삶의 중요성과 당위성을 강조한 말이다. 굳이 증산 상제가 '배은망덕은 만사신'이라고 극단적 표현을 사용한 것은 바로 보은이 갖는 우주적 의미로 인해서이다. 천지자연이 뭇 생명을 낳아 길러준 것에 대한 은혜는 그 무엇보다도 크다. 현대의 생태윤리와 생명윤리, 및 환경윤리가 자연에 대한 파괴를 반성하고 새로운 윤리적 관계로 자연과 인간의 은혜관계를 설정하는 것은 천지성공시대의 당위적 결론이다. 근본으로 돌아가 자연의 본성에 합치하고, 자연의 낳고 기름의 은혜를 인식하고, 다시 그 자연의 개벽으로 새 하늘, 새 땅의 열림에 감사하는 것은 원시반본에 내포된 보은의 실천적 의미이다. "천지가 사람을 낳아 사람을 쓰나니 천지에서 사람을 쓰는 이 때에 참예하지 못하면 어찌 그것을 인생이라 할 수 있겠느냐!"(『도전』 2:23:3)라는 증산 상제의 말은 바로 이를 의미한다. 천지에 보은함은 인간 생명의 근원에 대한 인식과 천지의 변화에 순응하는 것이며 이를 통해 적극적 삶의 질서를 창조하는 것이다.[112]

---

112 증산 상제는 은혜를 잊어버리는 행위, 배은망덕에 대해 만번 죽어 마땅하다고 하였을 뿐 아니라 사회적으로 그러한 무도는 곧 병겁의 원인이 된다고 하였다.
"醫統 忘其君者無道하고 忘其父者無道하고 忘其師者無道하니 世無忠 世無孝 世無烈하니 是故로 天下가 皆病이니라 그 임금을 배은망덕하는 자도 무도하고 그 어버이를 배은망덕하는 자도 무도하고 그 스승을 배은망덕하는 자도 무도하니 이 세상에는 충신도 효자도 열녀도 없는 고로 천하가 모두 병들어 있느니라"(『도전』 5:346:7)

그러나 궁극적으로 이러한 보은은 천지이치와 그 이치 속에서 가능해지는 해원과 상생에 대한 인식이 있어야 가능하다. 즉 천지 음양의 이치를 깨달을 때 천지보은이 시작될 수 있다는 것을 의미한다. 천지가 인간의 생명을 낳아주고 다시 그 생명을 추수하는 원리와 이치를 알지 못하면, 살림의 방식과 그 살림의 근거에 대해서 알지 못한다. 그런 상태에서 보은을 실천하지 못하는 것은 당연하다. 은혜에 대한 인식에서 보은의 실천이 나온다. 천지에 대한 인식에서 출발하는 보은과 그 보은을 완성하는 해원, 상생은 모두 마음의 개벽을 통해서 그 실천적 가능성을 확보하게 된다. "대인을 배우는 자는 천지의 마음을 나의 심법으로 삼고 음양이 사시四時로 순환하는 이치를 체득하여 천지의 화육化育에 나아가나니"(『도전』 4:95:11) 이런 경지에서만이 증산도의 새로운 인간이 탄생하며, 그 신인간의 실천원리인 보은, 해원, 상생이 가능하게 된다.

4) 보은, 해원, 상생

해원과 보은의 상호 연관성에 대한 설명은 『도전』의 다음 구절을 토대로 하여 설명의 기점을 마련할 수 있을 것이다.

> 선천의 모든 악업과 신명들의 원한과 보복이 천하의 병을 빚어내어 괴질이 되느니라(『도전』 7:38:2)
> 저들이 원하는 바를 성취하게 하여 줌도 또한 해원이라.(『도전』 9:137:3)

이 두 구절에서 우리는 두 가지 사실을 확인할 수 있다. 하나는 원한은 보복을 낳는다는 것이고, 다른 하나는 해원은 보은을 낳게 한다는 것이다. 물론 이중 후자의 해석은 두 번째 인용문에 대한 추론적 의미분석의 결과이다. 여기서 원한이 보복을 낳는다는 것은 쉽게 이해할 수 있으나 문제는 해원이 보은을 낳는다는 것을 어떻게 이해할 것인가 이다. 해원이 보은을 낳는다는 것을 이해하기 위해서는 '보은줄'의 개념을 잘 이해해야할 것이다. 위 인용문에서 '원하는 바를 성취하게 해준다'는 것은 행위자의 관점에서는 '은혜를 베풂'이며, 그 행위자의 상대방의 입장에서는 '피은被恩'이다. 이는 『도전』의 다음 구절, 즉 "남의 덕보기를 바라지 말라. 남의 은혜를 많이 입으면 보은줄에 걸려 행동하기가 어려우니라."(『도전』 8:27:5)에서 볼 때 보은의 의무를 지도록 한다.

이를 좀 더 자세히 살펴볼 때, 먼저 우리는 그 관계를 해원이 갖는 실천적 측면에서 찾아볼 수 있을 것이다. 해원이란 상대방의 가슴 속에 맺힌 원과 한을 풀어주는 것이라고 할 때, 그리고 그 원과 한은 바로 하고자 하는 바를 하지 못함으로써 생긴 마음의 병이라고 할 때, 보은과의 상관성을 이해할 수 있을 것이다. 즉 해원은 상대방이 하고자 하는 바를 할 수 있도록 해 줌에서 그 한 계기를 마련할 수 있다는 것이다.[113] 그렇다면 이는 위에서 살펴본 바와 같이 보은줄로 연결된다. 즉 상대방의 원한을 해소해주는 것은 은혜를 베푸는 것이고, 이는 "피은, 지은, 보은"이라는 '은혜의 수수법칙'에 따라 보은을 행하도록 한다.

그러나 반면 해원자체가 바로 보은이 되는 경우, 즉 "해원=보은"도 있을 것이다. 이는 해원이 갖는 우주론적 이해를 통해서 가능하다. **해원은 천지생명의 바람직한 길을 열어주는 적극적인 행위**로 이해할 수

---

113 "저들이 원하는 바를 성취하게 하여줌도 또한 해원이라."(『도전』 9:114:3)

있다. 그리고 이는 바로 **천지의 낳음에 대한 가장 아름다운 보은**이라고 할 수 있을 것이다. 선천은 모든 생명존재에게 원과 한을 쌓도록 만드는 상극의 이치를 갖고 있으며, 만인의 만인에 대한 억압과 폭력은 만인의 만인에 대한 원한의 원인이 된다. 이러한 원한은 단지 마음에 머무는 상처에서 끝나는 것이 아니라 천지를 병들게 하는 파괴적 힘을 발휘한다. 천지가 만물을 낳은 춘생春生의 은혜가 이제 원한의 기운이 갖는 생명파괴로 배은의 극치를 달리게 된 것이다. **원한에 대한 적극적이고 바른 해원**은 이제 그 우주가 베풀어 준 **춘생의 은혜에 대한 보은의 차원에서 이해**된다. 선천의 상극구조에서 쌓인 모든 원한을 풀어주는, 그럼으로써 생명의 새로운 살림을 가능하게 하는 해원의 실천을 통한 보은에서 우리는 해원과 보은의 궁극적 상관성을 이해할 수 있을 것이다.[114]

114 이현택은 원불교의 사은과 증산도 보은을 비교하면서 중대한 오해를 하고 있다. 그 요지는 원불교의 사은은 "일원즉사은一圓卽四恩, 사은즉삼라만상森羅萬象으로서 체용상즉원미무간體用相卽顯微無間으로 파악하므로써 궁극적 존재의 현현자체顯現自體가 사은"인 반면 증산도 보은은 근원적 원리에서의 추구가 아니라 해원이라고 하는 기존질서의 개조로부터 보은을 추구하였다는 설명을 한다. 나아가 그는 "(소태산은) 일원을 사은이라고 하므로써 궁극적 신앙대상의 사실적 대상화를 규명하므로서 사은을 성체시현聖體示現으로 파악 신앙대상의 일체화를 주장하였다. 그러나 증산은 보은이라는 의미가 제시하는바와 같이 윤리도덕의 가치론적 시도를 주장하였다"(이현택, 「원불교 은사상과 증산교 보은상생사상의 비교고찰」, 『원불교사상』제7집, 1983, 177-178쪽 참조)라고 주장한다. 이러한 오해는 증산도 우주론과 보은사상에 대한 무지의 결과이다. 예를 들어 그는 증산 상제의 천지공사가 상극의 우주원리를 상생의 원리로 개조한 것이기 때문에 보은은 우주원리에서 추론되는 근원적 사상이 아니라 이차적 사상이라고 주장한다. 즉 그는 "(증산이)우주의 구조원리가 상극지리로 잘못 짜여져 있는 것을 개조하여 상생지리로 전환시켰다고 하는 것이다. 그래야만이 상생보은이 이뤄진다는 것이다" 그의 논조는 상극에서 상생으로의 우주원리의 전환이 있는 한 모든 원리는 다 이차적이라는 것이다. 그러나 소태산에 있어서는 원래 우주 원리가 상생이므로 이차적 상생원리의 회복이 불필요하고 따라서 사은은 원리적이라고 한다. 그러나 증산 상제의 보은사상에서 그 근본은 바로 천지가 만물을 낳은 그 시초의 상태에 대한 인식과 그러한 천지와 인간의 새로운 관계라고 할 때 증산도 보은사상이 이차적이란 주장은 잘못된 것임이 드러난다.

우주론적 관점에서 볼 때 해원의 바탕은 억음존양의 질서를 벗어난 정음정양의 질서이다. 불가피하게 쌓여만 가는 원한은 이제 정음정양의 우주와, 그로 인한 상생의 이치로 인해서 이제 해원의 계기를 찾게 된다. 이처럼 정음정양은 우주와 인간이 조화롭게 만나는 지점이기도 하다. 여기서 우리는 다시 해원이 갖는 우주론적 의미를 확인할 수 있다. 해원은 천지의 이치가 새롭게 열리는 곳에서 가능하며, 그 천지의 열림을 주재하는 주재자의 의지 속에서 가능하며, 그 의지에 따른 실천이 있을 때 가능하다. 그렇다면 여기서 보은은 해원의 우주론적 관점과 연관되어 이해되어야할 것이다. 이제 인간은 천지의 이치에 보은하게 되고, 그 열림의 주재에 보은하게 되며, 의지의 실천을 통해 보은하게 된다. 이러한 보은은 **해원에 대한 보은**이면서 더 나아가 **해원자체는 곧 천지의 생명을 살리는 보은자체**이다.

해원은 살림의 길이며, 그 살림의 길에서 생명을 얻게 되는 모든 존재는 그 새로운 생명의 살림에 보은하게 된다. 이처럼 해원을 통해 가능해진 상생의 실천 또한 보은의 한 방편이다. "사람을 많이 살리면 보은報恩줄이 찾아들어 영원한 복을 얻으리라"(『도전』 7:32:7) 척과 살기의 근원인 원을 풀어버리는 것은 스스로의 마음개벽을 통해 자신의 생명기운을 되찾는 것이면서 동시에 더 나아가 그 원의 대상에 대한 살림의 은혜를 베푸는 것이다. 따라서 해원사상의 결론은 곧 생명살림이라고 할 수 있으며, 그 살림은 보은으로 드러난다. 이처럼 보은, 해원, 상생의 관계는 서로 떨어져 독립적으로 작용하는 것이 아니다. 오히려 해원이나 상생 모두 보은의 방편으로 이해됨을 보여준다. 즉 보은, 해원, 상생의 상호 유기적 관계는 실천적 관점에서의 선후관계를 떠나서 논리적으로 같은 행위의 3요소라고 할 수 있을 것이다. 우리는 보은에서 해원과 상생의 요소를 발견하고, 해원에서 보은과 상생, 상생에서 보은과 해원의 측면을 찾을 수 있다.

『도전』의 다음 구절은 해원과 보은의 상관 관계에 대해서 아주 중요한 실마리를 제공한다.

> 지기금지원위대강至氣今至願爲大降
> 전주동곡해원신全州銅谷解冤神
> 경주용담보은신慶州龍潭報恩神(『도전』 4:67:2)

이 구절에서 우리는 해원신과 보은신이란 개념에 주의할 필요가 있다. 지기至氣가 대강大降하여 천지만물의 원과 한을 해원시켜줄 때, 그 해원을 맡아 다스리는 신은 바로 증산 상제 자신, 곧 해원신[115]이다. 이러한 맺힌 원한의 풀림에 대한 보은은 지극히 당위적이다.[116] 시천주 주문은 곧 상제의 임

●**최수운 대성사** : 경주시 현곡면 가정리 구미산 용담정에 세워진 최수운 동상. 동학의 창도자 최수운은 오랜 구도 끝에 상제님을 친견하고 선약인 영부와 시천주 주문을 받았다.

---

115 해원신에 대한 논의는 이 글 3장을 참고바람.

116 그런데 여기서 문제는 그 보은신을 경주용담과 관련된 최수운으로 설정한다는 점이다. 이와 관련해서는 『도전』의 다음 구절을 참고할 수 있다.
"運이 至氣今至願爲大降하니 無男女老少兒童口永而歌之라. 是故로 永世不忘萬事知니 侍天主造化定永世不忘萬事知라. 이제 천지의 대운이, 생명이 여무는 가을기운을 크게 내려 주시기를 간절히 원하고 비는 때이니 남녀노소 어린아이 할 것 없이 모두 이를 노래하느니라. 그러므로 만사에 도통하는 은혜 잊지 못할지니 인간세상에 오신 천주를 영세토록 잘 모시라. 무궁한 새 세계의 조화를 정하였나니 천지만사를 도통하는 큰 은혜를 너희가 영세토록 잊지 못할지니라"(『도전』 4:141:3)

어臨御함을 간절히 바라는 인간의 소원을 말하는 것이며, 그 원願이 지금 이제 지기로 크게 내려왔으니(원을 푼 것, 즉 해원) 이는 큰 은혜를 입음이다. 이 은혜에 대한 보답을 시천주侍天主 주문呪文과 동학의 창도자 최수운을 통해 보은으로 드러남을 밝힌 것으로 이해된다. 더 넓혀서 설명한다면 상제의 신원으로 증산 상제가 행한 천지공사는 다른 이름으로 천지해원공사이며, 그 해원공사로 선천 오만년 모든 원한이 풀어질 때, 그 해원에 대한 보은의 상관성을 밝힌 것이라고 보여진다.

또한 보은에는 자연과 인간, 신명과 인간, 인간과 인간 등 상호간의 받은 은덕을 되돌려 보답하는 의미가 포함되어 있다. 우주적 해원이 그 기초임은 말할 필요도 없다. 왜냐하면 우주생명이 갈등과 대립의 상극적 원한관계를 넘어서지 않고서는 천지의 공덕에 보은할 수 없기 때문이다. 따라서 보은도 원시반본이나 해원, 상생이 그런 것처럼 단순히 인간사적 차원에만 머물러 이해되는 것이 아니며 우주사적 원리를 떠나서 가능할 수 없다. 이처럼 보은은 해원, 상생과 더불어 삼위일체적 상관성의 관계를 지니고 있다. 해원이 일어나는 그 자리에서 바로 보은이 일어나고 보은이 이루어지는 그 자리에서 해원이 이루어진다.

해원이 이러할진대 상생과 보은의 관계는 더 적극적이다.

나의 도는 상생相生의 대도이니라.(『도전』 2:18:1)

이 『도전』구절은 천지의 생명을 살리는 새로운 이법인 무극대도는 천지만물을 살리는 상생으로도 이해할 수 있음을 말하고 있다. 상생의 이치는 죽임의 선천 상극시대를 마감하는 유일한 대안이다.

나의 도는 상생相生의 대도이니라. 선천에는 위무로써 승부를 삼아 부귀와 영화를 이 길에서 구하였나니, 이것이 곧 상극의 유전이라. 내가 이제 후천을 개벽하고 상생의 운을 열어 선으로 살아가는 세 상을 만들리라. 만국이 상생하고 윗사람과 아랫사람이 서로 화합 和合하고 분수에 따라 자기의 도리에 충실하여 모든 덕이 근원으로 돌아가리니 대인대의大仁大義의 세상이니라.(『도전』 2:18:1－5)

후천개벽과 천지공사로 드러나는 상생의 이치는 우주 내 모든 생명존재에 대한 살림의 은혜 그 자체이다. 상생은 곧 살림이며 상생의 이치는 살림의 이치이다. 상생은 단지 인간 대 인간의 윤리적 행위규범으로만 존재하는 것이 아니라 우주의 위대한 이법으로서 천지만물을 상호 살림의 도수대로 살도록 하는 절대법칙이다. 이러한 상생의 이치는 곧 천지의 이치이며 이 천지의 이치로 인해 인간 사이의 윤리적 상생이 가능하게 된다. 우리는 여기서 상생과 보은의 밀접한 관련성을 찾아볼 수 있다.[117]

"이상에서 살펴본 것처럼 원시반본의 세 가지 이념 중에서 해원은 우주 생명의 관계해소에 그 중점이 있고, 상생은 우주생명의 관계 정립에 그 초점이 있으며, 보은은 우주생명의 관계실현에 그 핵심

---

[117] 보은줄이란 말은 은혜의 주고 받음의 원리에 대해 설명하는 단서가 된다. 또한 상생과의 연관성을 추론할 수 있는 용어이다. "사람을 많이 살리면 보은줄이 찾아들어 영원한 복을 이루리라", "남의 덕 보기를 바라지 말라. 남의 은혜를 많이 입으면 보은줄에 걸려 행동하기가 어려우니라" 등에서 보은줄이란 말은 은혜의 수수법칙을 간명하게 표현하고 있다. 천지의 만물은 그 어느 것이나 상호 관계를 벗어나서 독자적으로 존립할 수 없다. 보은줄은 그러한 유기적 관계에서 상호 은혜 입음과 갚음의 불가피한 은혜관계를 떠나서 인위적 은혜관계가 갖는 이중적 의미를 잘 나타내고 있다. 남에게 은혜를 배푸는 것은 상대편에서는 반대로 은혜를 받는 것, 남의 덕을 보는 것이다. 위의 구절은 그 두 가지 일의 상호모순을 지칭하는 것이 아니라 보은의 당위성을 주장하는 말이다. 남을 살리는 상생의 행위는 반드시 복을 받는 보은으로 되돌아 오고, 남의 덕을 입은 것은 보은의 의무로 다가온다.

이 있다. 다시 말해 해원은 원한으로 얼룩진 우주생명의 상극적 대립관계를 해소하는 것이고, 상생은 우주 생명의 상생적 조화관계를 회복하는 것이며, 보은은 천지부모와 인간자식의 관계를 재정립하여 우주일가의 통일적 관계를 확보하는 것이다. 따라서 천지공사의 궁극적 이념은 우주생명이 제자리를 찾아 궁극적 존재근원으로 회귀함으로써 시비로 대립하는 원한 관계가 해소되고, 나도 살고 남도 사는 상생관계가 정립되고 생명의 근원적 공덕에 보답하는 보은 관계를 실현하려는 데 있다. 이렇게 볼 때 천지공사는 우주전체를 굿판으로 하여 벌이는 우주문명적 해원굿이자, 상생굿이며 보은굿이다."[118]

증산 상제는 천지자연과 인간을 살리는 새로운 대도를 열어 인간세상을 후천의 선경이 되도록 하였다. 그러한 후천의 새로운 길은 해원과 상생의 적극적 실천을 통해서 가능하다. 그리고 해원과 상생은 보은과의 관련을 떠나서 이해되기는 어렵다. 왜냐하면 보은은 원시반본하는 우주원리에서 모든 것이 무극대도의 통일상태로 되돌아가 그 본질적 관계를 회복하는 것으로 이해될 수 있기 때문이다.

보은을 이렇게 규정할 수 있다면 **보은은 단지 인간의 실천적 원리를 드러내는 윤리적 개념에 한정되는 것이 아니라 인간존재의 생명을 새롭게 열어주는 필연적 생명원리가 아닐 수 없다.** 즉 보은은 인간의

---

118 원정근, 「왜 천지공사인가」, 『강증산의 생애와 사상』(증산도사상연구소편, 대원출판사, 2002, 198쪽) "증산은 해원공사를 행하시는 이면 또 천지보은의 공사를 병행하여 해원된 신명들을 보은줄로 체계화케 하였다. 이러한 보은이념은 "천지보은"이나 "忘其君者無道", 그리고 "聖之職, 聖之業"이라하여 직업의 은혜에 보답할 것을 규정하였다. 뿐만 아니라 개인 상호간의 은혜에도 보답하지 못하면 척이 맺히므로 "반반지은半飯之恩도 필보必報"라고 하였다."(이정립, 『해원사상』, 207쪽)
한편 "원수를 풀어 은인과 같이 사랑하면 덕이 되어 복을 이루느니라"(『도전』 8:23:9)라는 구절이나 "내 마음을 잘 풀어 가해자를 은인과 같이 생각하라. 그러면 곧 낫게 되리라"(『도전』 3:132:6) 등의 구절은 상생과 보은의 관계를 말한 것이다.

의지 속에서 선택되어지는 실천개념이 아니라 우주의 필연적 원리 속에서 드러나는 당위적 규범이라는 것이다. 아니 오히려 이를 넘어선 본질적인 생명원리라고 해야할 것이다.

> 이어서 성도들로 하여금 도통천지道通天地 해원상생解寃相生이라 읽게 하시니라.(『도전』 11:249:6)

도통천지보은[119]이란 말과 함께 '도통천지 해원상생'이라고 한 표현에서 우리는 다시 한번 보은, 해원, 상생이 갖는 우주론적 의미를 이해할 수 있다. 원시반본을 실현하는 실천이념인 보은, 해원, 상생은 후천의 새로운 세상을 여는 행위규범이면서 우주에 대한 원리적 이해를 떠나서 이루어질 수 없는 정신의 경계이다.

---

119 "도통천지보은道通天地報恩이니라."(『도전』 6:128:6)

3. 보은의 실천적 이해

증산도 보은 사상은 해원, 상생과 함께 천지공사의 핵심이념이며 또한 인간 생활윤리의 기본규범이다. 이 보은 사상이 갖는 중요성은 "배은망덕만사신背恩忘德萬死身"(『도전』 7:66:2)이란 말에서 잘 나타난다. 이 말은 인간으로서 자신이 받은 은덕恩德을 저버리는 불의한 자는 만 번 죽어도 마땅하다는 뜻으로, 보은의 중요성에 대한 경책일 것이다. 이와 비슷한 구절은 제자가 스승을 해하는 불의인 배사율背師律(『도전』 5:118:1)을 범하는 자는 참혹히 망하게 한다는 언급에서도 찾아볼 수 있다. 우주의 가을은 온갖 불의를 숙청하여 의義의 푯대를 세우는 개벽철이다. 그러므로 인종 씨를 추리는 이 가을 개벽기에 생명의 열매를 맺으려면 반드시 의義로써 근본의 은혜에 보답하여야 한다.

보은에 대한 인식(知恩)이 은혜를 갚음에 있어서 가장 일차적인 조건이긴 하지만 더 중요한 것은 그 인식을 행동으로 실천하는 것이다. 그 실천은 분명 받은 은혜에 대한 보답일 터인데 그 보답의 방식이 무엇인가는 아주 중요하다. 물론 피은被恩에 대한 인식에서 그 은혜에 대한 보은이 드러날 것임에는 분명하다. 여기서는 그 은혜에 대한 인식에서 자연스럽게 드러나는 은혜 갚음이라는 실천의 방법론을 살펴볼 것이다.

1) 도통천지보은

그렇다면 보은의 방법은 무엇인가? 이 물음은 너무나 포괄적이다. 그리고 보은의 구체적 방법은 그 은혜의 종류와 깊이에 따라 다양하게 드러날 수 있다. 그러므로 단순하게 보은을 어떻게 할 것인가 라고 묻는 물음에 대한 하나의 대답이 주어지지는 않는다. 앞에서 말한바와 같이 보은은 궁극적으로 은혜에 대한 인식에서 가능하다. 그리고 은혜에 대한 인식은 그 은혜에 따른 구체적 보은의 방식을 규정한다. 천지만물은 은혜의 수수법칙에 따른 상호 보은의 수수관계에서 벗어날 수 없다. 무한히 많은 종류의 은혜에 따라 보은에도 무한히 많은 종류의 방법이 있을 것이다.[120]

그렇다면 그 중에서 가장 큰 은혜는

---

120 원불교에서는 은혜의 종류를 크게 네 가지로 구분하고 이를 사은四恩이라고 부른다. 이를 '근원적으로 없어서는 살 수 없는 큰 은혜'(한기두. 『원불교 정전연구』, 1996. 154쪽)라고 한다. 그 네 가지는 천지은天地恩, 부모은父母恩, 동포은同胞恩, 법률은法律恩. 이다.(한기두. 『원불교 정전연구』, 1996. 159-164쪽) 또한 원불교 신앙의 대상인 일원상一圓相은 곧 은사상과 분리되어 이해될 수 없다. 일원즉사은一圓卽四恩이라는 것이다.(이현택, 「圓佛敎 恩思想과 甑山敎 報恩相生思想의 比較考察」, 『원불교사상』제7집, 1983, 160-161쪽 참조)

무엇이고, 그 은혜에 대한 보은은 어떻게 가능한가. **인간에게 주어진, 아니 만물에게 주어진 가장 큰 은혜는 바로 모든 생명의 근원인 천지의 낳음과 기름이다.** 천지의 은혜가 가장 크다는 것은 "만물을 생성함이 끝이 없음은 천지의 대업이요 쉬지 않고 운행함은 천지의 대덕"(『도전』 2:49:4)이라는 말에서 유추할 수 있다. 만물을 낳은 것도 천지이며, 그 만물을 기르는 것도 천지라는 말이다.

천지가 만물을 낳은 생생지은生生之恩은 그 무엇보다도 큰 베품이며, 낳은 만물을 기르고 성숙시키는 것 또한 천지만이 할 수 있는 큰 은덕이다. 이러한 천지의 은혜에 대한 보은을 간명하게 '천지보은'이라고 표현한다. 그렇다면 천지에 보은하는 방법은 무엇인가. 우리는 그 답을 "도통천지보은道通天地報恩"(『도전』 6:128:6)이란 말에서 찾을 수 있을 것이다.[121] 이 말은 '도통을 하는 것이 곧 천지에 보은하는 것'이라는 뜻으로 이해된다.[122] 이는 자세한 설명이 요구된다.

먼저 '도통천지보은'이란 말은 '천지가 낳아준 것에 대한 보은으로서의 도통'으로 해석해볼 수 있다. 다시 말해 천지보은이란 천지질서와 그 질서의 궁극적 방향인 후천개벽, 선경을 열어주는 천지공사의 우주론적 의의를 인식하는 것에서 출발한다. 이러한 천지의 이치에 대한 깨달음은 은혜에 대한 인식과 그 은혜에 대한 보은의 방법을 동시에

---

121 증산도에서는 생명의 근원에 보은하는 네 가지 방법을 제시한다. 1. 상제님과 태모님께 보은한다. 2. 태사부님과 사부님께 보은한다. 3. 부모님과 조상님께 보은한다. 4. 천지일월에 보은한다.(『증산도기본교리』, 104쪽) 이 네 가지 방법은 보은의 네 가지 대상에 대한 것이며, 이 절과 관련해서 논의되고 있는 것은 이 중에서 4. 천지일월에 대한 것이다.

122 도통천지보은이란 말은 『도전』 6:128과 9:198, 이렇게 두 번 나온다. 6편의 구절은 도통道統이란 의미와 도통道通이란 의미 양자로 해석될 수 있다. 9편의 구절은 오주伍呪 속의 한 구절로 나타난다.

밝혀준다. 은혜를 알 때 그 은혜에 보답하는 것은 인간의 도리이며 당위이다. 그 도리와 당위는 천지의 원리에 대한 것에서 출발한다.[123]

그렇다면 도통은 무엇이고 또 어떻게 도통이 천지에 보은하는 방법이 될 수 있는가? 도통의 경지는 『도전』내에서 다양하게 표현되고 있지만 그 궁극의 의미는 바로 '천지만물의 이치에 대한 깨달음'으로 간략히 정의될 수 있다. 이는 도통道通의 문자적 의미에서도 찾을 수 있다. 즉 도통은 바로 '도道에 통通함'이다. 이 때 '도'는 이치, 원리, 근본, 방법의 뜻이고. '통'은 꿰뚫어 두루 미친다는 뜻이다. 즉 도통은 천지만물의 이치를 꿰뚫어 모르는 바가 없는 경지를 말한다.[124] 도통의 경지에서 천지의 처음과 끝, 이치와 근본이 드러나며, 천지와 하나가 되어 천지일심을 이루게 된다.

도통이 천지의 이치를 깨닫는 것이라면 왜 도통이 천지보은과 연관되는지는 명확해진다. 왜냐하면 보은은 바로 은혜에 대한 인식에서 시작되기 때문이다. 즉 천지보은이 만물을 낳고 기르는 천지의 은혜, 뭇

---

123 도통천지보은에 대한 이러한 설명은 이 글을 이끌어 나가는 기본 방향이다. 그러나 이 외에 다른 한가지 의미를 추가한다면 '천지에 도통하는 은혜'라는 의미이다. 즉 도통을 내려주는 은혜에 대한 보답이란 뜻으로도 이해된다. 이는 "만사에 도통하는 은혜 잊지못할 지니…"(『도전』 4:141:3), "천지만사를 도통하는 큰 은혜를 너희가 영세토록 잊지 못하느니라"(『도전』 4:141:3) 등의 구절에서 확인할 수 있다.

124 『도전』에서는 도통의 경지에 대해 다음과 같이 말한다. "삼계의 경계가 환히 트이며 삼생三生이 밝게 비치고, 일원세계一元世界가 눈앞에 어리고… 모든 이치가 뚜렷이 드러나고 만상이 펼쳐지며… 풍운조화風雲造化가 마음대로 되고 둔갑장신遁甲藏身이 하고자 하는 대로 이루어지며 천지가 내 마음과 일체가 되고 삼교三教를 두루 쓰며, 모르는 것이 없고 못하는 바가 없게 되느니라"(『도전』 7:6:2-5) 도통은 곧 천지인天地人 삼계三界와 천지의 이치에 대한 깨달음이면서 천지와 하나된 경지라고 할 수 있다. 이는 "도통道通은 건감간진손이곤태乾坎艮震巽離坤兌에 있느니라"(『도전』 10:35:1)라는 구절과 오주 伍呪의 "天文地理 風雲造化 八門遁甲 六丁六甲 知慧勇力 道通天地報恩"(『도전』 9:198:2)라는 구절에서도 유추할 수 있다.

생명의 근원인 천지의 생생지은生生之恩에 대한 인식에서 가능하다면 이는 바로 도통의 경계이기 때문이다. 도통은 존재하는 모든 것들이 낳음과 기름의 상호 유기적 관계에 있음에 대한 근원적 인식이며, 또한 그속에서 낳음과 기름의 은혜에 대한 갚음은 바로 천지를 살림으로써 자신을 살리는 생명의 그물임에 대한 인식이다. 따라서 **보은은 단순히 개별적 은혜를 갚는다는 차원을 넘어서 천지만물이 상호 생명의 근원으로 되돌아가게 하는 궁극의 실천임을 알 수 있다.**[125]

이제 우리는 도통천지보은에 대한 이러한 논의에서 보은의 깊은 의미와 우주사적 의의를 찾을 수 있다. 보은은 후천개벽의 근본정신인 원시반본을 실현하는 시작이면서 마무리이다. 생명의 근본으로 돌아감은 곧 원시반본을 향하는 적극적 실천원리인 보은의 일차적 조건이다. 이처럼 천지보은은 생장염장하는 우주의 순환에서 봄의 낳음, 즉 천지가 모든 생명을 터트리는(春之氣는 放也, 『도전』 6:124:9) 생명작용에 대한 보은에서 시작하여, 가을의 개벽기에 만물을 성숙시키고 추수하는 후천개벽과 선경에 대한 보은에 이르기까지 천지를 살아가는 인간과 만물에 요구되는 근본적 태도이다.

도통보은을 통해서 인간은 천지와의 원초적 관계로 되돌아가 그 근본에 보답할 수 있게 된다. 이는 천지성공시대에 인간의 당위이며 의무이다. 『도전』에서 말하는 천지성공시대와 인존시대는 그 뜻을 같이

---

125 도통은 천지의 이치에 대한 깨달음이고, 그 깨달음은 천지의 은혜에 대한 보답이라는 것은 동일한 한 사건의 두 가지 의미이다. 도통은 이치에 대한 깨달음으로서 보은의 토대가 된다. 그러나 일견 인식하는 것이 바로 보은하는 것인가라는 물음이 가능하다. 즉 지은에서 보은이 가능하지만 지은 자체가 보은이지는 않다는 것이다. 그러나 도통이란 것이 깨달음, 혹은 인식(엄격히 말해서 양자가 동일하다고 할 수는 없지만)에서 그치는 것이 아니라 도통은 바로 천지와 하나 되는, 천지와 교류하는 행위이기 때문에 우리는 충분히 '도통천지보은'이 갖는 의미를 이해할 수 있다.

하고 있다. 즉 개벽의 때에 인간이 천지만물 중에서 가장 중요한 역할을 해야한다는 인존시대의 의미는, 바로 이를 통해서 선천의 상극질서로 인해 비뚤어진 천지만물의 비본래적 생명성을 바로잡아 천지를 새롭게 성공시키는 때라는 것과 동일한 맥락에서 이해되어야 한다. 그 역할은 다름아닌 도통보은이며, 해원이며, 상생이다.

이렇게 천지에 대한 보은을 강조하는 것은 그것이 가장 큰 은혜이기도 하면서, 동시에 다른 관점에서는 천지의 은혜에 대한 배은망덕背恩忘德은 천지가 낳고 기른 만물의 생명성을 파괴하는 것이기 때문이며, 이는 나아가 천지자체를 파괴하는 것이기 때문이다. 천지에 대한 보은은 곧 도통을 통해서 천지의 성공에 참여하는 것이라면, 천지에 대한 배은은 천지의 생명을 파괴하는 것 이외 다름 아니다. 우리는 여기서 도통천지보은이 갖는 우주론적 의미를 통해 결국 **배은망덕만사신이 갖는 우주론적 의미를 이해하게 한다.** 천지보은의 반대말은 천지배은, 즉 천지의 은혜에 대한 배은이며, 나아가 도통천지보은의 반대말은 배은망덕만사신으로 이해할 수 있다. 여기서 만사신은 은혜를 배반하고 덕을 잊어버리는 행위로 인한 개인적 죽음의 의미와 동시에 넓은 의미로 확대되어 천지만물에 끼치는 죽음의 기운이라고 할 수 있다. 이러한 배은의 심각성에 대해 말하는 구절을 우리는 「병세문」에서 발견할 수 있다.

> 그 임금을 배은망덕하는 자도 무도하고 그 어버이를 배은망덕하는 자도 무도하고 그 스승을 배은망덕하는 자도 무도하니 이 세상에는 충신도 효자도 열녀도 없는 고로 천하가 모두 병들어 있느니라.(『도전』5:347:7)[126]

---

126 "忘其君者無道하고 忘其父者無道하고 忘其師者無道하니 世無忠 世無孝 世無烈

여기서 군사부에 대한 배은, 혹은 배은망덕은 곧 세상을 병들게 한다는 것을 뜻한다. 그리고 그 배은망덕은 바로 무도에서 비롯되었다는 것이다. 이는 나아가 천하에 대한 무도는 곧 천하의 병을 일으키는 근본원인이 된다. 증산도에 있어서 병 혹은 병겁은 인간의 삶과 구원과 밀접한 연관을 갖고 있다. 후천개벽을 다른 말로 병겁개벽으로 표현하는 것에서 우리는 병이 갖는 심각성을 추론할 수 있다. 이 때의 병은 단순한 병, 혹은 가벼운 병이 아니라 인류 전체를 죽음으로 몰고가는 병, 천하를 죽음으로 이끄는 병이다. 이러한 병의 원인으로서의 배은망덕에 대해 우리는 다음의 『도전』구절을 통해서 좀 더 가까이 접근할 수 있다.

> 큰 병도 무도에서 비롯하고 작은 병도 무도에서 생기나니 그 살길을 얻기만 하면 큰 병도 약 없이 낫고 작은 병도 약 없이 스스로 낫느니라.(『도전』 5:347:5)[127]

즉 배은망덕은 병의 원인이고, 병이란 것은 무도에서 생겨난다는 것에서 우리는 배은망덕의 무도가 바로 병의 원인이라는 것을 알 수 있다. 이러한 배은망덕의 무도는 천하개병天下皆病의 원인이 된다는 것에서 우리는 인류를 죽음으로 이끄는 병의 원인을 알게 되고 여기서 다시 그 살길에 대해서 찾을 수 있게 된다.

> 병에는 큰 병세가 있고 작은 병세가 있나니 큰 병은 약이 없고 작은 병은 혹 약이 있으나 대병을 고치는 약은 마음과 몸을 편히 하는데

하니 是故로 天下가 皆病이니라".
[127] "大病도 出於無道하고 小病도 出於無道하니 得其有道면 則大病도 勿藥自效하고 小病도 勿藥自效니라."

있고 작은 병의 약은 사물탕 80첩이니라.(『도전』 5:347:2 – 3)[128]

증산 상제는 그러한 배은망덕의 무도에서 비롯하는 병에는 큰 병과 작은 병이 있다는 것과 그 중 천하의 병이라고 할 수 있는 큰 병의 치료법을 몸과 마음을 편히 하는 것이라고 알려주고 있다. 그렇다면 여기서 마음을 편히 하는 것은 어떤 의미를 갖는가. 여기에 대한 답도 우리는 병세문 속에서 찾을 수 있다.

대인대의하면 병이 없느니라. 천하의 대세를 알고 있는 자는 살 기운이 붙어 있고 천하의 대세에 눈 못 뜨는 자에게는 천하의 죽을 기운밖에는 없느니라.(『도전』 5:259:15 – 16)[129]

대인대의를 통해 몸과 마음을 편히 하는 것은 무도에서 발생하는 병을 피하는 길이다. 그러나 증산 상제는 이와 동시에 병에서 벗어나는 것에 대해 '천하의 대세를 인식하는 것'이라고 분명히 말하고 있다. 여기서 보은과 관련하여 중요한 것은 바로 천하의 대세를 인식하는 것이 곧 병의 근본을 인식함으로써 그 병을 다스리는 방법이라는 것이다. 병은 무도에서 비롯하고, 그 무도는 곧 천지부모와 스승과 임금의 은혜를 져버리는 행위라는 것, 즉 배은망덕이라고 할 때, 천지가 만물을 낳고, 모든 생명존재는 그 낳음의 은혜에 대한 보답의 의무를 지고 있다. 여기서 보은의 방법은 천하의 대세, 천지의 이치를 깨닫는 것에서 가능함을 다시 한 번 알 수 있다.

---

128 "病有大勢하고 病有小勢하니 大病은 無藥하고 小病은 或有藥이나 然이나 大病之藥은 安心安身이요 小病之藥은 四物湯八十貼이라."
129 "大仁大義는 無病이니라… 知天下之勢者는 有天下之生氣하고 暗天下之勢者는 有天下之死氣니라."

2) 천지공사와 보은

선천개벽한 우주는 춘생의 원리에 따라 만물을 낳고 기른다. 그러나 이러한 생과 장은 무한히 이어질 수 없다. 그것은 순환하는 우주와 만물의 존재원리이다. 후천개벽은 그러한 성장의 극에서 그 참된 열매를 거두는 우주의 섭리이며, 추살秋殺의 기운으로 닥쳐온다. 천지공사는 바로 추살의 우주살풀이에서 생명을 살림의 길로 인도하는 참된 구원의 길이다. 천지공사는 천지가 낳고 기름에 의해서 극한으로 성장한 생명의 기운이 생장염장의 순환원리에 따라서 수렴통일하는 우주의 가을에 천지와 문명과 인간에게 새로운 기운을 열어주는 **천지구원의 은혜**이다.

증산 상제는 우주의 봄과 가을의 기운에 대해 "춘무인이면 추무의"(『도전』 8:34:1)[130]라는 말로 그 핵심을 밝혀주고 있다. 봄에 만물을 낳음이 천지의 사랑(仁)이라면 가을에 만물을 거둠은 천지의 정의(義)로움이다. 이 말은 춘생추살春生秋殺과 상통하는 말이다. 천지가 만물을 낳음은 천지의 인애仁愛로운 본성으로 인함이다. 그러나 추살의 정의正義는 언뜻 만물을 죽음으로 이끄는 심판이고, 따라서 그것과 보은은 무관한 듯 보인다. 그러나 천지공사는 이러한 추살에 살림을 도모하는 우주 주재자의 또 다른 사랑이다. 이는 천지공사에 대한 정의에서도 분명히 알 수 있다.

> 선천개벽 이래 상극의 운에 갇혀 살아온 뭇 생명의 원冤과 한恨을 풀어 주시어 후천 오만 년 지상선경세계를 세워 온 인류를 생명의

---

130 "春無仁이면 秋無義라. 봄에 씨(仁)를 뿌리지 않으면 가을에 결실(義)할 것이 없느니라."

길로 인도하시니 이것이 곧 인존상제님으로서 9년 동안 동방의 조선땅에서 집행하신 천지공사라.(『도전』 5:1:1-3)

천지보은이 천지의 낳고 기름에 대한 보은이라면, 천지공사에 대한 보은은 거둠에 대한 보은이다. 춘생추살의 원리에 따라 모든 생명이 우주의 가을에 죽임의 심판에서 벗어날 수 없을 때, 병든 하늘과 땅을 개조하여 뭇 생명을 살리는 천지공사는 우주 주재자의 의지 속에서 가능하다. 이처럼 죽임 속에서 살림을 도모하는 우주 주재자의 천지공사에 부합하는 방법은 무엇인가? 즉 천지보은이 천지의 생생지은과

●**자손을 위한 조상님들의 기도** : 우리네 조상들은 장독대에 맑은 정한수를 떠놓고 천지의 은혜에 보답하고, 새로운 삶을 열어주실 것을 삼신 상제님과 칠성님께 기도하였다.

생생지덕生生之德에 대한 보은이고, 그 보은의 방법을 도통으로 규정할 수 있다고 할 때, 천지가 만물을 거두는 우주의 가을에 만물을 구원하는(被恩) 천지공사에 대한 보은과 그 방법을 어떻게 규정할 수 있는가? 물론 천지공사의 은혜에 대한 보은의 방법은 다양하겠지만 여기서는 이를 일심一心과 연관지어서 설명해보고자 한다.

일심은 한마음, 통일된 마음, 천지와 합일된 마음 등으로 해석된다. 『도전』에서는 일심에 대해 다양하게 그 의미를 규정하고 있지만 이를 크게 두 가지로 구분할 수 있다.

> 너희들은 삼가 타락치 말고 오직 일심으로 믿어 나가라.(『도전』 5:414:4)
>
> 너희는 매사에 일심하라.(『도전』 8:57:1)
>
> 일심으로 믿는 자라야 새 생명을 얻으리라.(『도전』 8:57:3)
>
> 일이 금방 된다고 해도 천지 일심으로 하나가 되어야 일이 되느니라.(『도전』 8:91:6)
>
> 천지 만물이 일심에서 비롯하고 일심에서 마치느니라.(『도전』 2:91:2)[131]
>
> 일심이 없으면 우주도 없느니라.(『도전』 2:91:3)

위 인용문에서 먼저 인용한 세 구절에서의 일심은 무슨 일을 할지라도 그 일을 함에서 성경신을 다하는 마음자세, 혹은 천하사를 하는 일꾼의 마음가짐으로서의 일심이고, 나중에 인용한 세 구절은 천지와 하나되는 마음의 상태, 경계, 경지로서의 일심이다. 그러나 이 양자는 실제로 그렇게 구분된 마음의 상태는 아니다. 일심으로 믿어나가고 실천함으로써 모든 사람은 종국에 가서 천지와 하나되는 일심의 상태에

---

131 "天地萬物이 始於一心하고 終於一心이니라."

이를 수 있고, 또 천지 일심을 향할 때 새 생명의 길을 여는 한마음의 실천이 가능하다. 천지공사에 대한 보은의 자세로서의 일심은 이 두 가지 의미를 모두 갖는다.

천지공사는 선천개벽이후 상극의 이치가 지배하여 천지와 만물, 역사와 문명, 인간과 신명에게 깃든 원과 한, 죽음의 질병을 치유하기 위한 천지개조공사이며 천지치유공사이다. 우주가 선천개벽과 후천개벽을 되풀이하면서 순환할 때, 선천의 봄이 낳은 생명은 우주가을의 후천개벽에 의해 거두어지게 된다. 이러한 우주의 섭리를 증산 상제는 춘생추살이라는 말로 그 핵심을 알려주고 있다. 우주의 봄은 낳음이라면 우주의 가을은 죽임이다. 천지공사는 이러한 죽임의 가을에 살림의 길을 열기위해 천지 도수를 짜는 것이다. **일심은 바로 이러한 천지공사를 인식하고, 그 도수에 맞게 실천하는 바탕**이다. 즉 일심을 통해서 천지공사가 갖는 우주적 의미를 깨우칠 수 있고, 또 그 천지공사의 도수에 따라 새로운 세계, 후천선경을 건설할 수 있다. 천지공사가 새 하늘 새 땅을 여는 모사재천謀事在天의 은혜라면, 일심은 그러한 천지공사를 실천함으로써 보은하는 성사재인成事在人의 방법이다.

> 이제 말세의 개벽 세상을 당하여 앞으로 무극대운無極大運이 열리나니 모든 일에 조심하여 남에게 척을 짓지 말고 죄를 멀리하여 순결한 마음으로 정심 수도하여 천지공정天地公庭에 참여하라.(『도전』 2:15:2 - 3)
>
> 도심주道心柱를 잘 가지라. 천지 집을 지으려면 기둥이 완전히 서야 천지공사가 무궁하리라.(『도전』 8:51:9 - 10)

천지공정, 천지공사를 통해서 하늘과 땅의 모든 일들이 우주 주재자의 도수대로 실현되는 그 공정한 천지대업의 한 길을 여는 것은 바로 순결한 마음이다. 도심주道心柱란 개념도 일심과 결코 다르지 않다. 이 순결한 마음, 일심은 천지공사에 보은하는 방법이면서 천지공사를 실천하는 방법이다.[132] 우리는 이제 도통천지보은에 대비해서 천지공사에 대한 보은의 방법을 '일심천지보은'이라고 부를 수 있을 것이다. 보은은 선천상극의 운을 끝막고 후천 새 천지의 상생의 운수를 여는 천지공사(『도전』 5:5~6)의 핵심 이념이다. 그리고 그러한 보은을 실천하는 방법이 바로 일심법이다.[133] 은혜를 갚음은 바로 은혜의 인식에서 나온다는 보은의 본질은 일심에서도 그대로 적용된다. 천지공사에 대한 보은은 천지공사에 대한 궁극적 깨달음 없이는 불가능하다. 일심은 바로 그 깨달음의 다른 이름임은 천지일심이란 말에서 분명해진다. 일심은 생명의 근원인 천지부모와 하나되는 마음[134]이면서 우주 전체로 확장된 의식의 궁극적인 경계이다.[135] 즉 일심은 바로 천지와 하나된 마음이면서, 천지공사의 우주적 의미를 깨닫는 마음이다.

<hr />

132 "내가 천지운로를 뜯어고쳐 물샐틈없이 도수를 굳게 짜 놓았으니 제 도수에 돌아 닿는 대로 새 기틀이 열리리라. 너희들은 삼가 타락지 말고 오직 일심으로 믿어 나가라. 이제 9년 동안 보아 온 개벽공사의 확증確證을 천지에 질정質定하리니 너희들도 참관하여 믿음을 굳게 하라."(『도전』 5:414:3~7)

133 "원형이정元亨利貞으로 성경신誠敬信 석 자를 일심으로 지켜 수행하라"(『도전』 11:248:3)는 말에서 일심법의 의미를 추론할 수 있다.

134 『증산도기본교리』, 105쪽

135 천병돈, 「증산도 심론」, 207쪽

4. 이 장을 나서며

하늘과 땅과 사람, 이 3재才가 은혜의 수수법칙으로 일체가 되어 상호 완성된다는 것이 보은사상의 핵심이다. 보은은 상극의 질서로 인한 선천의 대립과 갈등, 원한과 살기 등 황폐해진 자연과 신명과 인간의 분열을 재결합시켜 통일로 인도할 수 있는 핵심이념이다. 우리가 이 장에서 밝히고자 한 것은 보은이 구체적으로 어떤 행위인가, 혹은 우리가 살아가면서 갚아야할 은혜들은 무엇인가 등의 물음에 답하는 것이 아니라, 증산 상제가 우리에게 전해준 보은사상의 실체는 과연 무엇인가를 드러내는 것이었다. 그리고 이 논의를 이끌어가는 방편으로 '천지보은'에 대한 개념분석을 시종일관 유지하였다. 이는 **천지보은이란 개념 속에 증산도 보은사상을 설명하는 두 가지 요소, 즉 우주론적 요소와 인간적 요소가 모두 포함되어 있기 때문이다.** 우리는 그 두 가지 요소를 이 글에서 구분하였는데 하나는 천지간에 존재하는 만물은 서로 독립적으로 존재하는 것이 아니라 상호 은혜의 주고받음으로 그 생명성을 유지한다는 뜻이며, 다른 하나는 우주 내 모든 생명존 재는 그 생명의 근원이며 만물의 존재근거인 천지와 천지의 주재자에게 보은해야 한다는 뜻이다. 이 두 가지 의미분석에서 보은에 접근하는 두 가지 큰 방향을 설정하였다. 원리적 접근과 실천적 접근이 그것이다. 물론 그 양자가 설명의 편의상 분리되었지만 실제로 다른 것은 아니다. 천지가 만물을 낳고 기름의 은혜는 다른 한편 만물이 천지를 완성하는 보은과 같기 때문이다.

낳고 기르고 거두고 완성하는 생장염장은 또다시 낳고 기르고 거두고 완성하는 고리로 순환하는 것이 우주의 법칙이다. 이렇게 다시 근본으로 되돌아가는 우주의 법칙에서 보은의 궁극적 의미를 찾을 수 있을 때 우리는 보은사상의 실체를 정확히 확인하게 되는 것이다. 우리는 보은에 대해 은혜를 갚는다는 다분히 윤리적인 개념을 넘어서서 우주의 원리에 대한 궁극적 이해에 도달하게 되었다. 보은 사상에서도 확인한 바와 같이 증산도 사상의 핵심은 바로 이렇게 모든 문제들에 대한 이해의 근거가 선천과 후천의 순환 및 그 순환 속에서 살림의 절대적 계기인 가을 개벽이 존재한다는 것이다. 그리고 그 가을 개벽은 만물을 새롭게 완성하는 우주적 계기라는 것이다. 증산도 사상에 대한 모든 설명과 논의는 궁극적으로 이러한 사실에 대한 확인인 셈이다. 개벽을 떠나서는 원시반본, 보은, 해원, 상생 등 증산도 핵심사상에 대한 어떤 논의도 명확히 주어질 수 없다는 것이다.

그렇다면 은혜를 입었다면 갚아라, 혹은 원수를 내 몸같이 사랑하여 그 손을 어루만져 주라, 그리고 우리 공부는 남 잘되게 하는 공부이며 사람을 살리는 것을 제일로 삼는다는 일상적이면서 구체적인 실천원리들은 어떻게 받아들일 것인가? 행여 우주원리라는 거대한 담론에 머물러서 실제로 우리의 삶을 바꾸어주고 아름답게 하는 행위원리들을 부정하는 잘못을 범하지는 않는가? 그렇지는 않다. 우리의 모든 행위는 그 행위의 본질에 대한 인식에서 참다운 의미를 찾을 수 있다. 보은, 해원, 상생에 대한 정확한 인식없이 어떻게 은혜를 갚고, 원을 풀며, 살리는 행위를 할 수 있는가? 정작 그렇게 행위하였다 하여도 그 행위가 천지의 이치에 따른 바람직한 행위라고 할 수 있는가? 우주가 개벽하는 천지개벽시대, 원시반본하는 시대, 천지성공시대에 있어서는 더욱 그러하다. 일상적 행위 속에서 보은과 해원, 상생을 찾는 것은 당연하다. 이제는 그 행위의 의미를 개벽에, 선경의 실천에, 성사재인하는 궁극적 태도에서 찾아야한다. 지금은 바로 그러한 때고, 그러한 행위를 통해서 천지와 인간과 신명은 새로운 생명을 얻을 수 있기 때문이다.

우리가 보은을 실천하는 궁극적 방법으로 도통과 일심을 이야기하는 것도 바로 이런 이유 때문이다. 도통과 일심은 천지의 은혜에 보답하는 제일의 실천규범이다. 그러나 동시에 이는 천지의 이치를 인식하는 제일의 인식원리이다. 도통과 일심의 궁극적 경지는 도통천지이고 천지일심이다. 이를 통해서 천지의 이치와 은혜를 인식할 수 있고, 또한 이러한 인식을 통해서 천지의 은혜에 보은할 수 있다. 따라서 **우주의 길 속에 인간의 길이 있으며, 인간의 길이 곧 우주의 길이다.**

하늘과 땅을 형상하여 사람이 생겨났나니 만물 가운데 오직 사람이 가장 존귀하니라. 하늘땅이 사람을 낳고 길러서 쓰나니 천지에서 사람을 쓰는 이 때에 참예하지 못하면 어찌 그를 인간이라 할 수 있겠

느냐!(『도전』2:23:2 - 6)

이 구절은 천지보은에 대한 실천적 당위성을 깨우쳐주고 있다. 보은에 대한 증산 상제의 가르침은 천지의 은혜와 일심의 보은으로 요약될 수 있다. 이는 인간의 의무이며 삶의 목적이며, 천지가 성공하는 유일한 길이다.

Chapter 3.

해원
― 너희들도 후천해원을 구하느냐 ―

해원解冤은 원을 푼다는 뜻이다. 해원은 인간의 마음과 행동에 절대적인 영향을 미치는 중요한 개념이다. 어찌 보면 원시반본, 보은, 해원, 상생 중에서 가장 먼저 해결되어야할 이념은 바로 해원일 것이다. 왜냐하면 인간은 누구나 선천의 세상을 살아오면서 마음속에 원과 한을 맺을 수밖에 없었고, 그리한 원한이 맺힌 마음상태로는 온전히 타인과 자신을 위한 선한 행위가 불가능하기 때문이다. 인간 마음의 완전한 평화와 행복은 가슴 속에 어떠한 원망도, 원한도, 고통도, 절망도 없는 상태에서 가능할 것이다. 그렇다면 해원이야말로 내 생명과 마음의 근본으로 돌아가는 가장 중요한 방법이라고 할 수 있다. 이런 측면에서 본다면 해원은 원시반본을 실현하는 근본적인 이념이라고 하겠다.

1. 해원과 상생

증산도의 핵심 이념인 **해원사상**解寃思想은 **상생**相生, **보은사상**報恩思想과 함께 인간의 윤리적 행위를 규정하는 중요한 사상이다.[136] 우주와 인간과 문명이 모두 우주의 순환원리에 따라 그 근본으로 되돌아간다는 **원시반본**原始返本은 후천개벽의 정신이면서 우주의 필연적 목적이다. 그러한 원시반본을 실현하는 실천원리인 보은, 해원, 상생은 인간의 삶의 원리를 실천적 측면에서 고찰할 수 있는 사상이면서 동시에 우주원리적 관점에서 인간의 역할과 위치를 설명하는 원리이기도 하다. 이러한 사상들의 궁극적 의미는 물론 생명의 살림에서 찾을 수

---

136 중국 문헌 상에서 해원解寃의 용례는 중국 당송시대의 문헌으로 알려진 『敦煌變文集』「捉季布傳文」의 "依卿所奏休尋捉, 解寃釋結罷言論"(그대가 주청한 대로 찾아서 잡는 것을 그만 둘 것이니, 원을 풀고 맺힌 것을 풀어서 더 이상의 논의를 그만두라.)"에서 찾을 수 있다. 이 외에 『古今小說』과 淸代 紀昀이 쓴 『閱微草堂筆記』에서도 나타난다.(『漢語大詞典』제10권, 上海, 漢語大詞典出版社, 1992, 1372쪽) 그러나 증산 상제는 이러한 해원이 인간이 가진 원을 푼다는 단면적 차원에서 이해되던 지금까지의 논의를 벗어나 원시반본하는 우주와 인간의 생명성을 본래적 상태로 회복하도록 하는 제일 이념임을 밝혀주었다.

있다. 증산도 사상이 갖는 절대적 가치는 우주의 철바뀜의 때에 우주와 인간과 신명, 전 존재의 **생명성을 본래적 상태로 되돌려 놓음**이며, 이는 곧 우주의 가을이 갖는 추살의 기운에서 생명을 살리는 살림에 있다.

상생사상이 현대 윤리적 담론의 중심이 된지는 이미 오래이지만 정작 상생의 실현근거인 해원사상은 담론의 보편적 주제가 되고 있지는 않다. 상생이 인간 상호간에 선을 실현하는 적극적 행위규범이라면 해원은 그러한 적극적인 실천이 가능하기 위한 토대를 마련한다는 의미에서 소극적인 것처럼 보인다. 그러나 해원없이 상생이 불가능하다면 해원은 상생의 필연적 조건이 된다. 즉 그 양자를 서로 분리해서 이해하기는 어렵다. **해원은 상생의 존재근거**이고, **상생은 해원의 인식근거**이다.[137] 사실 이러한 표현이 가능한 것은 해원과 상생을 동일하게 윤리적 범주 내에서 고찰하기 때문이다.

그러나 상생은 우주론적 원리를 근거로 하는 인간의 실천적 규정이라는 측면에서 해원과 구별된다. 즉 상생은 우주론적 상생과 실천적 상생으로 상호 구별 가능하지만 해원에 있어서는 우주론적 해원, 즉 우주가 해원의 주체나 객체가 되지는 않는다. 그럼에도 해원에 대한 우주론적 고찰은 가능한데 그것은 우주는 생장염장의 시간적 리듬을 가지고 변화순환하며, 그 변화는 상극과 상생이라는 이치에 따라서 일어나기 때문이며, 또한 우주 내 모든 존재는 그러한 이치 내에서 실

---

137 사실 이러한 표현은 칸트에게서 비롯된다. 칸트는 "자유는 도덕법칙의 존재근거이며 도덕법칙은 자유의 인식근거"(I. Kant, *Kritik der praktischen Vernunft*)라고 말한다. 자유가 없으면 도덕법칙이란 불가능하고 도덕법칙을 통해서 우리는 인간의 자유를 인식할 수 있다.

천적 행위의 근거를 찾아볼 수 있기 때문이다.

그러나 엄밀히 말해서 해원은 상생과는 달리 전적으로 실천적 개념이다. 이 때 실천적 개념이라는 것은 물론 인간의 행위에 한정되지는 않는다. 증산도에서 우주 전체는 생명적 유기체로 이해되고 우주 내 모든 존재자들은 상호 유기적 관계에 있다. 따라서 해원은 단지 인간의 원을 해소하는 의미를 넘어서 확장된다. 증산 상제는 **금수들의 해원**에 대해서(『도전』 2:12:8), 그리고 **신명해원**(『도전』 5:205:7)에 대해서 말하고 있다.

후천선경을 건설하는 실천원리로서의 상생은 해원을 떠나서 성립할 수 없다. 말 그대로 쌓인 원冤을 풀어버리는(解) 해원은 적어도 새로운 인간관계, 윤리관계를 성립시키기 위한 전제조건이다. 아무리 상생이 가장 이상적인 행위의 규범이라고 강조하더라도, 그 상생이 가능하기 위한 마음상태가 되어 있지 않다면 인간상호 간의, 천지만물 상호 간의 상생은 불가능하다. 해원을 통해서 마음 속에 품은 살기와 원망을 자비와 사랑으로 바꿀 수 있고, 그러한 마음상태는 남을 잘되게 하고 서로를 살리는 행위인 상생을 실현하는 바탕이다. 우주의 이치인 상생의 도에 따르는 행위는 해원을 통한 '마음 씻음' 없이는 불가능하다.

이 우주는 생장염장生長斂藏의 사계절을 가진 1년을 단위로 순환한다. 이러한 우주질서는 상극의 이치

와 상생의 이치라는 변화의 법칙을 가지고 있다. 생生과 장長의 선천先天은 상극相克이 변화의 이치가 되는 분열·발전의 시기이고, 염장斂藏의 후천後天은 상생相生이 지배적 이치로 작용하여 만물이 수렴·통일하는 시기이다. 증산 상제는 지금을 선천의 말대末代이며 만물이 극도로 분열된 시기라고 규정한다. 그런데 상극의 이치가 분열·성장시킨 자연과 문명은 조화와 통일 속에 존재하는 것이 아니라 대립과 분열 속에 존재하며, 그 대립과 분열 속에서 **인간존재는** 쌓이고 축적된 **원과 한의 고통에서 신음**하고 있다. 문제는 그 원과 한이 내면적 고통에서 끝나는 것이 아니라 척과 살기로 드러나 인간과 인간의 문명을 진멸할 지경까지 몰고 간다는데 있다.

> 선천에는 상극의 이치가 인간 사물을 맡았으므로 모든 인사가 도의에 어그러져 원한이 맺히고 쌓여 삼계에 넘치매 마침내 살기가 터져 나와 세상에 모든 참혹한 재앙을 일으키나니(『도전』 4:16:2 - 3)

이 원과 한을 그대로 둔다면 상생이나 보은은 공허한 관념에 불과하며, 상생의 세계인 후천의 선경 또한 불가능하다. **증산 상제의 강세 이유**는 이러한 고통에 찬 인간과 신명의 신음과 울부짖음 때문이며, **강세한 후 천하를 대순하면서 확인한 것은 그 고통이 극에 달해 있다는 것**이다. 증산 상제가 천지공사를 한 것도, 조화정부를 연 것도, 모든 가난과 질병을 대속한 것도 바로 해원을 위해서였고, 그리고 그것은 모두 해원을 통해서 가능한 것이었다.

> 그러므로 이제 천지도수를 뜯어고치고 신도를 바로잡아 만고의 원을 풀며 상생의 도로써 선경을 열고 조화정부를 세워 함이 없는 다스림과 말없는 가르침으로 백성을 교화하여 세상을 고치리라.(『도

전』4:16:4-7)

해원없는 천지공사, 해원없는 상생, 해원없는 보은, 해원없는 후천 선경이란 것은 있을 수가 없다. 이처럼 상생과 보은, 그리고 천지공사까지도 해원에 대한 규정없이 정확히 이해하기는 힘들다. 증산 상제는 **선경을 건설하는 첫 걸음이 바로 해원**(『도전』4:17:8)이라고 강조하고 있다. 그 중 특히 해원과 상생은 상호 밀접한 연관이 있다. 그래서 『도전』에서는 해원상생을 하나의 단어로 사용하기도 한다.[138]

우리가 여기서 밝혀 보려는 것은 상생이 가능하기 위한 전제 조건으로서 해원사상이다. 이를 위해서는 먼저 **원冤**이란 무엇인가를 해명하여야 할 것이며, 원을 푼다, 혹은 해소한다고 할 때 해소한다는 것은 무슨 의미인지, 그리고 **해원의 방법**은 무엇이고 그 주체는 누구인지, 천지의 존재질서와 운행질서를 새롭게 예정하는 천지공사의 제일원리를 해원이라고 할 수 있는 이유는 무엇인지 등에 대한 연쇄적 해명이 필요할 것이다.

해원은 선천 인간 모두의 가슴에 맺힌 원을 푸는, 혹은 씻는 것이며, 이러한 씻음을 전제로 새로운 행위원리로서의 상생이 가능할 것이다. 아래서는 이러한 씻김의 대상, 주체, 방법 등에 대한 논의를 주제로 삼는다. 그리고 해원에 대한 논의의 종합적 결론으로서 증산도 해원사상의 실현에 대한 우주론적 실천적 근거를 체계적으로 설명해 보고자 한다.

---

138 예를 들어 "대도대법 정리되니 해원 상생 아닐런가"(『도전』 11:172:4)라는 구절 및 "도통천지道通天地 해원상생解冤相生"(『도전』 11:249:6)

2. 원冤에 대한 분석적 이해

해원에 대한 본질적 이해를 위해선 먼저 원冤이란 무엇인가에 대한
대답이 주어져야 하고, 그 다음 단계로 원의 기원은 무엇이고 그 원은
어떻게 해소될 수 있는가 등의 물음이 해결되어야 한다.[139] 원이 무엇인
지를 규정하기 위해서는 원과 유사한 개념인 한恨, 원한冤恨, 원통冤痛
(『도전』 7:21:4), 원한怨恨, 척隻[140], 살기殺氣 등의 심리적이면서 윤리적인
개념과 상호 대비적 고찰이 필요하다. 원이나 한이 스스로 마음에 갖
게 되는 병적 상태로서 피학적被虐的 증상이라면, 척은 상대방에게 정

---

[139] 원冤이란 무엇이고 어떻게 생겨나는가에 대해 증산 상제는 다음과 같이 분명히 밝
혀주고 있다. "원래 인간세상에서 하고 싶은 일을 하지 못하면 분통이 터져서 큰 병을
이루나니"(『도전』 4:32:1) 분통이 터진다는 것은 억울한 심적 상태이며, 이는 간단히 말
해서 원冤과 한恨이 맺힌 상태이다. 즉 원은 억울하고 원통한 심적 상태이며 이러한 원
은 무언가 하고자 하는 욕망, 욕구에서 발생한다.

[140] 척隻은 두 사람간의 관계, 특히 소송에서 피고와 원고의 관계에서 그 어느 한쪽을
일컫는 말로 사용되는데, 이 때 양자 간의 관계를 척의 관계라고 할 수 있다. 그리고 그
척의 관계는 법정에서 상호비방하고 대립하고 이해가 엇갈린 관계이며, 이런 관계에 있
는 사람의 마음은 상대방을 해하려는 심적 상태에 있게 된다. '무척 잘산다'는 말은 증
산 상제에 의해 '척이 없어야 잘산다'는 말로 설명된다.(『도전』 2:103:1) 또한 "남에게 원
억冤抑을 짓지 말라. 척이 되어 갚느니라."(『도전』 2:103:2) 라는 증산 상제의 말에서 볼
때 척은 외부의 기운이 나를 해하는 힘으로 이해할 수 있다. 즉 척은 자신의 마음에서
생겨나는 것이 아니라 상대방의 살기가 무언의 힘으로 나를 억압하는 해악을 말한다.

신적 육체적 상처를 주는 가학적加虐的 증상이다.[141] 이 양자의 기원과 그 상관성을 밝히는 것은 증산도 해원사상을 이해하는데 있어서 아주 중요하다. 아래서는 이와 함께 원이 인간의 삶에서 피할 수 없는 본질적 특성이며, 그러한 원은 단지 마음의 병적 상태에 머무는 것이 아니라 우주 내 모든 존재의 생명성을 파괴하는 힘이라는 것을 살펴볼 것이다.

1) 원冤과 한恨의 개념분석

인간 마음의 병리적 억압상태에 대해 『도전』에서는 원冤(『도전』 4:16:1),[142] 한恨(『도전』 6:2:6), 원한冤恨(『도전』 3:185:8)의 개념을 들고 있다. 이와는 조금 다른 심적 상태를 뜻하는 척隻(『도전』 2:103:1)과 살기殺氣(『도전』 6:52:6)도 해원과 상관이 있는 심적 상태이다. 이들은 모두 **내적 불**

---

141 척에 대해서 증산도에서는 "인간이나 원한을 맺고 죽은 신명이 뿌리는 살기로서, 삶의 길을 막고 생명을 파괴하는 원한의 살기로서, 도를 닦는자나 세상을 살아가는 한 인생의 길을 막고 불행에 빠지게 하는 근원적 힘의 하나"라고 설명한다.(『도전』 9:87:2에 대한 측주)

142 이정립은 원冤과 원怨이 서로 다른 심적 상태임을 주장한다. 즉 그에 의하면 원冤은 하고자 하는 욕망이 어떤 다른 원인에 의해 성취되지 못했을 때 낙심과 후회가 쌓인 감정이라면, 원怨은 그 한의 감정이 반사작용을 일으켜 상대에 대한 보복감정으로 드러난 것을 이른다. 또한 그는 이 원怨이 극도로 압축되면 척으로 드러난다고 한다.(이정립, 「해원사상」, 『증산사상연구』 제3집, 증산사상연구회편, 1977, 170-17쪽 참조) 김형효교수도 이와 비슷한 주장을 한다. "한이 착한 마음씨와는 상관없이 그에 상응하는 복이 따라오지 않을 때에 생기는 수동적인 의미를 지닌다면 원怨(망望)은 오히려 적극적으로 인생을 살려는 의지가 타인의 의지와 마찰을 빚을 때에 그 타인의 의지에서 나의 의지가 꺾이게 될 때에 생긴다."(김형효, 「원시반본과 해원사상에 대한 성찰」, 『증산사상연구』, 제5집, 증산사상연구회편, 1979, 52쪽) 『도전』의 구절에서 원怨의 의미를 좀 더 정확히 규정하기 위해서 인용구를 살펴보면 "손자의 죽음을 보고 크게 노하여 상제님을 원망하며 말하기를"(『도전』 3:69:4), "하늘이 비와 이슬을 적게 내리면 반드시 만방에서 원망이 일어나고"(『도전』 4:100:5), "민환은 태모님께서 선화하신 다음 어떤 기이한 영적 감화를 주지 않으심에 원망스런 마음을 가지고 있었던 터라"(『도전』 11:425:4) 등인데 여기서 말하는 원망은 무언가를 원하는 마음이 타인에 의해 이루지 못할 때 그 타인을 탓하는 마음이라고 이해할 수 있으며 원망의 원은 원怨을 뜻한다.

만 및 외부의 억압과 불의, 폭력에 의해 마음에 가해지는 고통이 만들어 내는 병적 상태이다. 그러나 이 두 부류가 동일한 것은 아니다. 전자가 이러한 고통이 의식적으로 혹은 무의식적으로 마음에 쌓여 다시 스스로를 억압하는 힘이라면, 후자는 그 고통이 쌓여 외부로 표출되어 상대방을 공격하는 심적 상태로 드러난 것이다. 전자가 극에 달하면 그 고통은 내면에 잠재하는 것이 아니라 외부로 표출되며, 그 표출되어 드러난 힘을 척이나 살기라고 부를 수 있다.

자전字典에서는 원에 대해 '원冤은 원冤과 같은 자이며, 한恨과 같고, 구仇와 같다'고 설명하고 있다.[143] 원과 한은 동의어라는 것이다. 그리고 원과 한이 쌓이게 되면 그 대상과는 원수(仇)가 된다는 의미이기도 하다. 그러나 해원에 대한 정확한 이해를 위해서는 이러한 일상적 동일화를 떠나서 원冤과 한恨을 분석적으로 논의하여 그 엄격한 구분점을 찾을 필요가 있다.

● 원과 한의 옛글자 : 원과 한은 단지 인간의 심적 고통만을 뜻하는 것이 아니라 선천 세상을 살아가는 뭇 생명들의 모든 고통을 상징한다.

원은 "토끼가 족쇄에 갇혀 있는 모양으로 외부적 압박에 의해 당하는 고통"이며, 한은 "외부에서 가해지는 원이 내면화되어 마음 속에서 샘물처럼 솟아나는 고통"이다.[144] 여기에 따르면 한은 원이 깊어진 것이므로, 시간적으로 원은 한보다 앞서며, 좀 더 그 고통이 구체적인 상태를 말한다.[145] 그러므로 원이란 어떤 심적 상태인가에 대한 정확한

---

143 신원문화사 편집부, 『최신실용대옥편』(서울: 신원문화사, 1995), 206쪽.

144 세종출판기획편, 『알기 쉬운 증산도 기본교리』(서울: 대원출판사, 2000), 102쪽.

145 이러한 설명에 따르면 원怨이나 한恨은 모두 원冤이 깊어진 상태이다. 그래서 우리는 이 양자를 합하여 원한怨恨이라고 한다. 그러나 이 원怨과 한恨을 다시 구별한다면

설명과 이해가 선행되지 않는다면 우리는 한恨이나 원怨이 갖는 고통의 크기를 규정하기 힘들 것이다.

최동희 교수는 원寃에 대해 아주 흥미롭고 설득력 있는 풀이를 한다. 그는 원寃에 대한 『설문해자說文解字』의 풀이 "원寃은 구부린다는 뜻이다. 문門과 토兎로 이루어져 있다. 토끼가 문 밑에 있어서 달릴 수 없으므로 더욱 더 구부리고 꺾게 된다."[146]는 내용을 단서로, 원이 갖는 심적 상태나 고통이 과연 어떠한가를 설명한다. 그는 "원이라는 글자는 토끼가 갇혀서 달릴 수 없는 상태를 나타내고 있다. 덮어 누르는 물건이 자꾸 죄임에 따라 토끼는 더욱 더 온 몸을 굽히고 꺾어 움츠러들 수밖에 없다… 일반적으로 쓰이는 이 말은 달리고 싶은데 달릴 수 없고 자꾸 움츠려들기만 하는 안타까움을 뜻한다… 원 이라는 말은 … 어디까지나 사람의 마음상태를 토끼를 끌어대어 나타낸 것이다."[147] 즉 원이란 외부의 억압에 의해 하고 싶은 것을 하지 못함으로써 마음

원怨은 원寃이 깊어져서 공격적 성향의 심리상태로 응축된 것을 말한다면, 한恨은 원이 깊어졌지만 공격적으로 드러나지는 않고 마음 속 깊은 곳에 응어리져 내장된 심적 상태를 말할 것이다. 증산 상제는 "너희들이 나를 만나 해원하지 못하면 한이 되리라" (『도전』 3:272:2)라고 말한다. 이는 원寃을 풀지 못하면 그것이 쌓여서 한恨이 된다는 말이다. 즉 원寃과 한恨의 관계를 분명히 설정한 것이다. 『한어대사전漢語大詞典』 제 2권 459쪽의 "원굴지한寃屈之恨"은 '원통함으로 인해 생긴 한', '원통함의 한', 혹은 '원에 대한 한' 등으로 해석할 수 있다면 원寃과 한恨의 관계를 추론할 수 있을 것이다. 즉 원이 깊어져서 생긴 것이 바로 한恨이라는 것이다.

146 "寃屈也 免在门下不得走益屈折也"(『說文解字注』, 卷十上, 上海古籍出版社, 1998, 472쪽)
최동희 교수가 '문門과 토兎로 이루어져 있다'고 한 구절은 위의 『說文解字』원문에 비추어볼 때 문門이 아니라 경门으로 보아야할 것이다. 원寃에서 멱冖은 덮다는 뜻이다. 『說文解字』에서 말하는 경门은 덮다, 가두다, 옥죄이다 등의 뜻을 갖고 있다. 즉 토끼를 덮어 누르고 있는 틀을 상징한다.
147 최동희, 「해원의 윤리적인 의미」, 『증산사상연구』제 11집(증산사상연구회편, 1985), 111쪽.

에 쌓이는 고통과 절망, 회한 등을 한마디로 표현한 것이다. 인간은 누구나 무한한 욕망을 가지고 있으나 그 욕망을 모두 다 만족할 수는 없다. 그렇다면 그러한 욕망이 사회적, 물질적 조건에 의해서, 혹은 타인의 방해나 억압에 의해서 좌절될 때 그 욕망의 크기 만한 고통이 가슴 속에 쌓이게 되는데 이를 원寃이라고 표현하는 것이다.[148]

이에 반해서 **척이나 살기**는 마음 속에 쌓인 원과 한이 내면적 심리 상태로 머무는 것이 아니라 외부의 대상을 향해 발산되는 힘이다. "남에게 원억을 짓지 말라. 척이 되어 갚느니라."(『도전』 2:103:2)라는 말에서 알 수 있듯이 척이란 것은 '내가 남에게 원寃이 쌓이게 하면 그 사람의 원이 변하여 나를 해하려는 힘'으로 드러난 것이다. 즉 척은 인과응보적 해침의 힘이다. "세상의 모든 참사가 척신隻神이 행하는 바"(『도전』 3:188:10)이므로 척을 짓는 것은 바로 참사를 불러 일으키는 것이다.[149] 그래서 증산 상제는 "삼가 척을 짓지 말라. 만일 척을 지은 것이 있으면 낱낱이 풀고 화해를 구하라."(『도전』 3:188:11)고 하였다.[150]

척과 살기의 근거가 되는 심리상태는 원과 한(寃恨)이며. 이 원과 한

---

[148] "원래 인간세상에서 하고 싶은 일을 하지 못하면 분통이 터져서 큰 병을 이루나니"(『도전』 4:32:1)

[149] 척신은 한을 품고 죽은 신명을 말하는데 척신은 그 척을 짓게 한 상대방에게 보복하게 된다.(『도전』 3:238:8 및 9:126:4 참조)

[150] 김형효 교수는 척에 대해 "척이란 개념은 한국어의 어법에 고유한 것으로… 잘난 척, 못난 척 아는 척, 모르는 척, 겸손한 척 등과 같은 표현에 쓰인다"고 말하면서 이를 "남과의 관계에서 어떤 심리적 자기주장의 허위의식"과 통한다고 한다.(김형효, 「원시반본사상과 해원에 대한 성찰」, 55쪽) 잘난 척이라고 할 때 척은 잘나지 못하면서 잘난 것처럼 꾸미는 마음이나 형상을 뜻한다. 이는 분명 허위의식과 통한다고 할 수 있지만 증산 상제가 말하는 척의 개념과는 거리가 멀다고 생각된다. "무척 잘산다"를 "隻이 없어야 잘산다"로 풀이하는(『도전』 2:79:1) 것에서 볼 때 척은 잘난 척의 척이라고 보기 힘들다. '잘난 척하지 않으면 잘산다'고 주장하기는 어려울 것이다.

이 깊어진 병리적 현상이 원한怨恨이다. 그러나 원원冤이나 한恨에 그친다면 척이나 살기가 일어나지 않는다. 이 원과 한이 원한怨恨으로 화할 때 여기서 척과 살기가 발생하게 된다. 그러므로 원한冤恨과 원한怨恨의 심리상태는 상호 구별되어서 이해되어야 한다.[151]

정대현 교수는 『한국어와 철학적 분석』에서 한의 개념적 구조에 대해서 설득력 있는 설명을 제공하고 있다. 여기서 설명하는 한恨에 대한 설명을 통해서 다시 우리는 원원冤을 규정할 수도 있을 것이다.[152] 그에 의하면 (원冤)한恨과 원한怨恨은 두 가지 점에서 상호구별 될 수 있는데 그것은 첫째, 한은 의도에 독립적인 데 반해서 원한怨恨은 의도에 의존적이라는 것과 둘째, 원한怨恨은 지향성의 개념인데 반해서 한은 그렇지 않다는 점이다.[153] 그래서 이 양자는 다음과 같은 맥락으로 표

---

151 원한冤恨은 원冤과 한恨을 합쳐서 만든 용어이지만 단순히 산술적 더함이 아니다. 원한冤恨이라고 할 때는 원冤이나 한恨의 감정이 상승작용을 일으켜 한 걸음 나아간 상태를 뜻한다고 보는 것이 옳을 것이다. 『한어대사전漢語大詞典』에 원한에 대해 "원굴지한冤屈之恨"이라고 하여 원한冤恨이 원통함의 한이라고 하였다.(『한어대사전漢語大詞典』제 2권 459쪽) 『도전』에서 사용되는 원한은 원한冤恨이다. 원한怨恨이라고 표기한 구절은 보이지 않는다. 그러나 문맥상에서 볼 때 이 양자의 용어가 혼용된 것으로 이해된다. 일반적으로는 원한冤恨보다는 원한怨恨이라는 용어가 널리 사용된다. 그럼에도 불구하고 증산 상제가 원한冤恨이란 용어를 사용한 것은 원원怨에 비해서 원원冤이란 개념이 갖는 총체적 근원적 의미에서 비롯된다. 이에 대해서는 뒤에서 자세히 다룰 것이다.

152 물론 여기서 말하는 한恨이란 말은 한사상의 한과는 구별되어야 한다. 그러나 그렇다고 양자가 전혀 동떨어진 것은 아니다. 동일한 한이지만 전자가 억압구조에서 마음에 맺힌 증상을 말한다면 후자는 푸는 한과 관계가 있다. 전자는 이 글의 주제가 되는 한恨이며 후자는 한韓, 한桓, 태太, 간干 등의 한자로 표현된다. 한민족의 역사는 이 두 개의 한의 맺고 푸는 역사였다.(김상일, 『한사상』, 서울: 온누리, 1992, 228쪽 참조)

153 정대현, 『한국어와 철학적 분석』(서울: 이화여대출판부, 1985), 70쪽.
"원冤과 한恨은 모두 1차적으로 가슴속에 응어리진 마음의 상태이지만 원원怨은 외부적으로 발산하는 2차적인 개념이다. 원과 한이 구심적求心的이라면 원원怨은 원심적遠心的이라고 말할 수 있을 것이다."(윤창렬, 「강증산의 해원사상에 관한 고찰」, 『증산도사상연구』제1집, 1992, 117쪽)

현되어야 한다. 즉 한은 "나의 마음에는 한이 맺혀 있다"는 문맥으로, 원한은 "나는 너에게 원한을 품고 있다"는 문맥으로 표현된다.[154]

이러한 (원冤)한恨과 원한怨恨에 대한 구별은 그 양자가 어떻게 극복되어 해소되는가를 검토해볼 때 더 분명히 드러난다. **한恨의 해소**는 "맺힌 한을 풀었다"라는 문맥으로, 그리고 **원한怨恨의 해소**는 "나는 너에게 품은 원한을 갚는다"는 문맥으로 사용되어야 한다. 여기서 '맺히다'는 개념과 '품다'는 개념에서 우리는 한과 원한의 발생의 차이를 규정할 수 있을 것이다. '맺히다'는 자동사이지만 '품다'는 타동사이다. 즉 전자는 목적어가 필요 없는 동사이지만 후자는 목적어가 반드시 요구되는 동사이다.[155] 따라서 한은 스스로에 의해서 발생하는 반면 원한은 반드시 누구에겐가 그 목적이 규정되어야 하고 그 대상에게 향해 있다. 그렇다면 정대현 교수의 설명은 어느 정도 타당성을 갖는다.

그는 한은 그 대상이 구체적으로 존재하지 않는 심리상태이며 이런 측면에서 한의 풀음은 이 세계적이기보다는 저 세계적인 특성을 지니고, 따라서 한풀이는 인식적이라기 보다는 예술적이거나 종교적

---

154 정대현, 『한국어와 철학적 분석』, 70쪽 참조.
『한어대사전漢語大詞典』은 원 한 冤恨에 대해 "唐 杜甫「贈秘書監江夏李公邕」'忠貞負冤恨, 宮闕深旒綴'"과 "元 狄君厚「介子推」'臣不知太子有何罪犯, 官裏與皇后有這般冤恨'(신은 태자가 무슨 죄를 범했기에 대신들과 황후께서 이러한 원한을 갖고 계신지 모르겠습니다.)"는 전거를 보여준다.(『한어대사전漢語大詞典』제 2권 1992, 459쪽) 원한怨恨에 대해서는 같은 책 7권에 "『墨子』,「兼愛中」, '凡天下禍簒怨恨, 其所以起者, 以不相愛生也'"(『漢語大詞典』제7권 1992, 450쪽)

155 "'맺히다'는 단어는 한뿐만 아니라 원한에도 적용되는 것처럼 보인다. 그러나 '푼다'라는 단어는 전자에서 분명히 적용되지만 후자에는 적용되지 않는다. 후자에는 '갚는다'라는 단어가 적용된다.… '맺힌다'와 '푼다'를 짝개념으로 본다면 '맺힌다'는 '한'에 고유하게 사용되고 '원한'에는 '품는다', '산다'의 어휘들이 고유하게 사용될 것으로 보여진다."(정대현, 『한국어와 철학적 분석』, 76쪽 각주)

이게 된다고 주장한다.[156] 반면 그 대상이 분명한 원한恕恨은 원한을 품기 이전의 상태, 즉 상대와 나의 관계를 원상태로 회복함으로써 해소될 수 있다. 이는 내가 상대방에 대해 적극적 행위를 함으로써 나와 상대방 사이에 일어난 불의를 제거하는 것이다. 즉 "네가 야기한 불의는 내가 일으킨 정의에 의해서 퇴치될 경우" 원한의 갚음, 혹은 원수 갚음이 성립된다.[157]

우리는 위의 논의의 결과로서 한과 원한恕恨의 해소방식의 차이를 지적할 수 있다. 한이 맺힌 것이라면, 그리고 그 맺힘이 스스로의 심리적 억압에 의한 것이라면, 그 풀림, 즉 한풀이는 스스로의 내면적 심리상태에 한정해서 가능하다. 그러나 원한의 경우는 그 반대이다. 즉 원한을 품을 경우 그 원한은 반드시 대상이 존재하며, 그 원한의 갚음은 그 대상과 원한을 품은 당사자 사이의 관계를 통해서만 가능하다. 즉 한의 맺힘과 풀림이 그 자체 주체적 사건이라면 **원한을 품는 것**과 그 **원한의 갚음**은 완전히 상호주관적 사건인 것이다.

이상에서 밝힌 한恨과 원한恕恨의 설명에서 드러난 한恨의 문제는 우리 민족의 정서적 특성으로 규정되는 한恨과 동일한 맥락에서 이해되어야 할 것이다. 문제는 여기서 **한恨과 원冤의 차이점**을 어떻게 규정할 것인가이다. 일반적으로 우리는 이 양자의 합으로써 원한冤恨이란 개념을 사용한다. 그러나 그 양자는 쓰임에 있어 미묘한 차이를 가지고 있다. 윤창렬 교수는 "원冤은 타력에 의해서 형성되어 가해자가 비교적 뚜렷하나 한은 가해자가 불분명하며 주로 사회적 제도, 환경, 관

---

156 정대현, 『한국어와 철학적 분석』, 76–77쪽 참조.
157 정대현, 『한국어와 철학적 분석』, 75쪽 참조.

습, 자력 등에 의해 형성되어 대상이 막연하다"[158]는 차이점을 지적한다.[159] 우리는 원의 개념은 이 양자의 의미를 모두 갖는다고 본다. 즉 원은 하고 싶은 욕구나 욕망이 구체적인 외부적 원인에 의해 좌절될 때도 발생하며, 어떤 욕구나 욕망을 좌절시키는 대상이 막연할 때에도 생겨난다. 굳이 차이점을 지적한다면 전자의 원이 깊어지면 원한怨恨으로 전개되며, 후자의 원은 한恨으로 맺히게 된다는 점이다. 그렇지만 일반적으로 원冤과 한恨이 맺혀 해소되지 못할 때, 즉 원한이 맺히고 쌓이면 원한怨恨, 살기殺氣, 척隻으로 발전하게 된다.[160]

원은 곧 한恨과 원한怨恨의 이전단계이며, 한이 대상이 없고 비지향적 개념이라면 그러한 한은 대상이 구체적이지 않은 원으로 인한 것이다.[161] 이럴 경우 원을 갚는다는 표현보다는 원의 풀림이란 표현이

---

158 윤창렬, 「강증산의 해원사상에 관한 고찰」, 『증산도사상연구』제 1집(증산도교수신도회편, 1992), 115쪽.

159 이 외에 원은 피해의식이 뚜렷하여 분노, 복수, 증오, 미움 등의 감정이 뚜렷하지만 한은 피해의식이 뚜렷하지 않다는 점, 원은 일방적으로 당한 마음의 억압된 상태라면 한은 자신의 의지와 목적의식의 좌절에서 발생한다는 점, 원은 개인적인데 반하여 한은 집단적이며 민족적이라는 점 등의 차이점을 지적한다.(윤창렬, 「강증산의 해원사상에 관한 고찰」, 116–117쪽 참조)

160 "선천에는 음양이 고르지 못하여 원한의 역사가 되었다."(『도전』 11:179:12)는 말처럼 원冤의 원인을 우주 원리적으로 본다면 상극의 이치이다. 즉 상극의 이치가 인간과 사물을 맡아 인사가 도의에 어그러져서 원이 맺히게 된다는 것이다. 상극의 이치로 인한 구조적 모순, 제도와 문명과 정치가 모두 도의에 어그러져서 인간의 욕구를 억압하여 원이 맺힐 수 있으며, 상극의 이치로 인한 타인과의 갈등과 대립과 투쟁으로 인해 하고자 하는 것을 이루지 못할 때에도 원이 맺히게 된다. 즉 상극의 이치는 때로는 암묵적으로 때로는 구체적으로 인간의 마음에 원을 맺히게 하는 것이다.

161 예를 들어 어떤 여성이 태어날 때부터 얼굴이 못생긴 상태였고 못생긴 얼굴로 인해 그 여성은 사회적으로 여러 가지 불이익을 당했다고 생각하며 스스로도 불만족하고 있다고 할 때, 그녀는 자신의 외모에 대해 원을 갖고 있으며 그 원은 차츰 한으로 맺히게 된다. 이 때 외모는 그 여성의 어떤 의지나 행위, 혹은 외부적 원인과는 무관하다. 그럼에도 그 여성은 원과 한을 갖게 되는 것이다. 그러나 이 원과 한은 이 상태에서 원한怨恨이나 살기로 발전하지 않는다. 이러한 원의 풀림방식은 원한怨恨의 갚음과는 다르

더 정확할 것이다. 『도전』에서는 "만고의 원을 풀며"(『도전』 4:16:5), "깊은 원한을 풀어"(『도전』 4:31:5), "원한이 맺히고 쌓여"(『도전』 4:16:3), "선천 세상에 맺히고 쌓인 여자의 원과 한"(『도전』 6:2:6) 등의 표현을 통해 원寃과 원한寃恨에 대해 맺힘이라는 표현과 푼다는 표현을 사용하고 있다.[162]

원과 한이 무대상적인 상태로 계속 유지하게 될 경우 그 원과 한의 해소는 내면적 풀림을 통해서 가능하게 된다. 그러나 이 원과 한이 무대상적인 상태에서 대상을 갖게 되면 원한怨恨으로 발전하게 되며 그 원한은 갚음에 의해서 해소되어야 한다. 그리고 그 갚음의 힘은 바로 척과 살기이다. 다시 말하면 인간이 하고 싶은 일을 하지 못할 때 원이 맺히게 되는데 이 원이 맺히게 된 원인이 외적이라면 그 원은 원한怨恨으로 발전하게 되면서 상대방에게 '갚음'을 통해 원한을 해소하려고 할 것이며, 그 때 드러나는 것이 바로 척과 살기이다. 즉 이러한 심리적 증상의 발전은 '애석하다'에서 '억울하다'로, 그리고 더 발전하여 '분하다'의 상태로 나아가서 드디어는 상대방을 해코지하는 행위로 드러난다.[163] 『도전』에서 "원한이 맺히고 쌓여 삼계에 넘치매 마침내 살기가

<hr>

다. 그러나 만일 이 여성이 자신의 원을 외모를 중시하는 사회의 구조나 문화적 풍습 등 외부적 요인에서 찾는다면 그녀의 원과 한은 결국 원한怨恨으로 진행하게 될 것이다.

162 하고 싶은 일을 하지 못해 억압된 심적 상태가 해원되지 못하면 원寃-한恨-원한寃恨-원한怨恨-척隻-살기殺氣 등의 단계로 발전하게 된다. 우리가 이 다양한 개념들에 대응하는 심적 상태를 그 병리적 현상의 크기에 따라 일일이 산술적으로 규정하기는 어렵다. 그러나 우리말이 사용되는 여러 용례에 유추한다면 위의 순서가 타당할 것이다. 하고 싶은 일을 하지 못할 때 애석해하는 마음(원寃)이 생기고, 이 해석한 마음이 깊어지면 한恨이 되며, 이렇게 쌓인 원과 한은 억울하다는 마음으로 진행하여 원한寃恨이 되며, 이보다 더 나아가면 결국 원통하고 분한 마음(원한怨恨)에서 상대방을 해하려는 강력한 심적 상태[척隻과 살기殺氣]에서 그 대상을 해코지하게 된다.

163 김상일, 『한사상』(서울: 온누리, 1992), 228쪽.

터져 나와 세상에 모든 참혹한 재앙을 일으키나니"(『도전』 4:16:3, 이 구절에서 원한은 원한怨恨이 아니라 원한寃恨이다.) 라는 구절에서 바로 이러한 설명구조를 확인할 수 있다.[164]

2) 원의 불가피성

원과 한의 개념적 구조를 통해서 인간의 마음 속에 쌓인 욕망과 욕구의 찌꺼기는 병을 만들고 그 병은 세상을 파괴하는 힘으로 작용한다는 것을 살펴보았다. 그렇다면 왜 인간은 스스로 병의 근거를 만들고 그 병이 깊어짐으로써 스스로 자신의 삶을 억압하고 삶의 환경을 파괴하며, 나아가 자신의 생명을 파괴하게 되는가? 사실 무언가를 하고자 하는 욕망, 무엇을 가지고자 하는 욕구가 없다면 인간은 스스로

---

[164] 정대현 교수는 원寃과 한恨은 원한怨恨으로 전이될 수 있다고 보는데 그 근거를 양자가 모두 가지고 있는 부당성不當性에서 찾는다. 원한은 그 대상이 규정되어 있지 않지만 무언가 불의不義로 인해 생겨난 것이며 원한怨恨은 불의不義의 대상이 규정되어 있다. 원과 한의 심리적 상태는 그 불의의 대상이 알려질 경우 그 대상을 향한 원한怨恨의 심적 상태로 전환된다. 그러나 이 때 불의의 대상은 한을 품은 주체자에 의해 자연적으로 알려지지는 않는다. 왜냐하면 원과 한이 맺힌 자는 그 원과 한을 갖고 있지만 그 원과 한의 원인을 스스로 규정하지 못하기 때문이다.(정대현, 『한국어와 철학적 분석』, 77쪽 참조)

필자는 정교수의 이러한 설명을 설문해자의 풀이와 연관하여 다음과 같이 설명할 수 있으리라고 본다. 우리 속에서 태어나 자란 토끼는 달리고 싶은 욕망이 있음에도 달리지 못해 寃이 맺힌다. 그러나 토끼는 우리 자체를 자연스런 진리, 불변적 상황으로 인지하여 달리지 못함을 애통해 할 때 그 원은 한으로 쌓이게 되며, 그 원인을 우리로 규정하고 그 인위성, 타력성을 인정할 때 원은·원怨이 된다. 원의 원인으로서의 우리가 구조적 모순이나 불가피한 현실로서 운명적인 것이라고 해도 토끼에게 그 우리의 인위성과 부당성을 알게 할 경우 토끼의 원과 한은 원한怨恨으로 전환된다.

불가피한 현실을 알기 전의 원은 망각, 무화, 굴복 등에 의해 풀릴 수 있으나 이는 진정한 원의 풀림, 즉 해원은 아니다. 또 그러한 현실을 알고 난 후엔 그 현실의 원인에 대해 원한을 갖게 되고 그 원인을 제거함으로써 원한을 갚을 수 있다. 증산 상제는 만고에 쌓은 원을 푸는 해원굿을 통해 모든 원과 한, 그리고 원한怨恨을 해원시켜 준다. 이러한 해원굿은 진리이고 운명이며 필연적 상황인 것처럼 보여지는 원과 한의 원인뿐만 아니라 원한怨恨의 대상조차도 모조리 뜯어고치는 천지공사로 드러난다.

원과 한의 억압에서 벗어날 수 있으며, 원과 한이 없는 인간은 자신이
자신의 삶의 주인이 되며, 삶 자체를 관조하면서 타인과 더불어 아무
런 불평불만이 없는 삶을 영위할 수 있을 것이다. 그러나 실지로 인간
의 삶이 그러하지는 않다.

우리는 일반적으로 욕망과 욕구는 인간의 본능이라고 주장하지만
그럼에도 불구하고 이러한 인간의 심성에 대해 선뜻 동의하기는 어렵
다. 인간은 누구나 욕망과 욕구를 갖고 있지만 그것이 인간의 이성과

●**남편과 자식이 잘되기를 기도하는 어머니** : 인간은 누구나 소망을 가지고 더 나은 삶을 희망한다. 크던
작던 그 어떤 소망이라도 좌절되면 원과 한이 맺히게 된다.

도덕까지 부정할 만큼 거대한 힘이라고 생각하지는 않기 때문이다. 인간의 욕망은 그저 인간의 많은 감정이나 사회적 관계에서 만들어지는 이차적인 마음의 지향이나 능력을 뜻한다고 생각한다. 오히려 인간은 이성적 동물이며, 도덕적 존재이기 때문에 무한한 욕망구조를 이성과 도덕규범(도덕법칙)의 힘으로 제어할 수 있으며, 그것이 인간이 갖는 위대성이라고 생각한다. 그렇다면 욕망과 욕구를 인간의 본능이라고 주장함으로써 인간이 갖는 원과 한을 세상의 모든 재앙의 근원이라고 주장하는 것은 무언가 논리적 비약이거나 과대포장으로 여겨질 수도 있다. 그러나 우리는 이러한 욕망구조를 다른 방식에서 고찰해 본다면 인간에 있어서 욕망이 얼마나 거대한 힘이며, 피할 수 없는 본능인가를 이해할 수 있을 것이다. 우리는 아래의 논의를 통해, 인간에 있어서 원과 한의 불가피성을 인간의 본성적 요소로 해명할 것이며, 이러한 본성적 요소의 원초적 기원이나 근거를 우리가 사는 환경적 요인을 분석함으로써 논증하고자 한다.

원과 한의 근원이 되는 인간의 욕망과 욕구는 '무언가 하고자 하는 힘'인데 이 때 그 무언가를 함으로써 얻어지는 것은 쾌락이거나 행복이다.[165] 그렇다면 인간의 욕망은 쾌락과 행복을 위한 것이라고 할 수

---

165 스피노자Spinoza는 그의 『윤리학』에서 인간의 본질 그 자체, 자기를 유지하는데 유용한 모든 일이 그것으로부터 필연적으로 출현하여 결국 인간에게 그것을 행하도록 시키는 인간의 본질 그 자체를 충동이라고 부르고, 그러한 스스로의 충동을 의식하고 있을 때 그것을 욕망이라고 부른다. 즉 욕망이란 의식을 동반한 충동이라는 것이다.(Benedictus de Spinoza, *Ethica ordine geometrico demonstrata*, 강두식, 김평옥역, 『(기하학적으로 논증 된)윤리학』, 서울: 박영사, 1985, 233-234쪽 참조.) 즉 스피노자에 있어서 욕망이란 자기보존의 충동의식, 즉 자기를 유지하는데 유익한 것을 구하려는 노력이며, 이러한 욕망은 인간의 본질이다. 칸트는 이러한 욕망의 충족을 행복이라고 규정한다. "행복은 우리가 필요로 하는 것과 경향성의 총체적 만족으로 간주된다"(I. Kant, *Grundlegung zur Metaphysik der Sitten*, 최재희 역, 『도덕철학서론』, 서울: 박영사, 1981, 194쪽.)

있다. 그리고 이 쾌락과 행복은 인간이 삶을 살아가는 목적이다. 즉 행복한 삶을 추구하는 것은 인간의 본능이다. 인간은 무한한 욕망을 가지고 있으며 그 욕망의 빠짐없는 충족은 행복에 이르는 길이다. 이처럼 욕망과 욕구는 인간의 삶의 목적이라고 할 수 있는 행복을 추구하는 힘이며 그 성취는 바로 행복이다. 그렇다면 인간이 욕망과 욕구를 가지는 것은 불가피할 뿐만 아니라 어쩌면 인간의 종적種的 본성이라고 할 수 있을 것이다. 욕망을 회피하는 것은 인간의 본성을 부정하는 것이며, 삶의 궁극적 목적인 행복을 부정하는 것이다.[166]

　　이러한 사실을 받아들인다면 우리는 욕망과 욕구가 인간의 본능이라는 사실을 부정할 수 없다. 그것은 감각적이든 정신적이든, 예술적이든 학문적이든, 경험적이든 이성적이든, 구체적이든 추상적이든, 과학적이든 종교적이든 상관없다. 어떠한 것도 그것이 한 인간이 추구하는 바라면 그것은 바로 욕망이며 그 욕망의 성취는 바로 그 사람에게 있어서 행복이다. 인간이 필연적으로 행복을 추구한다면 인간은 필연적

---

166 Philippe van de Bosch, *La philosophie et le Bonheur*, 김동윤역, 『행복에 관한 10가지 철학적 견해』(서울: 자작나무, 1999), 21쪽 이하 참조. 보슈는 행복에 대해 구체적으로 "행복해 진다는 것은 모든 욕망의 충족을 뜻한다. 단 하나라도 채워지지 않는 욕망이 있다면 나의 영혼은 만족하지 않고 채워지지 않는 욕망 때문에 불행해질 것이다. 바로 이 때문에 독일의 철학자 칸트는 행복을 '가능한 만족의 총체', 달리 말해 현실적으로 충족시킬 수 있거나, 상상할 수 있거나 맛보기를 원하는 모든 만족을 얻는 사실 그 자체라고 정의했다."(보슈, 같은 책, 22쪽)라고 말한다.
　인간의 가장 기본적인 욕망은 개체보존의 욕망과 종족보존의 욕망이다. 이는 삶을 유지하기 위해 피할 수 없는 것이다. 그 다음으로 의식화된 욕망을 들 수 있다. 이는 2차적 욕망인데 사회 속에서 쾌락을 얻기 위한 욕망이라고 할 수 있다. 이러한 욕망과 충족 사이의 틈이 존재하고 그 틈을 좁히려는 노력은 투쟁과 갈등 대립을 통해 이루어진다. 이 틈에서 쾌락과 행복이 주어진다. 물론 행복은 다양한 가치를 갖는 복합적인 개념이다. 일반적으로 모든 인간이 각 개인의 이상적인 삶의 양식을 성취하는 것을 우리는 행복이라고 한다. 경우에 따라서 어떤 이에겐 고통인 것이 다른 사람에겐 행복일 수 있다. 또한 욕망을 회피하는 것과 욕망을 초월하는 것은 다른 차원이다.

으로 욕망을 갖는 것이며, 인간이 필연적으로 욕망을 갖는다는 것은 인간은 필연적으로 원과 한을 가질 수밖에 없는 존재라는 것을 뜻한다. 왜냐하면 인간의 무한한 욕망과 욕구가 완전히 충족된다는 것은 불가능하기 때문이며, 원과 한은 욕망과 욕구가 충족되지 못하는 데서 발생하기 때문이다. 그러나 이것만으로 원의 불가피성이 완전히 밝혀진 것은 아니다.[167]

무언가를 하고자 하는 마음을 갖는다고 해서 누구에게나 원이 쌓이는 것은 아니다. 원은 하고자 하는 바를 이루지 못한 사람의 마음에 생기는 병리적 증상이다. 그런데 하고자 하는 바를 이루지 못한 데는 여러 가지 원인이 있을 수 있다. 자신의 능력의 부족일 수도 있고, 사회적 구조 때문일 수도 있으며, 기회가 없기 때문일 수도 있으며, 타인의 힘에 의해 방해받을 수도 있으며, 혹은 때로 그 원인이 정확히 무엇인지 모를 수도 있다. 이 중 어느 것이 원인이든 욕망을 충족하지 못할 경우에 그 욕망은 사람의 마음을 항상 억압하게 되며, 이로부터 원과 한이 맺히게 된다.[168]

---

[167] "한 사람의 개인적 욕망은 본능에 의해 생기는 것이기에 어떤 인간이든지 이를 피할 수는 없다. 이 개인적 욕망은 영원히 만족시킬 수 없는 그 무엇이기에 '욕망의 골짜기는 채우기 어렵다.(欲壑難塡)'고 하는 것이다. 사실, 생명을 지속시키며, 연속시키게 하여주는 원동력인 이 욕망이 만약 방종하게 놔둔다면 이는 자신의 생명을 지켜줌이 아니라 오히려 생명을 해치는 요인이 된다."(첸리푸 지음, 서명석·이우준 역, 『동양의 인간과 세계』, 서울: 철학과 현실사, 2000, 76쪽)

[168] "인간의 폭력과 사악함은 어디에서 오는가? 정확히 말해서 욕망의 좌절, 특히 자연스러운 성적 욕망의 좌절에서 오는 것이다. 욕망의 좌절은 인간을 공격적으로 만들고 정신병을 일으키며, 사디즘이나 타인을 고통스럽게 만드는 욕망과 같은 성적 타락을 야기시킨다."(Philippe van den Bosch, 『행복에 관한 10가지 철학적 견해』, 37-38쪽) 보쉬는 또 프로이트Freud의 심리학을 근거로 "억압된 욕망들은 상처와 고통을 감수하며 정신의 무의식의 영역에 살아남아서 성인이 된 후 그의 의식을 폭압한다."(Philippe van den Bosch, 『행복에 관한 10가지 철학적 견해』, 38쪽)라고 말한다.

이러한 다양한 원의 기원 중에서 심각한 것은 자신이 욕구하는 바가 타력에 의해 억압적으로 방해받게 되어서 쌓인 원이다. 이 원은 발전하여 원한과 살기와 척이 되고, 이 척과 살기는 세상을 진멸지경으로 몰아 간다는 데서 **원이 재앙의 근거임**을 알게 된다. 선천의 인간은 누구나 욕망을 갖게 되며 위무威武의 수단을 통해 그 욕망을 해소하게 된다.("선천에는 위무威武를 보배로 삼아 복과 영화를 이 길에서 구하였나니 이것이 상극相克의 유전이라."『도전』 2:18:2) 그러나 이 과정에서 그 위무는 자신의 욕망을 충족하는 수단이 되지만 이익이 상반된 타인을 억압하는 수단이 되기도 한다. 욕망의 해소는 타인의 원의 축적과 상관되게 마련이다.[169]

선천의 인간이 살아가는 방식, 그리고 행복을 추구하는 방식이 타인을 억압하고 원한을 쌓이게 한다는 것은 다르게 표현해서 선천의 삶의 구조 자체가 원한과 불가분의 관계에 있다는 것을 의미한다. "선천은 상극의 운이라. 상극의 이치가 인간과 사물을 맡아 하늘과 땅에 전란이 그칠 새 없었나니 그러므로 천하를 원한으로 가득 채우게 된다."(『도전』 2:17:1–3)는 증산 상제의 말은 바로 이러한 사실을 밝혀준 것이다.[170] 이는 원의 불가피성에 대한 또 다른 설명이다.

---

169 "사실 (욕망으로 인해) 자기 한 사람의 생명을 해치는 일도 작은 일은 아니다. 그러나 개인의 문제는 개인의 문제로 끝나지 않는다. 그 이유는 한 개인이란 인간과의 관계 속에서 자리하고 있는 존재이기 때문에 개인의 욕망의 무절제는 결국 타인과의 투쟁만을 발생시킨다."(첸리푸,『동양의 인간과 세계』, 77쪽)

170 홉스나 로크, 루소 등은 국가의 기원을 설명하면서 인간의 원초적 상태, 혹은 자연 상태를 "만인에 의한 만인의 투쟁 상태"로 규정한다. "자연 상태에서는 모든 개인들이 철저하게 자율화되고 고립되어 있기 때문에 자기보존과 자신의 행복의 제 조건을 극대화하는 개인은 동시에 자기 파괴와 불행의 조건도 창출한다."(이진우,『탈이데올로기 시대의 정치철학』, 서울: 문예출판사, 1993, 81쪽) 자기보존을 위해 계약을 맺어 시민사회 혹은 국가를 형성하지만 이는 다시 제도 속에서의 투쟁 상태로 나아가는 한 방안일

인간에게 원이 쌓이게 되는 현상적 원인은 인간들 사이의 관계에서 상호 간의 이익이 대립하게 될 때 필연적으로 생기게 되는 욕구불만이다. 즉 원은 그러한 욕구불만이 마음 속에 병적 상태로 쌓이게 되는 것이다. 앞에서 우리는 이러한 원은 누구에게나 존재하는 인간의 본질적 요소이며 불가피한 현상이라는 것을 살펴보았다. 만일 원이 없다면 해원도 필요 없을 것이고, 인간들 사이의 삶은 결코 더 이상 대립과 갈등이 없는 이상적인 사회일 것이다. 그러나 그것은 단지 가정일 뿐이다. 증산 상제는 우주의 이치와 그로 인한 환경의 영향을 근거로 **인간에 있어서 원이란 것은 피할 수 없는 선천적인 요소라고 말한다.** 우주원리적으로 볼 때 "원의 기원은 음양이 고르지 못한 선천의 자연환경"(『도전』 11:179:3) 때문이다. 이러한 우주자연의 이치는 그 이치 하에서 살아가는 인간의 심성에 결정적인 영향을 미치게 된다. 즉 인간에 있어서 원은 현상적, 구체적으로는 인간의 욕망구조에 의한 것이지만 근원적 일차적으로는 지축의 경사로 인한 음양의 불균형에서 찾아볼 수 있다. 그렇다면 원이란 것은 인간들 사이의 우연적 관계만을 해소한다고 해서 해결될 문제는 아니다. 더구나 원의 기원이 수 천년을 거슬러 올라갈 경우에는 더욱 그러하다. 따라서 해원의 방법은 원의 선천적 기원과 역사를 올바로 인식할 때 찾아질 수 있을 것이다.

상극의 이치가 원한의 기원이라는 말이나(『도전』 4:17), 선천에는 음양이 고르지 못하여 원한의 역사가 되었다(『도전』 11:179:3)는 말은 원의 선천적 기원에 대해 명확히 밝혀준 것이다. 이러한 내용들은 인간의 욕망의 구조와 그에 따른 원한의 불가피성은 근원적으로 선천의 천지

뿐이다. 궁극적으로 인간의 사회에서 욕망을 개체보존의 수단으로 인정하는 한 투쟁 상태에서 벗어날 수 없으며, 원한의 연쇄고리에서 자유로울 수 없다.

가 갖는 상극성을 근거로 할 때 정확히 이해될 수 있다는 말이다. 이러한 우주의 상극성은 인간의 심성을 지배하게 되고 결국 인간은 부정적 욕망[171]을 갖게 되며 그로 인해 원과 한을 쌓는 인간의 행위가 발생하게 된 것이다.

우주 1년의 시간대로 볼 때 현재는 만물이 생성하여 성장하는 선천이다. 선천의 자연환경 속의 만물은 상극의 이치에 의해 분열 성장하고, 인간의 역사와 문명도 또한 상극의 이치에서 벗어나지 않는다. 상극의 이치는 모든 것을 대립하고 갈등하게 하는 근원적 힘으로 작용하며, 인간의 본성 또한 상극의 이치 하에서 무한한 욕구와 욕망의 덫에서 벗어나지 못한다. 제한된 재화에 대한 무한한 욕망의 대비는 필연적으로 소유의 불균형을 가져오게 된다. 그러한 불평등은 가진 자와 못가진 자를 구분하게 되고 못 가진 자는 가진 자에 비해 열등감과 박탈감으로 세상을 한탄하며, 가진 자를 원망하며, 자신의 무능에 한스러워 한다.

> 오늘날 인류는 누구나 죽음에 이르는 병에 걸려 있다. 인간이 범한 죄악으로부터 커지기 시작한 이 병의 뿌리는… 마음 깊은 곳에 맺혀있는 원한이다. 이 원한은 어떻게 생겨나는가. 인간은 누구나 뜨

---

171 인간의 모든 욕망이 원과 한을 쌓는 부정적 성격을 갖는 것은 아니다. "위무로써 보배를 삼아 부귀와 영화를 찾는" 행위에서 원과 한이 시작되게 된다. 스스로 선한 마음을 갖고 우주의 이치를 통찰하고자 하는 욕망도 있고 그러한 욕망의 좌절에서도 원은 생기겠지만 이러한 원은 쌓여서 재앙을 일으키는 것이 아니라 스스로의 마음씀에서 해소될 수 있는 긍정적 성격을 갖는다고 할 수 있다.
증산 상제는 "充者는 慾也라. 以惡充者도 成功하고 以善充者도 成功이니라. 채우다는 것은 욕심이니라. 악으로 채우는 자도 성공(자기충족)하고 선으로 채우는 자도 성공(자기충족)하느니라."(『도전』 6:133:2)고 하였다. 이는 달리 표현해서 '마음속에 가득 찬 것이 욕망' 이라는 뜻이다.(안경전, 『증산도의 진리』, 461쪽) 이 욕망은 선일 수도 악일 수도 있다.

거운 소망과 욕망을 가지고 아름다운 꿈을 그리면서 살아간다. 그
러나 이러한 욕구와 욕망이 좌절되면 가슴에 응얼병이 들어 분통
이 터지고, 마음 깊은 곳에 원한이 맺히게 된다. 이는 육신을 가진
인간의 순수한 본질이다.[172]

욕망과 욕구는 선천인간의 본질이며 이러한 본질이 좌절될 때 인
간의 마음속에는 응얼병, 즉 원한이라는 마음의 병이 생긴다. 증산 상
제는 "원래 **하고 싶은 일을 하지 못하면** 큰 병을 이룬다."고 하였다. 선
천인간의 원한은 그 기원에 있어서 우주론적으로든 인간 본성적으로
든 피할 수 없는 선천적 필연적 요소이다. 그리고 그렇게 인간을 지배
하는 원과 한은 다시 우주의 근원적 생명성에 영향을 미치게 되고 그
것은 다시 인간과 인간의 문명과 역사를 파괴하고, 그 속에 존재하는
스스로의 생명성을 위협하는 힘으로 되돌아온다. 이러한 순환적 파괴
성에서 벗어날 절대적 방안은 해원뿐이다.

3) 원의 파괴성

천지가 병든 선천은 결국 인간의 마음을 병들게 하는 근거가 되었
다. 상극의 이치가 지배하는 선천은 만물이 대립 투쟁할 수밖에 없는
환경을 갖고 있으며, 그러한 환경에서 인간의 마음에 필연적으로 맺힐
수밖에 없는 원한은 그 자체 자연을 파괴하는 또 다른 힘이 된다. 증
산 상제의 말처럼 "원한이 맺히고 쌓여 삼계에 넘치매 마침내 살기가
터져 나와 세상에 모든 참혹한 재앙을 일으키"게 된다. 그렇다면 마음
의 병인 원한이 어떻게 세상에 재앙을 일으키고 더 나아가 "**천하를 원한
으로 가득 채우므로**… **큰 화액이 함께 일어나서** 인간 세상이 멸망당하

---

172 안경전, 『증산도의 진리』, 194-195쪽.

게 되는"(『도전』 2:17:4) 결과를 초래하게 되는가?

이는 우주와 자연과 인간이 모두 유기적 관계를 갖고 있으며, 특히 우주 자체는 생명성을 갖는 유기체이며 그 유기체의 생명성은 신성神性, 신명神明이라는 것으로 대답될 수 있다.(그 논거는 뒷부분에 자세히 설명됨) 이러한 유기체적 우주관에서 인간과 우주의 상관관계는 명확하다. 인간의 마음과 행위는 우주 전체의 생명성과 상관적 관계를 맺고 있으며 우주의 운동과 변화는 또한 인간의 마음과 행위에 필연적 영향을 준다. "소천지가 대천지"(『도전』 11:224:4)라는 말은 바로 인간과 우주의 이러한 관계를 지칭한 말이다.[173]

증산 상제는 이러한 사상을 "천지가 일월이 아니면 빈껍데기요, 일월은 사람이 아니면 빈 그림자라."(『도전』 5:196:3)[174]고 표현한다. 이 구절은 말 그대로 우주만물은 일월의 작용으로 그 본질이 드러나며, 일월의 작용은 궁극적으로 사람이 없다면 무의미하다는 뜻으로 이해된다. 그러나 이 말에 담겨진 메타포는 인간과 우주의 상호 연관성이다. "天地之中央은 心也라. 故로 東西南北과 身이 依於心이니라."(『도전』 2:137:2)[175]라는 말은 무한한 하늘과 땅의 중심점이 인간의 마음이라고 규정한 것이며, **우주가 사람의 마음자리에 매여져 있다는 것을 밝혀**

---

173 동양의 철학적 사유는 우주와 인간을 서로 분리된 독립체라고 생각하지 않고 상호 유기적 관점에서 파악한다. 인간의 신체적 특징을 지구의 구조와 비유적으로 이해하는 한의학적 사유나 인간의 심성을 우주의 도와 연관하는 동양철학적 사유구조는 이미 오래 전부터 동양의 사유의 기본이 되었다.(첸리푸, 『동양의 인간과 세계』, 18쪽 이하 참조)

174 이는 『도전』 6편에서도 다음과 같이 나타난다. "天地無日月空殼이요 日月無知人虛影이니라."(『도전』 6:9:4)

175 "하늘과 땅의 중앙은 "마음"이니라. 그런고로 천지의 동서남북과 인간의 몸이 마음에 의지해 있느니라."

준 것이다. 우주와 인간의 그러한 연관성은 "여자의 원한이 천지에 가득 차서 천지운로를 가로막고 그 화액이 장차 터져 나오려 하매 마침내 인간세상을 멸망하게 하느니라."(『도전』 2:52:2)라는 구절에서 명확해진다. 증산 상제는 **인간의 원과 한은 천지와 인간을 파괴하는 강력한 힘으로 작용**한다고 말하는 것이다. 그 이유는 우주 내 모든 존재들, 즉 천지와 인간과 신명은 상호 유기체적 관계 속에 있으며, 인간의 마음과 천지는 상호작용하기 때문이다.[176]

> 하늘이 비와 이슬을 내리고 땅이 물과 흙을 쓰고 사람이 덕화에 힘씀은 모두 마음자리에 달려 있으니 마음이란 귀신의 문지도리요 드나드는 문호요 오고가는 도로이라. 그 문지도리를 여닫고 문호에 드나들고 도로를 왕래하는 신이 혹 선하기도 하고 악하기도 하니 선한 것을 본받고 악한 것을 잘 고치면 내 마음의 문지도리와 문호와 도로는 천지보다 더 큰 조화의 근원이니라.(『도전』 4:100:6-7)

우리가 천지를 신명의 세계, 생명의 세계라고 할 때 결국 위 구절은 인간의 마음이 천지를 여닫는 문이라는 것을 뜻한다. 즉 상생의 마음은 천지를 조화롭게 하는 근원이라면, 원한이 맺힌 마음은 천지를 폭파하는 힘이다. 반대로 천지자연의 질서는 또한 인간의 심성에 결정적 영향을 미치게 된다. 인간의 마음과 천지자연의 관계가 그러하다면 선천 상극의 이치에서 인간의 마음은 욕망과 대립에서 벗어날 수 없고,

---

[176] 다음의 『도전』 구절은 이를 가장 강력하게 보여주는 대표적 예이다. "예로부터 처녀나 과부의 사생아와 그 밖의 모든 불의아의 압사신壓死神과 질사신窒死神이 철천의 원을 맺어 탄환과 폭약으로 화하여 세상을 진멸케 하느니라."(『도전』 2:68:4-5) "인간은 천, 지, 인, 신명이 만유의 주재자의 일심으로 관통하는 우주 만물의 총체적인 틀 안에서 비로소 인간이며, 천지우주만물 또한 인간과의 사이에서 이루어지는 불가분의 상관관계 속에서 비로소 그 존재근거를 드러낸다."(김기선, 「천지굿과 디오니소스 제의」, 『증산도사상』제2집, 대전: 증산도사상연구소, 2000, 264쪽)

인간의 욕망과 대립에 의해 생겨난 원과 한은 다시 천지의 조화와 질서를 흩트리고 파괴하는 힘으로 작용한다. 따라서 현대가 안고 있는 **원한의 문제는 인간의 문제로만 그치는 것이 아니라 우주적 차원의 문제임을 인지**해야 한다.

동양의 우주관, 인간관, 신관에 의하면 무극에서 우주가 열리고, 그렇게 열려진 우주는 다시 인간을 낳았다. 인간과 우주, 천지는 그 생겨난 바에 의해서 완전히 불가분리적 관계에 있다.(천인상응天人相應) 이러한 동양의 우주관은 더 나아가 우주 만물이 생겨남에 있어서 만물과 함께 만물에 깃든 생명의 기운, 즉 신성이 함께 있다고 주장한다. 즉 우주만물을 신神(명明)[생명]으로 해석한다. 이는 인간과 우주의 관계를 상호 유기체적 관계로 규정한 것이며, 그렇다면 인간의 원한은 결코 천지와 분리될 수 없으며, 천지의 질서 또한 인간의 원한에 일차적 원인으로 작용한다는 것을 드러낸 것이다. 원한의 파괴성은 바로 이러한 천지와 인간의 상관성에서 볼 때 분명하다. 그리고 그 파괴성의 정도는 선천 상극의 시대에 인간과 신명이 갖는 원한의 크기와 비례한다.

인간의 무도와 **원한은 천지에 병을 일으키며, 선천 말대의 병겁은 우주 내 전 생명존재의 생명성을 파괴하고 인간을 '죽음의 길'로 이끈**다. 우주의 가을, 상극의 질서로 인한 원과 한이 극에 달할 때, 우주의 가을기운, **숙살지기는 원과 한이 뭉친 살기, 병겁으로 천지와 인간을 파괴**한다. 상극, 욕망, 원한, 파괴, 죽음은 인간역사의 불가피한 진행과정이다. 이 과정의 중앙에 바로 원한의 파괴성이 자리한다. 결국 **해원은 죽임의 계절에 살림의 길이며 병겁으로 몰아치는 파괴적 힘에서의 벗어남**이다.

천지일월의 질서가 어그러진 상태에서 생겨난 하늘과 땅과 인간의 문제인 **원한은 곧 하늘과 땅과 인간의 개벽을 통해서만 해결될 수 있다.** 개벽은 "이제는 판이 크고 일이 복잡하여 가는 해와 달을 멈추는 권능이 아니면 능히 바로 잡을 수 없다."(『도전』 4:111:4)는 증산 상제의 말처럼 삼계대권의 절대권능을 갖는 증산 상제의 천지공사에서 그 근거를 발견하게 된다. 증산 상제가 이러한 권능으로 집행한 해원공사는 지금까지 쌓여 온 만고의 원한을 다 풀어버림으로써 새로운 시대, 새 역사 건설의 토대를 마련하고자 한 것이다. "이제 예로부터 쌓여 온 원을 풀어 그로부터 생긴 모든 불상사를 소멸하여야 영원한 화평을 이루리라."(『도전』 4:16:1) 해원을 통해 **영원한 화평, 즉 후천선경을 이룩**하고자 한다면, 이러한 해원공사는 바로 천지공사의 첫걸음이며 핵심조건인 셈이다.[177] 우리가 해원사상의 총체적 이해를 원한다면 증산 상제의 천지공사에서 묻어나는 해원의 창조적 의미와 증산도 해원사상의 근원적 모습에로 다시 물어가야 할 것이다.

---

[177] 이 해원공사는 두 가지 측면에서 이해할 수 있을 것이다. 첫째는 고래로부터 쌓여온 한과 원을 단주해원을 모티브로 모두 풀어버리는 것이다. "단주수명이라. 단주를 머리로 하여 세계해원 다 끄르니 세계해원 다 되는구나"(『도전』 6:93:6)라는 구절은 해원공사의 실마리를 단주의 원한에 대한 해원으로 시작하여 그 이후 천지와 원신冤神과 역사에 쌓인 모든 원을 풀어버린다는 것이다. 둘째는 해원공사를 통해 앞으로의 인류의 역사를 새로운 질서로 설정하여 더 이상의 원과 한이 생기지 않도록 하는 것이다. 첫 번째 해원공사는 말 그대로 우주 주재자로서 인간의 구원을 위해 육화한 증산 상제가 삼계대권의 힘으로 천지, 인간, 신명의 모든 원과 한을 풀어버릴 수 있도록 천지를 뜯어고친 것이며, 두 번째 해원공사의 의미는 이렇게 정해진 공사에 따라 모든 원과 한이 해소되고 결국 상생이 인간의 새로운 행위규범이 되어 대원대한大冤大恨을 극복한 대자대비大慈大悲의 세상이 되도록 한 것으로 이해된다.("舊天地 相剋 大冤大恨, 新天地 相生 大慈大悲"『도전』 11:345:2)

3. 천지공사와 해원

각기 원통함과 억울함을 풀고, 혹은 행위를 바로 살펴 곡해를 바로 잡으며, 혹은 의탁할 곳을 붙여 영원히 안정을 얻게 함이 곧 선경을 건설하는 첫걸음이니라.(『도전』 4:17:8)

해원사상이 후천선경의 첫걸음이라는 증산 상제의 말은 단지 선언적 의미만 갖는 것이 아니다. 위의 『도전』 구절은 모든 원과 한을 해소시키고, 잘못된 행위로 인한 갈등을 바로 잡고, 병적 증상을 갖는 마음이 안정을 누리게 하는 것은 새로운 이상세계를 건설함에 있어서 제일 먼저 이루어져야 할 천지공사임을 알려준다. 우리는 이 구절을 통해서 원과 한이 갖는 우주적 의미와 함께 선경이 어떠한 세계인가를 유추할 수 있다. 하늘과 땅과 인간을 모두 개벽하는 천지공사에서 단하나의 원한이라도 남아있다면 공사의 틀이 조화를 이루지 못할 것이며, 또한 아무리 작은 원과 한이라고 하더라도 원한을 안고 있는 세상이 조화선경이라고 할 수는 없을 것이다. 증산 상제가 해원을 천지공사의 첫걸음이라고 한 것은 원의 파괴성을 경계한 것이며 천지공사의 물샐틈없는 도수를 짜기 위함이다.

1) 원한의 총체성

증산 상제가 해원하고자 한 원과 한은 단지 몇몇 사람이 갖는 원한이나, 어느 일부분의 시대가 갖는 시대적 원한이거나, 아니면 특정의 사태에 관련된 원한이 아니다. 증산 상제가 천지공사의 첫걸음으로 주장하는 해원공사에서 원한은 **천지에 가득 찬 총체적 원한**을 말한다. 증산 상제는 천지대신문天地大神門을 열고 세상을 새롭게 인식하면서 천지만물의 생명에 깃든 원과 한이 천지를 병들게 하고 있음을 알았다. 금수들에게 "너희들도 후천 해원을 원하느냐."[178]라고 한 말에서 증산 상제가 바라본 원한의 실상을 이해할 수 있을 것이다. 이러한 원한의 총체성은 바로 해원의 총체성을 뜻하는 것이며 해원의 총체성은 곧 **증산도 선경세계의 궁극적 의미**를 깨닫게 한다.[179]

증산 상제는 천지공사를 통해 삼계를 뜯어고쳐 상극의 이치가 지배하는 묵은 선천을 마감하고 상생의 도로써 새로운 하늘과 땅의 도수를 설정하였으며 그 궁극적 목적은 인류의 구원이다. 그러나 이러

---

178 "상제님께서 새 옷으로 갈아입고 대원사를 나서시니 갑자기 골짜기의 온갖 새와 짐승이 모여들어 반기면서 무엇을 애원하는 듯 하거늘. 이를 바라보며 말씀하시기를 "너희들도 후천 해원을 구하느냐?" 하시니 금수들이 알아들은 듯이 머리를 숙이는지라. 상제님께서 말씀하시기를 "알았으니 물러들 가라." 하시매 수많은 금수들이 그 말씀을 좇더라."(『도전』 2:12:6 - 9)

179 증산도 해원의 총체적 성격은 곧 원冤의 전존재적全存在的 성격을 의미한다. 다시 말해서 원이란 것은 단지 인간의 심적 병리상태를 지칭하는 한정적 개념이 아니라 우주 내 모든 존재자들이 선천 상극의 역사 속에서 얻게 되는 보편적 특성으로 이해되어야 한다.

한 인류의 구원은 인간만의 해원과 상생의 실천을 통해서 가능한 것이 아니다. 즉 인간에게만 한정된다면 인류의 구원이라는 것은 완전할 수가 없다. 천지에 존재하는 모든 생명체는 각자 독립적 존재자가 아니라 상호 유기적 관계를 갖고 있다. 그래서 인간만에 한정된, 즉 천지와 별개의 독립된 개벽과 보은, 해원, 상생은 가능할 수가 없다. 비록 가능하다고 하더라도 그것은 진정한 의미의 개벽도 아니며 보은, 해원, 상생도 아니다. 그리고 이를 통해서는 실제적 이상세계인 후천선경은 불가능하다. 그래서 증산 상제는 천지공사, 즉 삼계를 뜯어고치는 공사를 집행하게 된 것이다.

강증산 상제의 해원공사는 천지에 가득 찬 원을 푸는 행위이며, 증산 상제는 이를 "세계해원을 위한 천지굿"(『도전』 6:93:4 - 6)이라고 표현한다. 그렇다면 증산 상제의 해원공사의 범위는 구체적으로 어디까지인가? 이 물음의 대답은 원의 크기가 어느 정도인가에 대한 대답에 따라 나온다. 증산 상제는 "모든 원이 덧붙어 더욱 커져서 드디어 천지에 가득 찼다."(『도전』 4:11:5)라고 하여 원이 개별적 부분적 일시적인 것이 아님을 말하고 있다. 이는 원이란 것은 보편적, 전체적, 역사적이라는 의미일 것이다. 천지에 가득 찬 원을 푼다고 하였다면 결국 원은 천지에 가득 차 있다는 것을 알 수 있다.

"천지간에 가득 찬 것이 신이니"(『도전』 4:62:4)라는 말에서 '가득'이란 표현은

없는 곳이 없다는 의미이다. 즉 하늘과 땅 사이 어느 곳, 어느 것이나 다 신이 깃들어 있다는 말이며, 이는 다르게 표현해서 이 세상 만물은 모두 생명성을 갖고 있다는 의미이다. 이러한 사상은 원한의 총체성을 설명하는데 결정적 모티브가 된다. 천지에 가득찬 것이 신이고 따라서 천지의 만물이 다 생명존재라면, 천지에 가득 찬 것이 원이라는 것은 당연한 논리적 귀결이다. 왜냐하면 선천의 상극지리相克之理는 결국 존재하는 것 모두가 투쟁하고 대립하는 관계에 있도록 하는 힘이며, 그 속에서 신성神性을 갖는 모든 생명존재는 원과 한의 유전에서 벗어날 수가 없다. 나무 하나에도 미세한 생명 하나에도, 심지어 무생물에도 원이 존재하며, 그렇게 쌓여 가득 찬 원과 원의 유전遺傳, 만고萬古의 원은 세상을 진멸지경盡滅之境에 이르게 한다.

이처럼 천지에 가득 찬 원은 인간만의 원이 아니다. 지금 이 시대를 살아가는 인간의 원한은 현시점에서 만들어진 것과 만고로부터 쌓여 온 원이 합쳐진 것이며, 과거에 원과 한을 가졌다가 해원하지 못하고 죽은 신명들의 원한, 그리고 살아있는 생명체들의 원과 한, 선천 상극의 이치로 인해 모든 존재하는 것들에 필연적으로 맺히게 된 원한 등 원한은 총체적인 것이다. 원한의 총체성은 당연히 총체적 해원을 필요로 한다.[180]

---

[180] 원怨과 한恨이 인간의 심리心理 상태를 나타내는 말이라면 원寃은 인간의 심리상태뿐만 아니라 모든 존재, 즉 우주를 신의 세계, 혹은 생명성을 갖는 세계라고 할 때 우주 내 존재하는 모든 것들에게 해당하는 개념으로 볼 수 있다. 증산 상제가 해원解寃에 대해 말할 때 원怨이나 한恨이 아니라 원寃을 사용한 것은 원寃이 원怨과 한恨에 비해 일차적이라는 데서도 찾을 수 있지만, 천지간 모든 생명존재를 억압하는 것을 원寃으로 본 때문이기도 하다. 이는 원怨과 한恨이 모두 마음 心부수이며, 그 마음은 바로 인간의 마음을 뜻하는 바, 인간의 심리적 병리현상으로 규정될 수 있다는 점에서도 설명될 수 있다. 그러나 이와 달리 원寃은 원冤에서 왔고 원冤은 멱冖부수로서 멱冖은 '덮다'는 뜻이다. 즉 원寃은 선천의 상극의 기운이 천지만물을 덮고 억압하는 것에서 생겨

파리 죽은 귀신이라도 원망이 붙으면 천지공사天地公事가 아니니
라.(『도전』 4:48:4)
금수들의 해원(『도전』 2:12:1–8)
모든 원혼신의 해원공사(『도전』 11:276:5)
신명들의 해원(『도전』 5:205:7)
운이 오고 때가 되어 만물이 해원이라.(『도전』 11:220:6)
천하강산이 해원이라.(『도전』 11:389:5)

증산 상제는 선천의 존재모습, 생명현상, 신명, 인간 등의 원한을 모
두 언급하고 있는 것이다. 선천의 이치가 상극이라면, 그 상극의 이치
에서 존재하는 모든 것들이 본래적 존재성을 잃어버릴 수밖에 없다
면, 원의 쌓임은 불가피하며 따라서 선경을 위한 해원공사는 또한 필
수적이다. 증산 상제는 "이 때가 바로 해원시대"임을 여러 번 강조하고
있다. 그리고 이 해원은 모든 존재의 본래적 생명성을 찾도록 하는 총
체적 해원이라고 할 수 있다. 이러한 해원공사의 의의는 "후천 해원도
수 따라 상생도술이 무궁"(『도전』 11:313:8)하게 하는 것에서 찾아볼 수
있을 것이다.

2) 천지공사의 제일 원리로서의 해원

선천에는 상극의 이치가 인간 사물을 맡았으므로 모든 인사가 도
의에 어그러져서 원한이 맺히고 쌓여 삼계에 넘치매 마침내 살기가
터져 나와 세상에 모든 참혹한 재앙을 일으키나니 그러므로 이제
천지도수를 뜯어고치고 신도를 바로잡아 만고의 원을 풀며 상생의
도로써 선경을 열고 조화정부를 세워 함이 없는 다스림과 말없는

난 생명존재의 총체적 병리현상으로 생각될 수 있다. 우리는 앞에서 『설문해자說文解
字』에서의 원冤에 대한 풀이를 통해서도 이를 알 수 있다.

가르침으로 백성을 교화하여 세상을 고치리라.(『도전』 4:16:2−7)

우리는 위의 『도전』구절을 통해서 천지공사와 해원의 관계, 그리고 해원사상이 증산도에서 갖는 의의와 중요성, 해원상생이란 말의 의미 등을 총체적으로 이해할 수 있다.

선천은 한마디로 상극의 이치로 인해 병든 세상이며, 이렇게 병든 세상은 바로 원과 한이 가득 찬 세상이다. 원과 한이 가득 찬 세상은 더 이상 희망이 없는 세상이다. 그 원과 한이라는 병을 치유하지 않으면 선천을 유지하였던 우주와 자연과 인간은 모두 후천의 개벽기에 죽음의 길, 파멸의 길을 걸을 수밖에 없다. "천하의 크고 작은 모든 원한이 쌓여서 마침내 큰 화를 빚어내어 세상을 진멸할 지경에 이르렀느니라."(『도전』 4:31:4) 이 때 필요한 것은 해원이며 해원은 상생의 도로써 선경을 열기위한 필수 조건이다. 원한을 푼다는 것은 곧 선천의 모든 상극의 관계를 풀어버리는 것이며, 이를 통해서만 새로운 후천 상생의 관계를 형성할 수 있다.[181]

선천의 말기에 이 세상에 인간으로 강세한 **증산 상제가 세상을 둘**

---

[181] "선천의 모든 악업과 신명들의 원한과 보복이 천하의 병을 빚어내어 괴질이 되느니라."(『도전』 7:38:2) 증산 상제는 역사 이래로 누적되어온 원과 한이 천지에 큰 병을 일으킨다고 하였다. "오늘의 인류는 그 누구도 죽음에 이르는 병에 걸려 있습니다. 인간이 범한 죄악으로부터 커지기 시작한 이 병의 뿌리는 무엇으로부터 잉태된 것일까요… 이 죄악과 죽음의 근원은 마음 깊은 곳에 맺혀 있는 「원한」으로부터 나옵니다"(안경전, 『증산도의 진리』, 194−5쪽) 병의 기원이 원과 한이며, 이렇게 쌓인 원한은 선천 말에 병겁을 발생시킨다. 즉 병겁의 발생은 원한으로 인한 것이며 병겁으로 인류가 진멸지경에 이르는 것은 "탄환과 폭약으로 화한"(『도전』 2:68:5) 원한 때문이다. 증산 상제는 "내가 이러한 모든 병을 대속代贖하여 세계 창생으로 하여금 영원한 강녕康寧을 얻게 하리라."(『도전』 10:28:2)고 하여 천하의 모든 병을 대속하게 되는데 이는 인류의 강녕을 위해서이며, 그 이면에는 원과 한으로 생긴 모든 병을 대속함으로써 병의 원인인 원과 한을 해원하는 의미도 갖는다.

러보면서 **느낀 것**은 가슴에 하나 가득 원한의 가시를 박고 살아가는 **민중들의 고통과 절망**이었으며, 그 원한에 가려 빛을 잃어버린 우주의 생명성이었다. 이러한 고통과 암울한 우주의 생명성을 그대로 둘 경우 이 세상은 진멸할 수밖에 없다는 것이 증산 상제의 판단이었다. 이대로는 도저히 희망을 찾을 수 없는 우주와 신명과 인간, 즉 천지인天地人 삼계三界는 새로운 뜯어고침으로 거듭나야할 상황이었다. 그것도 부분적으로 수리해서 될 것이 아니라 **총체적인 치료가 요구**되는, 말 그대로 개벽기였다.

천지공사는 인간과 신명의 절망적 상황에서 인류 구원의 의지를 가진 인존상제人尊上帝, 증산 상제의 절대적 사명이었다. 이러한 천지공사는 곧 천지를 새롭게 뜯어고치는 개벽공사이다. 이 개벽공사의 주체는 증산 상제이지만 성공적으로 천지공사를 수행함에 있어서 가장 중요한 것은 천지의 생명성을 위협하는 원한의 뿌리를 제거하는 것이다. "그 여인이 깊이 원을 품고 돌아가매 원기가 하늘에까지 미쳐 공사가 제대로 돌아가지 않는지라."(『도전』 2:64:5)는 말은 해원이 천지공사에서 얼마나 중요한 조건인지를 분명히 보여준다.

만고 이래로 쌓여온 원과 한은 극에 달하여 폭발지경에 도달했으며, 그러한 원과 한의 강력한 기운을 거두지 않고는 새로운 생명세계나 선경사회는 단지 표어에 불과할 것이다. 그래서 증산 상제는 여러 번 반복해서 지금이 바로 해원시대임을 천명하는 것이다. "이 때는 해원시대"라는 것은 이제 해원을 하지 않고는 우주와 자연과 역사와 문명은 새생명, 새 삶의 원리를 만들어내지 못한다는 의미로 이해된다. 증산 상제는 "한 사람의 원한이 능히 천지 기운을 막느니라."(『도전』

5:53:16)고 하였고, "파리 죽은 귀신이라도 원망이 붙으면 천지공사天地公事가 아니니라."(『도전』 4:48:4)라고 하였다. 이런 말들은 결국 원한의 해소 없이 세상을 파멸에서 건져낼 방법이 없음을 알려준 것이다. 따라서 우리는 천지공사의 제일 원리[182]를 해원사상으로 규정하는 것이다.

증산도의 진리를 일반적으로 개관할 때 원시반본, 보은, 해원, 상생, 개벽이 그 핵심사상이고, 이 다섯 가지 기본사상은 천지공사의 기본이념이면서 방법이다. 이 사상들은 모두 인간의 실천과 관계하면서 동시에 우주의 이치를 떠나서 설명될 수 없다. 증산 상제가 후천을 인존시대라고 규정한 것은 인간이 가장 존귀하다는 의미이면서 동시에 인간의 역할이 천지의 운로를 결정한다는 의미를 내포하고 있다. "하늘과 땅의 질서를 바로잡아 … 원시반본과 보은, 해원, 상생 정신으로 … 후천 새 천지의 상생의 운수를 연다."(『도전』 5:1:4‒6)는 구절을 통해 개벽은 모든 증산도 사상을 규정하는 최상의 범주이며 이 개벽의 근본정신이 바로 원시반본임을 알 수 있다. 원시반본을 이루기 위한 자연적, 인간적 원리는 보은, 해원, 상생이다. 이 중 이 장의 테마인 해원은 이러한 관점을 입증하는 가장 일차적 이념이면서 방법이다. 이 절 처

---

182 '제일 원리'(prima principia)란 말은 데카르트가 자신의 사상을 규정한 말이다. 그는 『방법서설』과 『철학의 원리』에서 자신의 철학의 제일 원리로서 사유하는 자아의 존재 확실성을 "cogito ergo sum"으로 표현한다. 데카르트가 "나는 생각한다 그러므로 나는 존재한다"를 철학의 제일 원리라고 하는 것은 그 명제는 직관에 의해 그 진리성이 명석판명하게 주어지는 최초의 명제이기 때문이며, 또한 그 명제에서부터 연역적으로 신과 세계의 존재필연성을 확보하기 때문이다.(R. Descartes, *Principia philosophiae*, 김형효 역, 『철학의 원리』, 서울: 삼성출판사, 1985 및 *Meditations de prima philosophia*, 김형효 역, 『(제일 철학에 대한)성찰』, 서울: 삼성출판사, 1985) 우리는 데카르트의 이 말을 빌어서 천지공사의 제일 원리가 해원임을 주장한다. 해원이 천지공사의 제일 원리라는 것은 천지공사의 최초의, 최고의 공사 원리이며 방법이란 측면에서 그러하며, 해원을 통해 상생과 보은, 더 나아가 원시반본이 가능하다는 점에서도 그러하다. 해원은 상극의 선천 역사를 상생으로 매듭짓는 궁극적 방안이다.

음에 인용한 증산 상제의 말과 다음의 『도전』구절들은 바로 천지공사의 제일 원리가 해원임을 확인시켜준다.

> 이제 예로부터 쌓여 온 원寃을 풀어 그로부터 생긴 모든 불상사를 소멸하여야 영원한 화평을 이루리로다.(『도전』 4:16:1)
>
> 이제 단주 해원을 첫머리로 하고 천하를 건지려는 큰 뜻을 품었으나 시세時勢가 이롭지 못하여 구족이 멸하는 참화를 당해 의탁할 곳이 없이 한恨을 머금고 천고千古에 떠도는 모든 만고역신萬古逆神을 그 다음으로 하여 각기 원통함과 억울함을 풀고, 혹은 행위를 바로 살펴 곡해를 바로잡으며, 혹은 의탁할 곳을 붙여 영원히 안정을 얻게 함이 곧 선경을 건설하는 첫걸음이니라.(『도전』 4:17:6-9)
>
> 증산 상제님께서 선천개벽 이래 상극의 운에 갇혀 살아온 뭇 생명의 원과 한을 풀어주시어 후천 5만년 지상선경세계를 세워 온 인류를 생명의 길로 인도하시니 이것이 곧 인존상제님으로서 9년 동안 동방의 한국 땅에서 집행하신 천지공사라.(『도전』 5:1:1-3)

이 구절들의 핵심내용은 바로 해원을 바탕으로 한 천지공사를 통해 선경을 건설하고 영원한 평화의 세상을 건설한다는 것이다. 물론 이 때 천지공사의 주체는 증산 상제이며, 천지공사의 방편으로서의 해원의 주체도 증산 상제이다. 이는 논증을 요구하는 아주 중요한 문제이다. 즉 해원의 주체는 과연 누구인가라는 문제이다.

증산 상제는 "전주동곡해원신全州銅谷解寃神"(『도전』 4:67:2)이란 말로써 스스로 해원신임을 선언하였으며, 또한 "이것이 천지굿이라. 나는 천하 일등 재인才人이요 너는 천하 일등 무당이니 우리 굿 한 석 해 보세… 세상 나온 굿한석에 세계원한 다 끄르고 세계해원 다 된다네."(『도전』 6:93:4-6)라고 말함으로써 스스로 천하일등재인으로서 천지굿을 통해 세계해원을 완성한다고 하였다. 그리고 "단주수명이라. 단주를 머리로 하여 세계해원 다 끄르니 세계해원 다 되는구나."(『도전』 6:93:9)고 하여 그 세계해원의 실마리를 단주해원에서 찾고 있다.

이정립은 증산 상제의 해원공사를 푸닥거리 혹을 풀이라고 설명한다. 그리고 그 풀이의 역사를 수천 년까지 거슬러 올라가서 설명하는데, 그 근본 주장은 해원이 갖는 신비성에 대한 것이다. 그는 악령이나 사기빙접자邪氣憑接者, 살인자, 수렵자狩獵者에 대한 불정拂淨의식에서 후일 원신寃神의 개념이 발생하게 되었다고 한다. 또한 무속사회시대에 이르러서 원신의 관념이 발달됨에 따라서 푸닥거리라는 특수한 불정拂淨의식이 생겨났다고 한다.[183] 질병이나 화액을 당한 사람이 있을 때 그 원인이 원신에 의한 것으로 보고 그 원신에게 위령식을 행하여 주고 병이나 액에서 벗어나게 되는데 이 때 위령식을 일종의 푸닥거리 혹은 풀이라고 부른다.[184]

이정립의 이러한 주장은 증산 상제가 스스로 자신의 해원공사를 천지굿으로 표현한 것에 근거를 두고 있다. "굿 한 석에 세계원한 다 끄르고 세계해원 다 된다네."라는 구절을 통해서 우리는 천지굿은 곧 해원굿이며, 따라서 일종의 푸닥거리라는 사실을 알 수 있다. 물론 여기서 말하는 이러한 해원굿이 천지를 상대로 한 푸닥거리, 천지만물

---

183 이정립, 「해원사상」, 198쪽.

184 위 논문 같은 곳 참조. 이정립은 또한 "증산 상제의 해원사상은 푸닥거리에서 발전된 이념이다"라고 주장한다. 그러나 무속의 푸닥거리가 개개 원신을 해원하여 주는 것이라면 증산 상제의 해원공사는 만고의 모든 원신들을 모두 해원시켜준다는 점에서 다르며, 그 방법에서도 위령제가 아니라 원신들 간의 은의연결恩誼聯結의 관계를 설정하여 일체 원한을 보은이념으로 영화소융永化銷融하게 한다는 것이 다르다."(이정립, 「해원사상」, 189쪽 참조)

의 원맺힌 생명성을 대상으로 한다는 측면에서 이정립이 말한 원신에 대한 개별적 위령제와 다른 점을 발견한다. 또 증산 상제는 구체적으로 이 해원굿의 집행자를 무당이라고 지칭하기도 한다. "이것이 천지 굿이라. 나는 천하 일등 재인才人이요 너는 천하 일등 무당이니 우리 굿 한 석 해 보세"라고 말한다. 일반적으로 무당은 원통하게 죽은 신명을 해원하여 의탁할 곳을 찾아주고 마음의 평화를 찾아주는 종교 의례자이다. 뿐만 아니라 병들고 비뚤어진 인간과 신의 마음을 고쳐주는 치료자이기도 하다. 증산 상제가 해원굿의 집행자를 무당이며 재인이라고 한 것은 해원의 맥락에서 이해될 수 있다.[185]

증산 상제가 선천 말대의 천지에 인간의 고통과 절망을 보면서 가장 염두에 둔 것은 상생도 원시반본도 보은도 아닌 바로 해원이다. 원이 맺힌 인간의 삶은 가시밭길을 맨발로 걷는 것보다 더 큰 고통이다. 욕망이 좌절되어 만들어진 원은 그 하나하나가 심장을 도려내는 비수로 작용하여 자신의 생명을 깎아내며, 타인의 생명을 억압하며, 나아가 우주의 생명성을 파괴하게 된다. 극에 달한 선천의 묵은 기운에 의해 꺼져가는 생명의 빛을 다시 살리는 적극적 실천이 바로 천지공사의 제일 원리로서의 해원이다.

그렇다면 천지공사의 제일 원리로서 해원의 가능근거는 무엇인가? 만고에 쌓인 원이 천지굿 한 자락에 모두 다 끌러져서 해원된다면 인간이 비로소 해원의 궁극적 역할을 담당해야 할 필요가 있는가? 우리

---

185 무당이나 재인은 결국 같은 말로 이해된다. 이 때 무당이란 개념이 지금의 무속巫俗과 상관지어 이해되긴 하지만 무巫가 가진 원초적 의미, 다시 말해서 우리 역사의 발생기에 천신天神(혹은 천제)에 제사하던 무당巫堂의 연장선상에서 받아들여져야 한다. 이러한 관점에서 여기서 말하는 무당은 단순한 무당을 넘어서 천무天巫의 의미를 갖는다.

는 증산 상제의 말에서 해원, 혹은 해원공사는 삼계대권을 가진 인존 상제의 절대권능이라는 사실을 찾아낼 수 있다. 즉 해원의 일차적 가능 근거는 인간과 신명의 생명, 만물의 생명을 구원하려는 증산 상제의 의지에서 찾아야 한다는 것이다.[186] 이는 증산 상제가 스스로 해원신의 자격을 밝혀준 것에서도 알 수 있을 것이다.

증산 상제는 언제나 천지의 원한을 풀어야 한다고 주장하면서 그 해원의 방법을 피동적으로 설명한다. 즉 증산 상제가 그 원을 풀어주어야 한다는 것이다. 증산 상제는 "천하대세가 큰 종기를 앓음과 같으니, 내가 이제 그 종기를 파破하였노라."(『도전』 2:46:5)[187]고 하였고, "잔피에 빠진 민중을 먼저 건져 만고에 쌓인 원한을 풀어주려 함이니"(『도전』 3:184:11)라고 하였으며, "증산 상제님께서 선천개벽 이래 상극의 운에 갇혀 살아온 뭇 생명의 원寃과 한恨을 풀어 주시어"(『도전』 5:1:1), "내가 신명을 조화하여 만고의 원을 끄르고 상생의 도로써 조화도장을 열어 만고에 없는 선경세계를 세우고자 하노라"고 하였다. 즉 천지의

---

186 증산 상제의 해원공사가 해원의 일차적 조건이라는 것은 중요한 의미를 갖는다. 우리는 앞에서 원의 맺힘의 궁극적 원인은 바로 상극의 이치와 억음존양의 자연질서 때문이라고 하였다. 그렇다면 해원의 조건은 마찬가지로 우주의 질서가 새롭게 개벽되는 것이라고 할 수 있다. 즉 상생과 정음정양의 우주로의 개벽이 해원의 일차적 조건이라는 것이다. 그리고 이는 넓은 의미에서 천지해원공사와 일맥상통한다. 해원과 상생에 있어서 상생은 그 자체 우주의 이치이지만, 해원을 우주의 이치라고 할 수는 없다. 해원은 그 자체 우주의 원리가 아닌 실천적 행위규범이다. 우주가 필연적 질서순환을 통해 상생의 이치, 혹은 정음정양으로 전환되었다고 하더라도 그 우주 자연의 질서 자체가 해원인 것은 아니다. 다시 말해 해원은 해원하려는 의지와 실천없이는 불가능하다는 것이다. 상생의 질서가 우주원리적으로 필연적인데 반해서 해원은 반드시 의지적 실천을 요구한다는 것이다. 해원은 원을 품고 죽은 모든 만고원신에 대한 증산 상제의 해원의지 및 선천 말대를 살아가는 모든 인간의 상호 해원의지를 통해 가능하다.

187 "(고수부의)어깨에 종기가 나서 커다란 박만 하거늘 증세가 위급하므로 즉시 종기를 터뜨리고 약을 쓰니 사나흘 만에 완쾌되시니라.… 이 공사는 모든 원혼신을 해원하는 공사더라."(『도전』 11:276:4─6) 여기서 종기가 원한을 상징함과, 종기를 터뜨리는 행위는 곧 해원임을 알 수 있다.

원과 한은 천지의 대권을 갖는 증산 상제에 의해서만 해원될 수 있음을 알 수 있다.

그러나 증산 상제의 해원공사는 천지의 모든 생명존재의 원과 한을 풀어주는 해원도수를 짜는 것이지 그 행위 자체를 통해 천지만물의 생명기운에 맺힌 원과 한이 풀어 헤쳐지는 것은 아니다.[188] 증산 상제의 선언은 스스로 해원의 주체가 되어 모든 원혼신의 욕구와 욕망을 충족시켜 준다는 것으로 해석되어서는 안 된다. 이는 상생의 도로써 인류를 구원하려고 하였지만 그 상생의 실천은 바로 인간의 역할인 것과 마찬가지이다.

"이 때는 해원시대"라는 것은 해원도수에 따라 해원의 정초를 마련하였다는 것을 뜻한다. 그렇게 마련된 해원의 정초는 물론 천지를 새로 뜯어고친 행위에서 가능하다. 천지일월과 하나이고 하늘 이치의 주재자인 증산 상제는 생장염장의 이치를 무위이화로 다스리는 권능을 갖는다. 그 권능의 표현은 구체적으로 천지공사로 드러나고 그 천지공사의 제일 원리는 해원도수를 통해 밝혀진다. 이는 천지의 해원이라는 것은 인간이나 인사의 차원에서 해결될 수 있는 문제가 아니고 우주의 통치자나 주재자의 권능이 있어야 가능함을 의미한다. 즉 우주의 판을 고를 수 있고 도수를 다시 짤 수 있는 조화와 권능을 부려서 음양의 질서를 바꿀 수 있는 힘이 아니면 불가능하다. 이러한 정황을 증산 상제는 "이제는 판이 워낙 크고 복잡한 시대를 당하여 신통변화

---

188 우리는 언제나 증산 상제가 말한 "모사재천 성사재인"이란 말의 의미를 되새겨 볼 필요가 있다. 인존시대에서 중요한 것은 인간의 적극적 실천이다. 즉 인간 스스로 해원하고 상생하며 보은하는 적극적 실천이 요구되는 때가 바로 천지성공시대, 해원시대, 원시반본하는 시대이다.

와 천지조화를 부릴 수 있는 권능을 가지지 않고는 선천세상을 구할 수가 없느니라."(『도전』 2:21:4)고 했다. 증산 상제의 "세계해원굿"과 해원을 토대로 한 우주 개조공사는 이 시대가 해원시대임을 나타낸다.

이러한 증산 상제의 해원공사는 현상계를 넘어서 있는 보이지 않는 신명세계, 즉 만고원신에 대한 해원이라면, 현상적 측면에서의 해원은 바로 난법해원으로서의 인간해원, 구체적 해원이다. 전자가 해원의 토대를 마련한 것이라면 후자는 해원의 구체적 양상을 의미한다. 증산 상제는 "그러므로 이제 모든 일을 풀어놓아 각기 자유행동에 맡기어 먼저 난법을 지은 뒤에 진법을 내리니"(『도전』 4:32:2) 라고 하였다. **난법해원**을 통해 모든 원이 구체적으로 해소된 다음 진법이 드러나게 된다는 의미이다. 그러나 이는 말 그대로 난법해원일 뿐 진정한 해원은 아니다.[189]

증산 상제는 인간이 맺어 왔던 모든 원한을 풀어 없애는 일이 가능할 때 비로소 새 세상이 올 것이라고 강조했다. 결국 해원이야말로 후천선경의 가능근거이며 인간완성의 출발점이며 진법이 드러나는 토대이다. 인간은 자기가 하고 싶은 대로 자유의사에 따라 마음껏 행동하는 과정을 통해서 맺히고 쌓였던 분통과 원한 억울함이 풀어져 없어진다는 것이다. 난법이란 역사이래 쌓여 온 모든 원과 한이 구체적인 관계 속에서 풀어지는 것을 뜻한다. 이에 대해서는 4절에서 자세히 다

---

189 '난법해원'의 구체적 의미는 두 가지 측면에서 이해될 수 있다. 첫째는 "모든 일을 풀어놓아 각기 자유행동에 맡기어 먼저 난법을 지은 뒤에…"(『도전』 4:27:2)에서 드러나는 의미이다. 이는 말 그대로 해원시대를 맞이하여 원한에 찌든 모든 선천인간의 구체적 원을 현상적 모습 속에서 해소시키는 것이다. 둘째는 '난법'이란 개념의 충실한 의미이다. 즉 진법에 반대되는 의미로서 말 '미성숙한 법'이며, 세상을 어지럽히는 '어지러운(亂) 법'을 통한 해원이다. 이에 대해서는 뒤에서 상세히 다룰 것이다.

룰 것이다.

3) 단주 원한과 해원의 단초

증산 상제의 해원사상을 이해하기 위해서는 무엇보다도 단주원한
과 단주해원에 대한 특별한 설명이 요구된다. 증산 상제는 유전된 원한
의 해원 가능성에 대해 다음과 같은 구체적인 방법을 알려주고 있다.

> 이 때는 해원시대라...이제 원한의 역사의 뿌리인 당요唐堯의 아들
> 단주丹朱가 품은 깊은 원寃을 끄르면 그로부터 수천년동안 쌓여
> 내려온 모든 원한의 마디와 고가 풀릴지라.··· 그러므로 단주해원을
> 첫머리로 하여 이제 해원의 노정으로 나가게 하노라.(『도전』 2:24:1-4)
> 무릇 머리를 들면 조리條理가 펴짐과 같이 천륜을 해害한 기록의
> 시초이자 원의 역사의 처음인 당요唐堯의 아들 단주丹朱의 깊은
> 원寃을 풀면 그 뒤로 수천년동안 쌓여 내려온 모든 원의 마디와 고
> 가 풀리게 될지라.(『도전』 4:17:1-2)

위 구절들은 단주가 깊은 원한을 가지고 있으며, 그 원과 한은 원
한의 역사의 첫 기록이라는 것이다. 따라서 단주의 원을 풀면 그로부
터 맺힌 모든 원한들이 연쇄적으로 해소된다는 의미이다. 그렇다면 단
주의 원한은 무엇인가? 단주 원한과 원의 역사의 기원에 대해서 『도
전』은 다음과 같이 알려주고 있다.

> 대저 당요가 단주를 불초히 여겨 두 딸을 우순虞舜에게 보내고 천
> 하를 전하니 단주가 깊은 원을 품은지라 마침내 그 분한 그 분울한
> 기운의 충동으로 우순이 창오에서 죽고 두 왕비가 소상강瀟相江
> 에 빠져 죽는 참혹한 일이 일어났나니 이로 말미암아 원의 뿌리가
> 깊이 박히게 되고 시대가 지남에 따라 모든 원이 덧붙어 더욱 커져

서 드디어 천지에 가득 차 세상을 폭파하기에 이르렀느니라.(『도전』
4:17:3 – 5)

이러한 단주의 원한은 모든 인간과 생명존재가 갖는 수많은 원 가
운데 하나이다. 그러나 모든 일에는 발단이 있듯이 원의 역사의 발단
은 단주 원한에서 찾을 수 있다는 것이다. 사실 단주 이전에도 전쟁과
갈등, 폭력과 강압이 있었지만 증산 상제는 **단주의 원한을 천륜을 해**

1. 요임금의 두 딸인 아황과 여영이 남편 순임금이 죽은 후 뒤따라 자결하기 위해 소상강에 뛰어드는 모습(두
왕비를 모신 사당 안에 있는 그림)
2. 아황과 여영의 무덤 중국 호남성 군산공원.
3. 순에게 시집가는 아황과 여영을 그린 병풍(북위).
4. 소상반죽瀟湘斑竹 서상강부근에서만 볼 수 있는 검은 반점 문양이 선명한대나무. 아황과여영이 흘린 피눈
물이 대나무에 얼룩져 검은 반점이 생겼다고 전해진다.

한 사건으로서 대표적인 원으로 보았다. 증산 상제는 "인륜人倫보다 천륜天倫이 크다."(『도전』 4:29:1)고 하였고, "남의 천륜天倫을 상하게 하는 일이 가장 큰 죄이니라."(『도전』 9:102:6)고 하였다. 그러므로 천륜을 해한 기록의 시초인 단주의 원한은 세상의 모든 원한의 출발점이 되는 것이다.

여기서 우리는 두 가지 사실을 밝혀야 한다. 하나는 단주 원한이 원의 기록의 시초인 이유이고, 다른 하나는 해원의 방법, 다시 말해서 단주 해원이 원의 역사를 해결하는 계기가 되는 이유이다.[190] 전자에 대해서 증산 상제는 분명히 단주 원한을 '원한의 역사의 뿌리'(『도전』 2:24:3)라고 규정하고 있다. 그러나 이 말이 인류의 역사에 있어서 단주 이전에 원과 한이 없었다는 것을 뜻하지는 않는다. 단지 단주가 품은 원과 한이 그 크기와 깊이에 있어서 그 이전의 어떤 원한보다도 깊고 심각하다는 것을 뜻한다. 인간의 욕망과 욕구의 크기는 그 욕망이 충족되지 않았을 때 생기는 원한의 크기를 결정한다. 즉 욕망의 크기는 곧 원한의 크기이다. 단주가 가진 천하에 대한 열망과 욕구는 그 어떤 욕구보다도 큰 강력한 원願이며, 그 강력한 원이 좌절되었을 때 단주에게 다가온 원冤은 그 크기를 가늠하기 어려울 정도였다.[191]

---

190 이 문제는 오선위기의 문제와 상관적이다. 즉 당요는 단주에게 바둑을 전수하였고 단주는 바둑을 통해 원을 삭이고 있었다. 그러나 크나큰 원한의 기운은 점점 쌓여갈 뿐이었고 그 원으로 인한 원한의 역사는 원한怨恨과 살기로 넘쳐나고 있다. 증산 상제는 단주의 원을 해원하는 방법으로 한반도의 세운을 예정하는 천지공사를 집행하였고, 상씨름으로 비유되는 전쟁의 남북주체는 바둑을 두고 그 외 열강이 훈수를 두는 오선위기 형상을 통해 단주 해원의 실마리를 찾고 있으며, 상씨름이 해결됨으로써 단주 원한이 해원되도록 하였다.

191 단주의 원과 한, 그리고 그 이후 인류 역사의 전개과정은 굳이 우주와 인간의 역사에 대한 증산 상제의 선언인 "상극의 시대"를 언급하지 않더라도 충분히 짐작할 수 있다. "인간의 역사는 투쟁의 역사"라는 마르크스K.Marx(1818~1883)의 주장은 선천 상극의 시대를 설명한 한 구절에 불과하다. 인간의 역사뿐만 아니라 우주의 운동 전체가 상극의 질서 하에서 이루어졌다는 것은 그러한 투쟁의 역사, 갈등의 역사, 원과 한의 역

인류사의 기록으로 볼 때 개인적 차원을 벗어나 강도 높은 원한을 맺은 최초의 인물이 바로 단주였다는 것이다. 단주의 원한은 천하의 지배권을 빼앗겼기 때문에 생긴 것이라고 보았으며, 단주의 깊은 원한은 개인적 차원에서 해소될 수 없을 만큼 엄청난 힘을 가지고 그 이후의 역사를 지배하는 것이다.[192] 즉 단주의 원은 개인적 원이 아니라 정치적 영향력을 갖는 집단적 원으로 전이되며 그 원이 깊어져 생긴 원한과 척의 앙갚음은 다시 새로운 원과 한을 생기게 하였을 것이다.[193]

그렇다면 단주 해원을 첫머리로 해원의 노정으로 나아간다는 두 번째 문제, 즉 해원의 방법은 원의 기원에 따른 자연스러운 논리적 귀결이다. 원한의 역사는 상호 인과적으로 연관되어 있으며 그 원한의 역사를 해원하기 위해서는 최초의 원한이 반드시 해원되어야 한다. 단

사에 대한 원리적 선언이다.

[192] 단주의 원한은 깊어져 척과 살기로 화해 순임금이 창오에서 죽고 그 두 왕비가 소상강에 빠져 자살하는 비극을 낳게 되었다. 그러나 단주의 원은 이것으로도 완전히 해소되지 못하고 그 이후의 원의 역사를 낳게 되는 모티브가 된다. 그 당시 단주가 가진 영향력은 단주 개인에 그치지 않았고 따라서 단주의 원은 연쇄적으로 단주와 관련된 많은 사람들에게 전이되었으며, 그 보복으로 일어난 사건은 다시 단주를 억압하는 힘으로 작용하여 원의 역사는 시작되게 되는 것이다.

[193] 단주의 한은 개인적 차원이 아닌 민족 차원의 역사적인 한이다.(증산도 편집부 編, 『내가 이제 하늘도 땅도 뜯어고쳐』, 서울: 대원출판, 1994, 105쪽 이하 참조)
김기선 박사는 이에 대해 기록의 시초이며 역사의 처음이라는 구절을 통해 다음과 같은 설명을 한다. "인간세계의 윤리적 질서가 역사로서 기록된다는 것은 신적 질서가 부여한 관습과 전통의 불가침한 권위에 의해 자명하게 구축되던 역사 이전 시대의 인간 공동체가 가지는 구속력이 의문시되면서 의식에 눈뜨며 정신적 자각의 주체로 부상하기 시작하는 인간에 의해 주도되는 새로운 질서가 태동하는 계기가 되는 사태로서 이해될 수 있겠다. 그리고 이것은 … 역사시대가 열리는 하나의 신기원으로서의 역사적 전기를 이루는 사태와의 연관 아래 고찰될 수 있겠다."(김기선, 「천지굿과 디오니소스 제의」, 『증산도사상』제2집, 276쪽.) 이는 단주 시대를 그 이전과 달리 이성의 시대, 역사의 시대로 간주함으로써 인간역사의 새 기점으로 받아들이고 이를 근거로 원의 역사의 시초임을 논증하려는 의도라 보여진다. 그리고 이 가설을 뒷받침하는 근거를 천존, 지존의 구분에서 찾고 있다.(김기선, 같은 책, 276쪽 이하 참조.)

주의 원한이 원의 역사의 기록의 시초라면, 그리고 그 원한이 깊이에 있어서, 그리고 그 범위에 있어서 그 어떤 원한보다 강력하고 광범위한 영향력을 미쳤다면, 단주의 원한이 해소되지 않고 인류역사에 짙게 깔린 원한의 기운을 걷어낼 수는 없을 것이다.

해원시대에 단주의 원을 풀면 그 이후 유전되어온 수천 년의 모든 원한의 마디와 고가 풀릴 것이라는 말은 단주의 원한과 그 해원이 갖는 의미를 간략하면서도 분명하게 알려주고 있다. 지금, 즉 우주의 가을이 다가오는 이 때는 만원萬冤이 풀어지는 때이며, 이 때는 천지의 성숙과 성공이 만고해원을 기점으로 가능해지는 때이다. 그리고 그 가능성은 단주 해원을 처음으로 하여 그 이후의 모든 원한을 푼다는 것이다. 왜냐하면 단주의 원한은 '기록된 원한의 처음'이기 때문이다.

●단주사당 : 중국 하남성에 있는 단주의 묘와 단주유적지.

증산 상제의 천지공사의 첫 장면은 해원공사에서 찾아야 한다. 천지에 한갓 미물의 원한이라도 쌓여 있다면 천지의 새 질서는 제 도수를 찾지 못하기 때문이다. 그리고 이러한 천지의 한풀이는 증산 상제의 천지굿에서 체계적이고 완전한 풀이의 가능성을 마련하게 된다. 그 중 인류사에 쌓인 인간과 신명의 원한의 기점은 단주 해원이다. 그렇다면 단주의 해원은 구체적으로 어떻게 가능한가?

원한의 역사를 끝맺는 기점이 단주 해원에서 비롯된다는 것은 **단주의 원한과 바둑, 그리고 오선위기혈이라는 지운**이 상호 연관되어서 해명되어야 한다. 가장 원한이 깊었다는 이유로, 그리고 그 원이 원의 역사의 시초란 이유로 단주 해원이 인류사에 뿌리박힌 '원의 고'로 생각될 수 있으며, 또한 이와 함께 천지에서 오선위기혈이 갖는 중요성에 단주 해원도수를 붙여 선천의 모든 겁액을 걷어내려는 증산 상제의 공사방법에서도 찾을 수 있다.[194]

> 회문산에 오선위기伍仙圍碁가 있나니 바둑은 당요唐堯가 창시하여 단주丹朱에게 전수하였느니라. 그러므로 단주의 해원은 오선위기로부터 비롯되어 천하의 대운이 이로부터 열리느니라.(『도전』

---

[194] 여기서 김기선은 해원의 단초로서 단주 원한에 대해 탁월한 설명을 하고 있다. "단주의 원이 원으로서 기록된다는 사실은 언어에 의한 객관화를 통해 인간이 존재의 이 근본 현상에 대면하게 되고 이로 하여 반성적 의식으로 깨어남에 있어 이제껏 인간을 비롯하여 만유를 속박하던 이 불가항적 굴레로부터 자유로워질 가능성의 조건을 마련한다는 것을 의미한다. '문득 머리를 들면 조리가 펴짐과 같이 천륜을 해한 기록의 시초이자 원의 역사의 처음인' 단주의 원을 풀면 그 이래 역사의 '모든 원의 마디와 고가 풀리게 되리라'는 증산의 말은 이러한 맥락에서 근본적으로 이해될 수 있을 것이다. 의식화되는 원의 상징적 기점인 단주의 원은 그리하여 바로 해원의 기점이 된다."(김기선, 「천지굿과 디오니소스 제의」, 284쪽)

그러나 이러한 단주의 해원은 단주 스스로에 의해 가능한 것이라기보다는 천지공사의 일환으로서 증산 상제의 해원공사에 의해 그 계기를 마련하게 된다. 그리고 그것은 지운에 단주 원한을 연계시켜 풀이하는 공사 방법에서 그 구체적 가능성이 드러난다.

4:20:1-2)

현하 대세를 오선위기伍仙圍碁의 기령氣靈으로 돌리나니(『도전』
5:6:2)

단주의 해원은 오선위기가 갖는 지기의 발음에서 시작되고 이로부
터 천하의 대운이 열리게 된다는 설명이다. 증산 상제는 단주 해원이라
는 인류 원한의 풀이의 기점과 **오선위기혈**이라는 **지기**地氣, 그리고 **후천
개벽으로 넘어가는 상씨름의 판세**를 상호 연관 지어서 천지해원공사의
큰 줄기를 잡게 된다.

회문산回文山에 오선위기혈伍仙圍碁穴이 있으니 이제 바둑의 원

●**회문산** : 전라북도 임실과 순창에 걸쳐 있는 산(837m). 모악산이 천지 어머니 산이라면 회문산은
천지 아버지 산이라고 할 수 있다. 회문산에 있는 오선위기혈(다섯 신선이 둘러앉아 바둑을 두는 형
상)은 단주 해원공사의 바탕이 된다.

조 단주의 해원도수解寃度數를 이 곳에 붙여 조선 국운을 돌리려 하노라.(『도전』 5:176:3)

단주해원과 오선위기 그리고 상씨름은 후천개벽을 여는 중요한 요소로 작용하면서 동시에 후천개벽상황을 보여주는 단서이다. 단주해원은 천지굿이라는 천지공사의 한 장면이며, 상생으로 나아가는 인류사의 첫걸음이다.[195]

---

195 단주 해원공사의 단서인 오선위기혈과 조선의 국운공사, 그리고 상씨름공사는 해원을 통한 후천선경의 실상을 마련하는 천지공사의 중요한 한 축이다. "내가 이제 천지의 판을 짜러 회문산에 들어가노라. 현하 대세를 오선위기伍仙圍碁의 기령氣靈으로 돌리나니 두 신선은 판을 대하고 두 신선은 각기 훈수하고 한 신선은 주인이라."(『도전』 5:6:1-3) 천지의 판을 짜는 단서로서의 오선위기혈은 곧 바둑의 시조인 단주와 그의 원의 해원과 밀접한 관련성을 가지며, 이로 인한 남북 상씨름은 해원의 과정에서 드러나는 세운의 흐름을 상징한다.

4. 해원의 실천

우리가 이 절에서 증산도 해원사상의 실천적 의미를 드러내려고 할 때 실마리로 사용할 수 있는 개념은 **억음존양**抑陰尊陽이다. 억음존양의 개념적 의미는 "음을 억압하고 양을 존귀하게 여긴다"이다. 이 억음존양사상은 두 가지 측면에서 고찰할 수 있다. 하나는 우주의 기본적 변화원리로서의 음과 양의 존재론적 의미를 토대로 한 설명이고, 다른 하나는 음양을 인간의 사회적 지위로 해석하여 약자와 강자, 가진 자와 못 가진 자, 남성과 여성의 상관관계로 설명하는 경우이다. 이 양자의 해석은 모두 증산도 해원사상의 실현근거를 드러내는 필연적 해석기재이다. 전자, 즉 우주원리적 억음존양을 해석한다면 "우주의 존재원리이며 변화원리인 음양 중에서 양이 과대하고 음이 과소한 상태"로 규정될 수 있고, 후자는 실천적 의미이며 이는 "인간의 상호관계에 있어서 약자가 핍박을 받고 강자가 우월한 위치를 차지하는 상태"로 설명될 수 있을 것이다.

억음존양의 질서는 우주론적이든 아니면 사회적 상태든 선천을 원한의 시대이게 하는 원인이 된다. 이 중 우주론적 억음존양은 인간의 실천적 의미의 억음존양과 그로 인한 원한의 역사의 일차적 원인을 제공하는 우주의 상극 질서이다. 증산 상제는 "선천은 억음존양의 세상"(『도전』 2:52:1)이라고 규정하고 있다. 또한 "선천에는 음양이 고르지 못하다."(『도전』 7:55:1)고 말한다. 여기서 음양이 고르지 못하다는 말

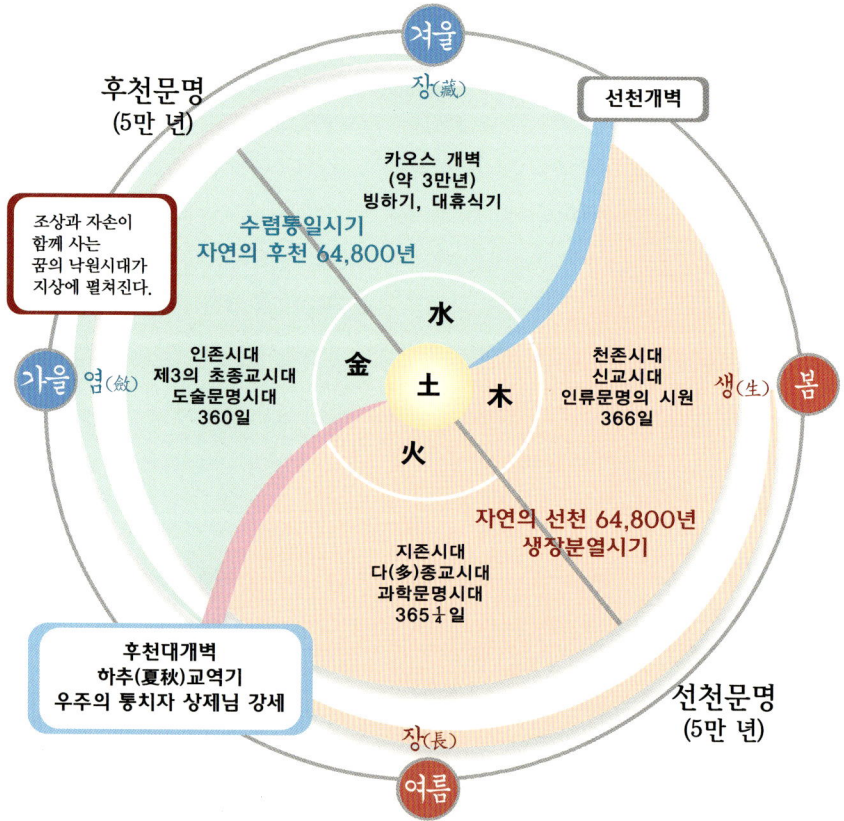

●우주 1년 129,600년 : 안운산 증산도 종도사님(1922~)께서 해방 다음 해인 1946년에 우주론에 대한 깨달음의 정수를 그림으로 그려 도생들에게 내려주셨다. 증산도의 선후천 개벽사상을 동양의 우주 변화의 원리와 결합시켜 인생과 우주의 문제에 대해 종교와 철학과 과학의 종합 논리로 명쾌하게 풀어주고 있다.

은 두 가지로 해석된다. 우주의 원리로서 음양이 고르지 못하다는 의미와 인간의 사회적 관계로서의(특히 남녀의 관계) 음양이 동등하지 못하다는 의미를 갖는다. 그렇다면 증산 상제가 말한 정음정양은 해원의 바탕인 개벽된 우주 질서를 의미하기도 하고 음양동덕(『도전』 2:83:5)[196]이라는 실천적 의미를 갖기도 한다. 물론 이 양자는 해원의 실천과 분리될 수 없다.

1) 해원의 실천─우주원리적 이해

해원사상을 우주원리적으로 이해하기 위해서는 먼저 증산도의 우주관에 대한 간략한 설명이 요구된다. 직선적 변화 발전이 아니라 규칙적인 주기를 갖는 순환적 변화를 우주운동의 본질로 파악하는 것이 증산도 우주관의 핵심이다. 알다시피 이러한 순환의 한 주기를 우주 1년이라고 하는데, 그 1년은 생장염장의 과정, 즉 봄·여름·가을·겨울의 질서를 갖는다. 증산 상제는 이 중 봄·여름의 과정, 즉 생장의 시기를 선천이라고 하고, 가을과 겨울의 염장, 수렴·통일의 시기를 후천이라고 한다. 우주 1년의 단위는 소강절邵康節(1011~1077)의 원회운세元會運世에 따라 원리적으로 해명되는데, 그 주기의 시간 량은 129,600년이다. 이 중 봄·여름의 선천이 5만년이고, 가을 후천이 5만년이며 그 나머지 시간은 우주의 겨울이다. 증산 상제가 말한 바와 같이 지금은 이 중 선천의 5만년이 끝나가는 시점, 즉 우주의 여름과 가을이 교역하는 시

---

196 "여자의 원과 한을 풀어 정음정양의 새천지를 여시기 위해"(6:2:6) "이 때는 해원解冤시대라. 몇 천년 동안 깊이깊이 갇혀 남자의 완롱玩弄거리와 사역使役거리에 지나지 못하던 여자의 원冤을 풀어 정음정양正陰正陽으로 건곤乾坤을 짓게 하려니…"(4:59:1-3)

기이다.[197]

　이러한 우주 1년의 시기에서 선천은 우주의 봄과 여름이다. 봄과 여름은 상극의 이치에 따라 모순과 대립이라는 상극기운이 만물을 성장시키는 힘으로 작용한다. 이러한 만물이 분열하여 그 생명의 싹을 틔우는 봄과, 그 싹이 대립과 투쟁의 힘으로 성장하는 여름은 그야말로 갈등과 억압의 생산장이며, 또 그러한 상극의 힘은 다시 만물을 변화·발전하게 하는 원인이 된다. 자연 속의 만물은 분열과 대립을 통해 성장·발전하게 되며, 이러한 분열·성장의 힘은 한편 인간의 문명과 역사 또한 발전시키게 된다. 그러나 상극의 질서는 **자연 속에서** 가치 중립적으로 작용되고 해석되지만 **인간의 문명과 역사**는 결코 가치 중립적이지 않다. 오히려 대립과 투쟁은 문명과 역사 속에 필연적으로 원冤과 한恨이라는 윤리적 부산물을 생산한다.

　그렇다면 왜 선천의 우주는 상극의 이치가 지배하며, 상극의 이치

---

197 김형효 교수는 증산 상제의 선후천개념을 단지 창조적 상상력으로 해석되어야 한다고 주장한다. 그 이유는 표면적으로는 선천과 후천의 실재적 분기점을 설정한다는 것이 무의미하다는 것이라고 말한다.(김형효, 「원시반본과 해원사상에 대한 철학적 성찰」, 증산사상연구, 제 5집, 증산사상연구회편, 1979, 48쪽 참조) 그러나 우리는 선천과 후천은 결코 상상의 개념이 아니라 우주 1년 속의 구체적 시간대라고 본다. 그의 이러한 주장은 천지공사에 대한 자신의 논문 49쪽 이하의 내용, 즉 '세계적 보편성', '존재세계의 질적 변화' 등과 모순된다. 그는 천지공사의 궁극목적이 '바깥세상의 개조에 있다기 보다는 오히려 마음의 개벽에 있다'고 주장하는데 이는 "하늘과 땅을 뜯어고쳐 후천을 개벽한다."(『도전』 2:43:2)는 『도전』구절에서 보듯이 명백한 오류이다.
　그는 또한 '천지공사로 이루어지는 후천낙원은 이미 왔고 또 아직 오지 않았다고 볼 수 있다'고 주장하면서 이를 형식논리적 모순이라고 한다.(49쪽) 또한 천지공사가 시작되었으므로 현재로 생각되어야 하는 후천세계와 아직 오지 않은 후천세계를 논리적 모순이라고 규정한다. 사실 이러한 주장은 증산도 사상에 대한 이해부족에서 오는 넌센스이다. 이러한 오류는 한편 선후천의 구분기준을 천지공사로 본데서 비롯하며(48쪽 및 50쪽), 지상에 건설되는 후천선경의 실재성을 단지 관념적 추상성(그의 표현대로라면 창조적 상상력)으로 잘못 이해한 데서 비롯한다.

는 필연적으로 인간에게 원한의 역사를 낳게 하는가. 이에 대한 우주원리적 설명은 의외로 간단하다. 즉 증산도에서는 그 이유를 지축의 경사라는 자연현상을 통해 설명한다. 선천의 억음존양과 그로 인한 상극의 질서에서 후천의 이상세계로의 전환은 기울어진 지축이 바로 섬으로써 가능하게 된다. 지축이 기울어지고 바로 섬은 천지간天地間에 존재하는 모든 존재자들에게 결정적인 영향을 미치게 된다.

증산 상제는 선천을 하늘만 높이고 땅은 높이지 않은 양陽의 시대 (이는 다른 말로 표현해서 음을 억압하는 시대이다)(『도전』 2:52:1)라고 규정하고 있다.[198] 이 양의 시대에 모든 만물은 양기운을 받아 분열·성장하게 된다. 이러한 선천의 양기운은 바로 지축의 경사에서 기인하는 것이다. 선천에 이 양기운이 과하게 된 것을 한동석韓東錫(1911~1968)은 『우주변화의 원리』에서 자세히 원리적으로 설명하고 있다.[199] 현재 지구의 지축이 동북방향으로 기울어졌다는 것은 과학적 사실이다. 그 결과 모든 우주운동은 삼천양지작용三天兩地作用을 받게 된다.[200] 즉 이는 북극

---

198 "선천은 천지비天地否요, 후천은 지천태地天泰니라."(『도전』 2:51:1)
　역(易學)에서는 선천 양시대를 천지비天地否, 후천의 음시대를 지천태地天泰괘로 나타내고 있다. 선천의 괘상은 양이 음의 위에 있고 후천의 괘상을 보면 그 반대로 되어 있다. 그래서 선천은 태양의 힘이 달의 힘보다 강하다. 태양을 안고 지구가 한달동안 30.5도를 돌 때 달은 지구를 안구 29.5도밖에 돌지 못한다. … 그래서 지구에는 항상 양기陽氣는 남아돌고 음기陰氣는 부족한 현상이 생긴다. 이를 '3양2음'이라고 하는데 양기운과 음기운의 비율이 3대2라는 뜻이다. … 이러한 우주법칙 때문에 지금까지의 인류 역사는 모순의 역사였다.(증산도편집부 편저, 『이제 하늘도 땅도 뜯어고쳐』, 73쪽)

199 이 절의 이하의 논의는 본서 4장 참고바람.

200 삼천양지운동이란 양작용이 3/5이고 음작용이 2/5가 되는 것을 말한다. (한동석, 『우주변화의 원리』, 396쪽) 이에 대한 자세한 설명은 다음과 같다. "천체의 기본은 북극이다. 북극은 물로써 구성되어 있으므로 이것을 곤坎이라고 한다. 그런데 지금의 북극은 동북으로 경사져 있다. 북극이 동북으로 경사졌다는 말은 바로 인력의 과강過强, 즉 태과太過를 의미한다. 다시 말하면 북극은 정상적인 감의 작용을 하여야만 하는 것인데 북극이 경사졌기 때문에 태과太過 즉 비정상적인 과강현상을 나타내게 되는 것이

이 경사傾斜져 있기 때문에 일월성신日月星辰도 그와 같이 경사지고, 지구를 비롯한 모든 우주만물도 다 그렇게 되어 있으며 따라서 만물은 삼천양지운동을 할 수밖에 없다는 것이다.[201]

증산 상제는 "대인을 배우는 자는… 음양이 사시四時로 순환하는 이치를 체득하여 천지의 화육化育에 나아가나니"(『도전』 4:95:11) 라고 하였다. 즉 음양의 조화가 우주 1년 사계절에 따라 각기 서로 달라 생장염장으로 순환하고 있으며 이를 정확히 인식함으로써 천지의 변화를 음양의 순환으로 받아들여야 한다는 말이다. 한동석의 주장은 천지질서가 음양의 이치로 드러난 것임을 이치적으로 밝힌 것에 불과하다.

이러한 사실을 받아들일 때 우리는 우주의 현상에 있어서 선천이 왜 양의 시대이고, 양의 시대가 왜 상극의 시대인가를 알 수 있다. 양은 곧 발산하는 힘, 분열·성장하는 힘이다. 이러한 힘은 만물이 서로 극克하려고 하는 원인이 된다. 즉 선천의 만물은 상호 균형을 이루려는 것이 아니라 서로를 이기려고 하는(상극相克하는) 운동을 하게 되는데 이는 선천의 우주 환경으로 인한 필연적 결과라는 것이다. 증산 상제는 지축이 경사되어 모든 것이 근본적으로 비뚤어진 선천세계를 "선천은 상극의 운"이며, "억음존양의 시대"(사실 이 구절은 윤리적 의미를 내포하는 것이지만 이는 삼천양지운동에서 기인하는 것이다)이며, "음양이 고르지 못한"(『도전』 7:55:1) 시대 등으로 표현하고 있다. 선천의 우주적 상

다. 그러므로 천체는 북극을 중심으로 28수宿가 나열되어 있는데 그 중에 16수宿는 북극에 모여 있고 12수宿만이 남극에 배열되어 있다. 그런즉 이것은 북극의 인력상태가 태과太過한 것을 의미하는 것이지만 감의 태과는, 즉 리離의 과항過亢을 의미하는 것이다. 그러므로 이와 같은 결과는 모든 우주운동으로 하여금 삼천양지운동을 하게 하는 것이다.(한동석, 『우주변화의 원리』, 394쪽)

201 한동석, 『우주변화의 원리』, 394쪽.

황이 이러하다면, 이러한 우주의 이치에서 발생하는 상극기운은 바로 인간들 사이에서뿐만 아니라 모든 생명존재에 있어서 원과 한을 쌓게 하는 근원적 힘이며 이는 더 나아가 척과 살기로 나타난다.("구천지舊天地 상극相剋 대원대한大冤大恨"『도전』 11:345:2)

이러한 상극의 운에서 상생의 운으로의 전환은 지축이 바로 섬으로써 가능하다. 지축이 선다는 것은 지축의 경사로 인한 양의 태과太過 상태를 벗어나서 양과 음이 동등한 작용을 하게 된다는 것을 의미한다. 즉 증산 상제가 말한 바 "정음정양"[202] 이 된다는 것이다. 이러한 후천의 **정음정양**의 우주는 우주 내 모든 생명존재의 원한이 해소될 수 있는 근본 조건이다. 즉 억음존양이 원한의 기원이었다면 정음정양은 곧 해원의 바탕이 된다.

원과 한에 대한 우주원리적 설명에서 그 기원을 우리는 '**지축경사 - 삼천양지운동**(억음존양) - **상극기운 - 원과 한**'이라는 도식을 통해 설명하였다. 물론 이러한 선천의 존재상황과 반대되는 도식은 '**지축정립 - 정음정양 - 해원상생의 운 - 살림과 평화**'로 나타낼 수 있을 것이다. 그러나 이러한 우주론적 과정에서 인간의 구원을 위해 필연적으로 요구되는 것은 바로 해원의 실천적 측면이다.

2) 해원의 실천─심법개벽과 해원

정음정양이 해원의 실천을 위한 토대임을 설명한다고 해서 해원의 본질이 밝혀지지는 않는다. 해원의 바탕은 우주의 원리를 통해서 찾

---

202 증산 상제가 정음정양이라고 할 때 이는 두 가지 의미를 갖는다. 하나는 우주론적인 의미이고 다른 하나는 인간 간의 관계이다. 여기서 말하는 정음정양은 우주의 원리를 말하는 것이다.

을 수 있지만 과정과 결과는 반드시 실천적 고찰을 요구하기 때문이다. 다시 말해서 지축의 경사는 만물을 상극 관계에 있도록 하였고 그래서 만물을 원한의 굴레 속에 빠져들도록 하였지만 지축의 정립 자체가 그 원과 한을 해소하도록 하지는 않기 때문이다. 선천시대에 쌓인 원한, 그리고 그 원한이 뭉쳐져서 발산되는 척과 살기는 원한의 주체가 행하는 적극적 실천 속에서 해소될 수밖에 없다.

최동희 교수는 해원의 윤리적 의미에 대해 다음과 같이 말하고 있다.

> 상생과 해원은 깊은 관계를 가질 수밖에 없다. 서로 원을 풀어주는 것이 서로 살리는 근본조건이 되기 때문이다. 적어도 윤리 쪽에서 본다면 원을 풀어주는 것이 곧 서로 살리는 길이라고 말할 수 있다. 증산이 밝힌 해원에는 종교적인 의미가 있다… 이 윤리적인 의미의 해원은 어디까지나 사람들 사이의 어떤 상호관계일 뿐이다.[203]

해원은 원을 푼다는 의미이다. 실천적 의미에서 이 원을 푼다는 것은 그 원의 기원과 밀접한 관련이 있다. 증산 상제는 스스로 해원사상을 가장 중요한 구원의 조건으로 삼고 천지공사를 통해 만고의 원을 풀 수 있는 해원도수를 예정하였다. 그러나 이런 해원사상 이외에 우리는 구체적으로 인간에게 필연적으로 발생할 수밖에 없는 원한의 문제를 구체적 관계 속에서 고찰해 보고 그 원한을 해결하는 실천적 원리로서 해원이 과연 어떻게 가능한가에 대해 알아보아야 할 것이다.

---

203 최동희, 「해원의 윤리적인 의미」, 『증산사상연구』제 11집, 110쪽.
　최동희 교수의 이러한 주장은 한편 일리가 있다. 해원은 분명 상생을 위한 길이다. 그러나 해원을 바로 상생이라고 주장하는 것은 논리적 비약이다. 증산 상제의 해원사상은 종교적 의미를 갖는다는 것도 편리한 주장이라고 보여진다. 물론 구원적 의미를 갖는 것은 분명하다. 그러나 이는 종교적 차원에 한정되지 않고 우주적이며 인간적이며 문명적인 문제라고 볼 수 있다.

선천 문명의 결론은 상극질서와 인간의 원한이 인류를 멸망케 하는 구조 속에 있다는 것이다. 그러한 환경에서 이기적이고 욕망에 물든 인간의 사고와 실천은 상호 간에 원과 한을 쌓게 만들었고, 이는 유기적 조직체인 우주의 생명에 재앙을 남겨왔던 것이다. **증산 상제가 말하는 해원은 천지에서 원한으로 일어나는 모든 재앙의 근원적 원인을 끌러내고, 인간과 신명이 조화를 이룰 수 있는 첫 걸음을 떼는 것이다.** 이렇게 해원의 목적은 불상사를 일으키는 "모든 원한을 풀어서 신명과 인간이 영원한 화평을 누리게 하려는데 있다."(『도전』 4:16:1 참조) 증산 상제가 강조하는 해원은 단주 해원에서부터 만고원신, 만고역신, 압사신, 질사신 등의 신명들과 여성해원을 축으로 하고 있다. 이것이 바로 사람과 신명을 함께 살리는 해원사상의 구체적인 내용이며, 해원을 통해서 인류를 구원하는 것이 해원의 궁극적 목적이다. 그래서 해원은 사람이 함께 잘되고 잘 살자는 상생의 이념과 접목되어 나타난다.[204]

여기서의 목적은 이러한 신명들 사이의 해원이라는 신도적 문제에 대해서 그 구체적 원리와 실천 윤리적 근거를 설정하는 것이 아니다.(이는 앞의 '천지공사의 제일 원리로서의 해원'에서 간략히 논의함) 오히려 인간의 사회적 관계, 혹은 인간의 내적 심성을 통해 쌓인 원한을 어떻게 억음존양의 기재 속에서 설명할 수 있는가의 문제를 다루고, 이를 통해 해원을 가능하게 하는 실천적 근거를 어떻게 찾는가 하는 것이다.

---

204 해원공사는 선천역사를 통해 얽히고설킨 원한의 관계를 해소하는 것이다. 인간으로 살다가 원한을 맺고 해원하지 못한 신명들과 선천 말대를 살아가면서 극에 달한 원한의 기운에서 벗어날 수 없는 인간들은 총체적 해원을 필요로 한다. 그리고 이 해원은 그 양자 어느 한쪽에만 치우칠 수 없는 동시적 해원이어야 한다. 인간과 신명의 관계는 불가분의 관계에 있기 때문이다. 증산 상제는 이를 "사람들끼리 싸우면 천상에서 선령신들 사이에 싸움이 일어나나니 천상 싸움이 끝난 뒤에 인간 싸움이 귀정歸正되느니라."(『도전』 4:122:1-2)라고 말하고 있다.

억음존양의 윤리적인 규정은 '우위를 차지하는 강자를 높이고 약자를 억압하는 사회관계'라고 할 수 있을 것이다. 우주의 존재상황으로서의 억음존양은 궁극적으로 실천적 관계에 있어서 억음존양의 근거이다. 즉 자연적 억음존양은 인간의 관계를 상극적 관계로 설정하고 상극적 관계는 상호 극적 대립의 관계를 낳도록 한다. 그러한 대립의 관계에서 약자는 강자에 의해 일방적으로 억압당할 수밖에 없는 것이다. 따라서 약자는 강자에 의해 사회적 불이익을 당하게 되고 그 과정에서 하고자 하는 모든 것이 억압당하게 되며, 약자는 강자에 대해, 그리고 불평등한 사회에 대해, 더 나아가 그러한 사회적 관계의 근거인 우주의 질서에 대해 원과 한을 품게 된다.

사실 억음존양이라는 사회적 관계의 일차적 원인은 존재적, 자연적 억음존양이다. 그렇다면 억음존양으로 생긴 원한을 근원적으로 해원하기 위해서, 그리고 더 이상의 원과 한이 맺히지 않도록 하기 위해서는 반드시 **우주질서적인 억음존양이 먼저 수정**되어야 한다. 증산 상제는 "예전에는 억음존양이 되면서도 항언에 '음양'이라 하여 양보다

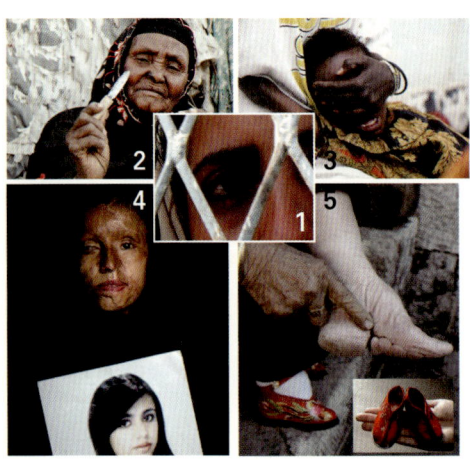

1. 아미나(Amina)의 눈물:
11살 어린 나이에 결혼한 그녀는 남편의 죽음에 대한 억울한 감옥살이을 하였다.
2. 3. 여성 할례:
소말리아에서 여성의 생식기를 꿰매는 풍습인 할례를 하고 있는 한 노파와 고통을 참고 있는 어린 소녀의 모습.
4. 염산테러:
남성의 청혼을 거절했다는 이유로 염산테러를 당한 파키스탄 여성.
5. 전족:
여자의 발은 예쁘다는 중국의 풍습으로 한평생 고통 속에 살아온 할머니. 겨우 10cm에 불과한 발을 보여 주고 있다.

음을 먼저 이르니 어찌 기이한 일이 아니리요. 이 뒤로는 '음양' 그대로 사실을 바로 꾸미리라."(『도전』 2:52:4‒5) 라고 하였다. 여기서 음양은 우주의 질서를 뜻하면서 동시에 사회적 관계, 남녀관계를 의미한다. 증산 상제의 천지공사는 음양의 질서를 조화롭게 하는 것이며 이는 천지의 질서를 새롭게 하는 것이다. 뿐만 아니라 인간의 사회적 관계를 우주의 조화로운 음양질서에 따라 화육化育되도록 하는 것이다.[205]

증산 상제는 억음존양의 부조화를 벗어난 조화로운 음양관계를 "정음정양正陰正陽"[206], "음양동덕陰陽同德"[207] 등의 말로 표현한다. 물론 『도전』의 이 두 구절은 모두 엄격하게 말해서 우주론적 음양질서가 아니라 인간들 사이의 관계를 말한 것이다. 그러나 분명한 것은 증산 상제가 후천세상을 음양동덕의 세상, 즉 정음정양의 세상이라고 규정한 것이다. 그리고 그러한 세상을 천지공사를 통해 도수로 예정하였다는 것이다. "선천에는 음양이 고르지 못하여 원한의 역사가 되었으나 이제 후천개벽을 열어 새 천지를 짓나니"(『도전』 11:179:3) 라고 할 때 그 새 천지는 분명히 우주론적 정음정양을 바탕으로 한 문명적 혹은 인간적 정음정양의 세상이다. 또한 이 구절을 통해서 우리는 정음정양의 세상은 더 이상 원과 한이 쌓이지 않는 세상이라는 것을 유추할 수 있다.

---

205 김지하는 이러한 증산도의 근본주장을 적극적으로 논의하고 있다.(김지하, 『생명』, 서울: 솔, 1999, 343‒352쪽 참조) 그는 특히 우주론적 음양질서를 근거로 사회적 음양의 문제를 논의하고 있다는 점에서 완전히 증산도적이다. 예를 들어 그는 "우주적으로 양이 음을 누르는 시대여서 남녀부동不同, 강약부동, 귀천부동, 빈부부동이라고들 보는 차별이 당연한 것이 되는 시대이기 때문에"라고 말한다.(김지하, 『생명』, 344쪽)

206 "이 때는 해원解冤시대라...여자의 원冤을 풀어 정음정양正陰正陽으로 건곤乾坤을 짓게 하려니와"(『도전』 4:59:2)

207 "증산 상제님은 음양동덕陰陽同德의 후천세계를 개벽하시고 수부에게 도통道統을 전하시니라."(『도전』 6:2:1)

증산 상제는 억음존양의 세상에서 일어나는 원과 한의 구체적 모습을 다양하게 말해주고 있다. "여자의 원한"(『도전』 2:52:2-3), "서자와 상놈의 원한"(『도전』 2:56:1-4), "실패한 혁명가들의 원한"(『도전』 4:28:1-8), "광대의 원을 해원"(『도전』 5:96:1-4), "동학 역신의 원한"(『도전』 10:136:1), "수모와 천대받는 농사꾼의 원한"(『도전』 5:196:8) 등 다양한 예들은 억음존양의 시대에 원한이 쌓이는 사람들은 약하고 가진 것 없는 사람들이라는 것을 알려준다. 그렇다면 모든 원을 풀어 새로운 세상, 정음정양의 세상을 열기 위해서는 소외되고 억압받는 사람들에 대한 해원은 필수적이다. 증산 상제는 "이 때는 해원시대라. 사람도 이름나지 않은 사람이 기세를 얻고, 땅도 이름없는 땅이 기운을 얻느니라."(『도전』 4:28:1)고 하였고 또한 "이 때는 해원시대라. 도를 전하는 것을 빈천한 사람으로부터 시작하느니라."(『도전』 2:55:3)라고 하였다. 증산 상제는 이렇

게 약자의 원과 한을 분명히 인정하고 있으며, 후천개벽이 되어 새 세상이 올 때 그들의 위치를 새롭게 규정하여 줌으로써 맺힌 원한을 풀어 주고자 한다.

증산 상제의 해원사상에서 우리가 분명히 알 수 있는 것은 해원사상 속에 포함된 정음정양의 동권同權사상과 억울하고 힘없고 소외된 사람들에 대한 증산 상제의 애정이다. 우리는 이러한 민중 사랑의 의지를 "내가 삼계대권을 주재하여 해원 상생의 도로 병든 하늘과 땅을 바로잡아 억조창생을 건지리라."(『도전』 6:21:2) 라는 천지공사의 의의를 말해주는 구절을 통해서 잘 알 수 있다. 증산 상제가 병든 하늘과 땅을 바로잡아 창생을 건지는 도는 바로 해원의 도이며 상생의 도이다. 상생의 운수를 여는 것은 억음존양의 병든 천지를 치료하고, 새로운 후천세상을 위한 것이라면, 특히 여기서 **병든 천지를 치료하는 것**

●**구릿골 약방** : 전북 김제시 금산면 구릿골은 천지공사의 중심 무대이다. 상제님께서는 김준상 성도의 집 방 한 칸에 약방(동곡약방)을 차리고 인류의 생사를 가름하는 만국의원 공사를 보셨다.

은 바로 해원의 도라고 할 수 있다. 이는 바로 **제생의세**濟生醫世**하는 후천 해원도수**이며(『도전』 11:313:6) 이를 따라 후천 상생도술이 무궁하게 된다.(『도전』 11:313:8)

이처럼 **억음존양의 결과는 원과 한**이다. 그렇다면 그 원한을 모두 해원하고 음양동덕, 정음정양의 세상으로 나가기 위한 구체적 방안은 무엇인가? 증산 상제는 해원의 실천적 가능성을 다양하게 표현하고 있다. 그 중 천지공사의 제일 원리로서의 해원공사는 해원의 가능성을 도수로 예정하는 것이며, 그 해원도수에 따른 직접적 해원은 원과 한을 갖는 인간의 역할에 맡겨져 있다고 할 수 있을 것이다. 증산 상제가 삼계대권을 가진 우주 주재자로서 천지공사를 집행한 이후의 모든 역사는 "모사재천謀事在天 성사재인成事在人"(『도전』 8:1:2)의 규정에서 벗어날 수 없을 것이다. 원한이 쌓이게 되는 궁극적 원인은 바로 인간의 행위이며, 따라서 그 원한을 푸는 것도 인간의 의지에 의한 것이어야 한다.[208]

그렇다면 인간의 구체적 원한과 그 해원은 어떻게 가능한가? 즉 인간을 병적 억압으로 몰고 가는 무한한 욕망과 욕구에서 해탈하여 스스로 삶의 주인이 되는 방안은 과연 무엇인가? 아니 우리는 이 물음을 다시 풀어서 그렇다면 원을 푼다는 것은 무엇을 의미하는가? 우리는 이 물음에 대해 원이 맺힌 원인을 살핌으로써 이에 대한 해답을 구해야 할 것이다.

---

[208] 물론 원한을 갖고 죽은 원신, 척신들의 해원에 대해서는 증산 상제가 구체적으로 해원굿 혹은 천지굿을 통해 그 해원의 실제적 단서를 마련하여 주었고, 그 실현은 신도의 세계가 인간의 현상적 세계를 통해서 구현되는 것이다. 그렇다면 이도 또한 성사재인의 범주에서 벗어나는 것이라고 할 수는 없을 것이다.

원이란 어떤 사람이 하고자 하는 바가 다양한 외적 요인에 의해 좌절될 때 생기게 된다. 그렇다면 해원이란 그 하고자 하는 바 욕구를 충족시켜 주는 것으로 이해된다. 그런데 하고자 하는 바를 하기 위해서는 지금껏 그것을 못하도록 한 원인 제공자의 노력이 있어야 할 것이고, 그 다음 원이 맺힌 사람이 그 욕구를 해결해야할 것이다. 만일 원을 맺히게 한 원인 제공자가 끝까지 그 사람의 욕구를 무시하고 부정한다면 원이 맺힌 사람의 마음은 결국에 가서는 원한恕恨으로 응축되고 척과 살기로 화하게 될 것이다. 따라서 해원은 반드시 원의 원인 제공자의 해원의지가 있어야 한다.

해원에는 두 가지 방식이 있을 수 있다. 스스로 원을 풀어버리는 것과 타인에 의해 원이 풀어지는 것이다. 전자는 '**자발적 해원**'이고 후자는 '**의존적 해원**'이다. 이 중 전자의 해원 즉 자발적 해원은 두 가지 측면에서 고찰할 수 있다. 해원이 되기 위해서는 원이 맺힌 자가 그 원을 풀려는 의지가 있어야 한다. 그 의지는 **긍정적 해원의지와 부정적 해원의지**로 구분할 수 있다.

첫째, '자발적 해원' 중에서 **긍정적 해원의지**는 해원이 가능한 방법으로 원이 맺힌 자가 그 원을 스스로 삭이는 방법이다. 즉 그 욕구와 욕망의 무한한 집착에서 벗어나서 스스로 원을 벗어버리거나 초탈함으로써 해원하는 것이다. 이는 말 그대로 원을 푸는 것이다. 증산 상제는 "시비 끝에 혹 맞았다고 해도 원수스럽게 생각지 말고 때리는 그 손을 만져 위로할지니라."(『도전』 8:37:6), "원수를 풀어 은인과 같이 사랑하면 덕이 되어 복을 이루느니라."(『도전』 8:36:9)라고 말했다. 원수를 진다는 것은 원을 쌓는다는 것과 같다. 원寃은 구仇라고 했다. 자기에게 큰 해로움을 끼쳐 원한이 맺히게 한 사람은 원수이지만, 그에 대해 원망하는 마음을 가지는 것이 아니라 원한과 그 원한의 원인인 욕구에 억매이지 않고 벗어버림으로써 해원하는 것이다. 증산 상제는 "나를 따르려면 먼저 그 마음(남에게 복수함으로써 해원하려는 마음)을 버려야 할지니"(『도전』 3:185:12)라고 하였다. 즉 원이 맺힘을 욕구충족에서 해소하는 것이 아니라 "스스로 위로하여 풀어버림"(『도전』 3:185:14)에서 진정한 해원을 구하는 것이다.

둘째, 자발적 해원 중에서 **부정적 해원의지**는 다음의 경우이다. 즉 원을 맺히게 한 자가 마음을 바꿔서 해원을 시켜줄려고 해도 원이 맺힌 사람이 그것을 무시하고 원을 척이나 살기로 갚겠다고 앙심을 품는 경우이다. 척이나 살기로 상대방에게 해를 가함으로써 자신이 상대방에 의해 받을 고통을 해소하고 이를 통해 해원을 하려는 것도 일종의 해원이라고 할 수 있을 것이다. 그러나 이러한 방식의 해원은 다시 또 다른 원한을 쌓게 되고, 한마디로 피를 핏물로 씻는, 그래서 원쌓기와 원풀기의 악순환을 되풀이하는 것이 된다. "이제는 악을 선으로 갚아야 할 때니 만일 악을 악으로 갚으면 되풀이 되풀이로 후천에 악의 씨를 뿌리는 것이 된다."(『도전』 3:185:11) 진정한 해원은 원이 쌓인 자의 욕구를 해소하는 것에 있는 것이 아니라 해원을 통해 인류의 참된 평화, 즉 "선경을 건설하는 첫 걸음"(『도전』 4:17:8)의 의미를 가져야 한다. 그러므로 보복을 통한 원의 해소는 겉보기에는 해원이지만 진정한 해원이라고 할 수는 없다.[209]

209 이 두 가지 경우의 해원은 『도전』 3편 185장을 통해 잘 이해할 수 있다. 이 내용에서 차경석의 원한과 그 해원방법에 대한 증산 상제의 해결책을 우리는 긍정적 해원과 부정적 해원의 예로 받아들일 수 있다. 밀고자로 인해 차경석의 부친이 해를 입자 경석의 형제들은 밀고자에게 복수(부정적 해원)하기로 결의하지만 증산 상제는 그러한 부

다음으로 '**의존적 해원**'에 있어서 원의 풀이는 원을 맺히게 한 원인 제공자의 희생과 노력이 절대적으로 필요하다. 해원이 실제로 '원을 푼다'는 능동형의 의미이지만 이 경우에는 원을 풀도록 해준다, 혹은 원을 풀어준다는 피동적 표현이 더 정확할 것이다. 그러나 이러한 의존적 해원의 방법은 앞서 살펴본 원한의 기원을 상극의 이치에서 찾고, 선천 인간의 본성을 무한한 욕망구조로 해석할 수밖에 없는 논리틀 속에서는 단지 가능성에 그칠 뿐이다. 즉 위무로 승부를 삼는 선천의 인간관계 속에서 약자의 원을 풀어주는 강자의 정의는 단지 논리적 가능성에 불과하다.

그래서 증산 상제는 **난법해원**[210]이라고 하여 해원의 한 방안을 제시하여 주고 있다. 난법해원은 두 가지 의미를 갖는다. 첫째, "그러므로 이제 모든 일을 풀어놓아 각기 자유행동에 맡기어 먼저 난법을 지은 뒤에 진법을 내리니"(『도전』 4:32:2) 라는 구절에서 드러나는 난법해원이다. 이는 인간의 모든 욕망과 욕구의 대상을 풀어놓아 각자 스스로 그 욕망을 해소할 수 있도록 함으로써 지금까지 쌓인 모든 원과 한을 해소하는 과정을 언급한 것으로 이해된다. 즉 "천대받던 광대가 스타로 부상하여 젊은이들의 우상으로까지 해원하고, 농부의 아들이 최고의 통치자가 되고… 또한 여성문화의 새 시대를 열기 위해 수천 년 동안 인간 대접을 받지 못하고 학대 받아온 여성들의 깊은 한을 풀어준

정적 해원은 결국 악을 악으로 갚는 것이므로 경석의 형제가 복수의 마음을 버리고 서로 위로하여 원한을 풀어버리도록(긍정적 해원) 한다.

210 물론 『도전』에 구체적으로 '난법해원'이란 구절이 나오지는 않는다. 그러나 '난법을 지은 뒤에 진법을 내리니'(『도전』 4:32:2)라는 구절을 통해서, 그리고 난법을 행하는 것의 부당성을 밝힌 구절, 예를 들어 "올바른 공부 방법을 모르고 시작하면 난법의 구렁에 빠지게 되느니라."(『도전』 9:200:3) 등에서 난법은 정당한 방안이 아님을 알 수 있으며, 이에 따라 난법해원 또한 진정한 해원의 방안이라고 받아들이기는 어려울 것이다.

다."[211] 이를 난법해원이란 용어로 대치할 수 있다. 이러한 난법해원은 지금까지 억눌렸던 약자에게 그 원억의 한을 푸는 기회이다. "가을개벽 전의 난법해원시대는 지구상의 모든 인간이 의지의 **최대 시험과정**을 거친다."[212]

이처럼 난법해원은 선천 말대를 살아가는 현대의 인간들이 갖는 모든 바램이 이루어지도록 하여 그 맺힌 원한을 풀어주는 것이며, 그 원한의 풀림에 만고역신萬古逆神, 만고원신寃神의 원한까지 붙여 해원하도록 하는 것이다. 난법해원은 원의 유전에 찌들린 선천말대의 인간들이 갖는 원한의 해소 방법이면서 동시에 수천년동안 원을 안고 죽어간 모든 신명들의 원한까지 해원하도록 한다는 의미를 갖는다.

그러나 난법은 원한을 푸는 과정에서 다시 또 다른 원과 한을 배태하게 되며, 새로이 만들어진 원한은 다시 난법해원의 소용돌이 속에서 욕망과 갚음을 반복한다. 난법해원은 진정한 해원이라기보다는 선천의 상극의 기운을 그대로 갖는 상극적 해원이며, 그 상극적 해

●해원 : 스스로 마음속에 맺힌 원과 한을 푸는 해원을 통해 마음의 평화를 얻을 수 있다. 이는 아름다운 상생의 세상을 만드는 바탕이 된다.

---

211 안경전, 『이것이 개벽이다』, 807쪽.

212 안경전, 『이것이 개벽이다』, 807쪽.
 난법해원시대는 선천 봄여름의 시간대에 극도로 분열된 만물이 그 극적 분열에서 상호 대립 투쟁하는 상황을 나타낸 말이다. 즉 지금까지 선천의 역사와 종교와 문화가 가을의 문턱에 들어서는 이 때에 이합집산하면서 맺힌 원과 한이 갚음과 누림의 양상으로 드러나는 상황을 말한다.

원의 끝에서 만나게 되는 것이 바로 진법이다. 그렇다면 **진정한 해원**, 굳이 이름하여 '**진법해원**'이란 과연 어떻게 가능한가? 개벽 이전 우주의 질서는 여전히 상극이고 억음존양이라면 그 속에서 가능한 진정한 해원은 무엇인가? 우리는 이러한 해원의 가능성을 심법개벽을 통한 천지일심의 상태에서 찾고자 한다. 그 무엇도 선과 악이 아닌, 그래서 좋고 나쁨이 없는, 욕망과 욕구가 사사롭지 않은 상태에서 더 이상의 원과 한은 가능하지 않으며 이미 만들어진 원한은 그 원한의 근거를 잃어버리게 될 것이다. 아니 풀어서 해소되어 버릴 것이다.[213]

"네 마음을 잘 풀어 가해자를 은인과 같이 생각하라. 그러면 곧 낫게 되리라."(『도전』 3:188:6)는 말은 원한을 갖는 타인의 마음을 풀어주는 것만큼 스스로의 마음을 푸는 것이 중요함을, 아니 오히려 진정한 한풀이는 바로 자신의 마음을 풀어 원한의 근거를 해소하는 것, 혹은 원한의 시비가 생기기 이전의 마음상태를 회복하는 것이다. "먼저 난법을 지은 뒤에 **진법을 내리니 오직 모든 일에 마음을 바르게 하라**"(『도전』 4:32:2-3)는 증산 상제의 말은 곧 진법 해원의 진정한 가능성은 바로 인간의 바른 마음, 사적 욕망에서 벗어나 천지와 하나 된 마음에서 찾아진다는 것을 의미할 것이다.[214]

---

213 "불법을 당하는 것으로부터 생겨나는 증오, 즉 복수욕은 인간의 본성으로부터 불가항력적으로 생겨나는 욕정이다.… 복수욕은 가장 강렬하고 가장 깊이 있게 뿌리내리고 있는 욕정 중의 하나이다. 그것은 해소되는 것처럼 보인다 하더라도, 몰래 원한이라 불려지는 증오를, 재(灰) 아래에서 희미하게 빛나는 불처럼, 남겨둔다."(I. Kant, *Anthropologie in pramatischer Hinsicht*, 이남원역, 『실용적 관점에서 본 인간학』, 울산: 울산대학교출판부, 1998, 215쪽) 난법해원, 증오심과 복수심에서 생겨나는 갚음으로는 원한의 찌꺼기를 완전히 해소할 수 없다. 재 속에 빛나는 불같이 남아있는 원한의 상처는 오직 새로운 마음씀의 상태, 즉 심적 개벽을 통해서 씻을 수 있을 것이다.

214 일반적으로 우리는 행복의 크기를 도식화하여 '행복=성취/야망'으로 나타낸다.(이는 렘프레히트가 에피쿠로스학파의 윤리설을 도식적으로 나타낸 것이다. 에피쿠로스

인간개벽은 실로 중요하다. 인간은 천지와 더불어 삼재를 이루는 근원이다. 그러므로 우주의 개벽도 인간이 개입하지 않으면 불가능하다. 그러나 문제는 인간은 비록 우주질서를 변화시킬 수 있는 창조적, 주체적 존재이지만 이를 자각하지 못하고 있으므로 인간개벽을 통해 자아의 개벽은 물론 역사의 현실, 인류의 운명을 근본적으로 재인식할 수 있는 존재로 개벽되어야 한다는 것이다. 증산 상제에 의하면 우주의 음양질서는 곧 **원한의 역사를 인식하는 바탕**이다. 그리고 그 바탕에 대한 인식은 천지에 대한 인식이며, 천지에 대한 깨달음은 원한의 근거와 뿌리를 넘어서 초월하는 **진법에 대한 통찰**이다.[215] 이러한 인

학파의 윤리설은 악의에 찬 세상에서 욕망의 허무함을 논하고 있다. S. P. Lamprecht, *Our Philosophical Traditions*, 김태길외 역, 『서양철학사』, 서울: 을유문화사, 1983, 130쪽, 및 한국철학사상연구회, 「건강한 욕망과 병든 욕망」, 『삶과 철학』, 서울: 동녘, 1994, 65쪽 참조. 여기서 우리는 욕망을 원한의 근원이라고 할 때 결국 '해원=충족/욕망'으로 표현할 수 있을 것이고, 이때 진정한 해원, 해원의 정도는 충족의 양을 크게 함으로써 가능한 것이 아니라 욕망을 줄임으로써 가능하다. 욕망이 0이 될 때 해원의 크기는 무한대, 즉 진정한 해원이 가능해 진다.

증산도적 관점에서 볼 때 욕망의 크기를 0으로 하는 것은 마음을 바르게 하여 사적 私的 욕구를 없애는 것이다. 이는 곧 천지의 이치를 통찰함으로써 사적 욕망에서 벗어나는 것을 뜻한다. 진정한 해원의 조건은 바로 마음을 바르게 하는 것이며 이는 상생에 대해서 "내가 상생相生의 도로써 만민을 교화하여 세상을 평안케 하려 하나니 새 세상을 보기가 어려운 것이 아니요, '마음 고치기가 어려운 것'이라. 이제부터 마음을 잘 고치라."(『도전』 2:75:11) 라고 하는 것과 일맥상통한다.

215 "증산 상제님께서 선천개벽 이래로 상극의 운에 갇혀 살아온 뭇 생명의 원冤과 한 恨을 풀어 주시어"(『도전』 5:1:1)와 "선천에는 상극의 이치가 인간과 사물을 맡았으므로 모든 인사가 도의에 어그러져서 원한이 맺히고 쌓여… 그러므로 이제 천지도수를 뜯어고치고… 세상을 고치리라"(『도전』 4:16:2-7), "선천에는 음양이 고르지 못하여 원한의 역사가 되었으나 이제 후천개벽을 열어 새 천지를 짓나니"(『도전』 11:179:12) 라는 구절, 그리고 "대인을 배우는 자는 천지의 마음을 나의 심법으로 삼고 음양이 사시 四時로 순환하는 이치를 체득하여 천지의 화육化育에 나아가나니"(『도전』 4:95:11), 및 "상통천문上通天文은 음양순환사시四時를 알아야 하고"(『도전』 11:102:2) 등의 구절을 종합하여 볼 때 우주 1년 사시의 변화와 음양의 이치는 곧 원한의 역사와 해원의 과정을 이해하는 근원적 토대가 됨을 알 수 있다. 다시 말해서 우주의 질서와 음양, 그리고 인간들 사이의 관계, 해원도수 등은 필연적 상관성을 갖는다.

간개벽을 통한 후천사회는 해원과 상생이 하나가 되는 **인존시대**이며, 대인대의의 세상이다. 즉 하늘과 땅을 높이는(천존시대와 지존시대) 선천을 벗어나 인간을 높이는 진정한 인존시대, 인간이 인간의 본질적 역할을 다하는 시대, 인간을 인간으로 대우하는 상생의 시대가 도래한다는 것이다. 하늘을 높임으로 땅을 핍박하지 않고 땅을 높임으로 하늘을 핍박하지 않는 시대, 그리고 인간을 인간으로 대우하는 시대이며, 천·지·인이 열린 상태에서 상호 교통하는, 따라서 더 이상 원과 한이 쌓일 수 없는 시대이다.

5. 이 장을 나서며

　지금까지의 논의 결과 우리는 첫째, 해원, 혹은 다른 말로 표현해서 천지해원은 선천 천지의 모든 생명존재가 안고 있는 원과 한을 풀어 버리는 것이며, 둘째, 그 해원 혹은 풀이의 주체는 인간과 모든 생명존재의 구원을 위해 강세한 우주주재자 상제와 그 원의 고리를 실제로 역사 속에서 만들고 맺게 한 인간 자신이라는 것, 그리고 셋째, 해원의 방법은 해원공사, 씻김굿을 통해 해원의 궁극적 단서를 마련한 천지공사와 모든 원冤의 뿌리를 극복하는, 그럼으로써 원願으로 인한 원冤을 초월하는 심적 개벽에서 찾을 수 있음을 확인하였다.

　해원사상의 중요성은 해원이 과거 일체의 모든 원과 한을 씻어냄으로써 후천의 새로운 실천이념인 상생을 가능하게 한다는 데 있다. 그러나 해원이 갖는 더 큰 의미는 천지기운을 막고(『도전』 5:53:16), 세상을 병들게 하며(『도전』 2:56:2), 참혹한 재앙을 일으키는(『도전』 4:16:3) 원을 씻어냄으로써 우주 내 모든 존재의 본래적 생명성을 회복하도록 한다는 데 있다. 이렇게 본다면 해원은 바로 원시반본을 실현하는 궁극이 념이 될 것이다. 즉 마음 속에 가득 한 원의 고통으로는 마음의 본래자 리로 돌아가는 것이 불가능하다. 해원은 바로 그러한 근본으로 돌아 감의 전제가 될 것이다. 따라서 해원을 떠나서 후천선경을 말하거나, 상생의 도를 실현하거나, 신인합발을 기대한다는 것은 공허한 관념적 논의에 불과할 것이다. 그리고 이러한 해원의 가능성은 천지공사의 제 일 원리인 증산 상제의 해원공사에서 찾을 수 있지만 그 구체적 실현 은 바로 유전된 원의 최종 단계에 존재하는 현대 인간의 실천을 통해 서이다.

천지해원공사를 통해 증산 상제가 예정한 새로운 세계는 상생의 모습으로 드러나지만 그 상생의 가능근거를 해원이라고 할 때 그 세계 는 바로 해원상생의 세계이다. 해원과 상생은 상호 밀접한 관련성으로 인해 분리되어 설명될 수 없다. 해원은 상대방에로 향하는 원망의 기 운을 거두어들이는 것이며, 이러한 해원의지는 곧 남을 잘되도록 함, 타인의 생명을 살림이라는 상생으로의 지향없이는 불가능하다. 즉 해 원은 상생의 실천을 위한 조건임에도 불구하고 상생이라는 우주의 원 리 및 보편적 행위규범의 지향 하에서 구체적 모습을 드러낸다는 것이 다. 그리고 과거의 원한의 철저한 씻음을 통해 순수 선의지를 회복한 심성은 곧 적극적 상생의 실천을 가능하게 한다.

실천적 관점에서든 우주론적 관점에서든 해원의 가능성은 억음존 양의 질서를 벗어난 새로운 질서, 즉 정음정양의 질서에서 찾을 수 있 다. 그리고 그 정음정양은 바로 우주와 인간이 조화롭게 만나는 지점이기도 하다.[216] 해원은 **천지의 이치가 새롭게 열리는 곳에서 가능하며**, 그 천지의 열림을 주재하는 **주재자의 의지 속에서 가능하며**, 그 의지에 따른 **실천이 있을 때 가능하다**. 이러한 해원은 보은, 상생과 함께 상호 연관적 관계 속에서 천지와 인간과 문명이 개벽되는 우주의 가을에 모든 것이 근본으로 돌아가는 **원시반본의 궁극적 의미를 실현**하게 된다.

증산도의 **해원사상**은 정음정양을 통한 우주론적 원시반본의 근거이다. 상극의 선천시대에 신령스런 우주천지에 가득 찬 원한의 기운을 천지굿을 통해 해원시킨 증산 상제의 **해원도수**는 천지의 본래적 생명성을 회복하도록 한 원시반본, 즉 생명의 근원을 되찾는 원시반본이다. 인간적 측면에서는 역사적으로 유전되어온 모든 원과 한을 해소시켜 **인간의 욕망에서 자유롭게 되고**, 과거의 **모든 원한의 기원을 풀어버리게 되어 무사무욕의 본래적 인간성을 회복**하여 원시반본하게 된다.

---

216 맺힌 한은 하늘과 땅, 하늘과 인간이 맞닿을 때 풀려진다. 하늘과 땅이 하나가 될 때 한은 풀어진다. 바로 여기에 한사상의 한과 한恨이 만나게 된다. 恨이 맺혀진 것이라면 한(韓, 桓)은 푸는 것이다.(김상일, 『한思想』, 229쪽.)

Chapter 4.

상생
− 남 잘되게 하라 −

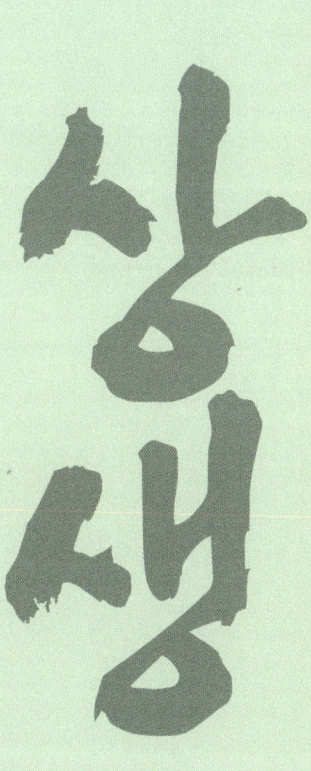

우리는 누구나 상생이란 말을 알고 있다. 그리고 상생이라는 말을 사용하고 있다. 요즘 신문과 T.V.에서 자주 찾아볼 수 있는 말이 상생이기도 하다. 자비나 사랑이란 말보다 더 실천적이면서 사회윤리적인 개념이 상생이 아닌가 싶다. 그러나 우리는 과연 상생의 본래 의미를 알고 있는 것일까? '다 함께 잘살자'는 것이 곧 상생인가? 우리는 이 장에서 상생이란 무엇이고, 어떻게 사는 것이며, 어디에서 기원하고 있는지를 살펴볼 것이다. 그런 후에야 비로소 우리 모두가 왜 '상생'해야 하는지를 깨닫게 될 것이다.

1. 상생의 대도

증산 상제의 천지공사는 우주의 가을 개벽기에 인간과 신명을 구
원하기 위한 것이다. 즉 천지공사는 선천의 상극질서를 후천의 상생질
서로 전환하는 것이며, 이를 통해 우주와 인간의 미래 역사전개를 후
천의 선경세계로 나아가도록 예정하는 것이었다. 천상이 아닌 지상에
열려지는 이상세계, 천지와 인간의 구원의 완성으로 여겨지는 후천선
경을 실현하기 위한 조건은 무엇인가? 이러한 질문이 필요한 이유는
후천의 이상세계가 바로 "지상의 이상세계"(십천선경)[217]이며, 이는 현실
적 구체적 세계라는 데서 찾을 수 있다.[218] 기존의 종교가 주장하는 이

---

217 십천선경十天仙境은 증산도의 구원관에서 미래의 이상적인 새로운 세계를 말한
다. 증산 상제는 스스로 구천하늘의 상제(『도전』 2:17:7)라고 하면서 후천이 개벽되어 새
로운 우주가 열리는 때에 이 지상이 10천이 되고 장차 이 십천낙원에 강림한다고 하였
다.(『도전』 10:59:8) 그러나 이 세계는 관념적 세계 혹은 비감각적 세계가 아니라 어디까
지나 현상적이면서 구체적인 세계이다. 후천개벽을 통해서 우리가 사는 세계는 동일한
공간과 시간 속에서 10천의 이상세계로 틀전환 되는 것이다.

218 안경전, 『이것이 개벽이다』下, 862-863쪽 참조.

상세계, 소위 피안의 세계와는 달리 지상의 이상세계는 그 성립가능성에 있어서 단지 절대자의 의지와 필연적 역사과정으로만 설명되어서는 안 될 것이다. 구체적이고 현실적으로 존재하는, 또는 존재해야 하는 지상선경은 그 실현에 있어서 어떤 방법을 갖는가?

증산도의 이상세계인 후천선경에 대해서 이야기할 때 빠지지 않고 등장하는 개념 중의 하나가 바로 상생이다. 우리는 일반적으로 증산도의 상생사상을 떠올릴 때 윤리적 의미와 역할을 상기하게 된다. 그러나 **'상생相生' 사상은 후천세계의 이상적인 실천원리로서의 역할을 갖는 것과 동시에 천지질서(이치 혹은 원리)로도 이해**된다. 이 말은 증산도 상생의 문제는 인간의 실천규범이라는 한정된 의미만 갖지는 않는다는 것을 의미한다.[219] 상극의 이치와 대비된 '상생'은 천지자연의 변화원리를 말하며, '상생의 세계를 연다'라고 할 때는 모든 생명존재의 존재방식을 새롭게 규정함을 뜻하며, '상생의 대도'(『도전』 2:18:1)라고 할 때는 우주 주재자의 의지가 현실적 세계의 이법인 상생으로 드러남을

219 21세기 현재 우리의 도덕적 담론에서 빠지지 않고 등장하는 용어가 바로 "상생"이라는 개념이다. (<조선일보> 2010. 5. 3, '대기업과 중소기업이 상생할 수 있는 실효성 높은 정책…', <중앙일보> 2010. 5. 5, '소통과 상생을 위한 여야 국회의원 모임', <한겨레신문> 2010. 5. 2, '21세기 한국경제가 요구하는 기업가 정신으로 상생을 꼽았다.' 등) 사실 이 상생이라는 용어는 증산도에 의해, 아니 더 정확히는 증산 상제에 의해 처음으로 그 의미가 주어졌다. 증산도의 중요 사상 중에서 한 축을 차지하는 이 상생개념이 현대 한국의 윤리적 담론에서 중심적 위치를 차지하고 있는 것이다. 그러나 이러한 담론의 주 포인트는 역시 인간의 윤리적 관점에 맞추어져 있을 뿐이며, 그리고 그 구체적 실현방안이 무엇인지에 대한 진지한 반성이 부재한 상태에서 개념만 사용할 뿐이다. 『경제용어사전』에서 상생相生을 찾으니 "상생은 생태학에서 파생된 개념인 공존(co-existence)이나 공생(symbiosis)보다 더욱 포괄적이고 적극적인 의미를 갖는다. 상생의 원리는 갈등과 대립의 연속이던 지난 세기의 인류사를 새 천년에는 화합의 시기로 전환시킬 열쇠가 될 수 있을 것으로 보인다. 미래학자와 동양사상가들이 세기말을 맞아 상생을 강조하는 이유가 여기에 있다."라고 풀이하고 있다. 여기서 상생은 새로운 세계를 여는 열쇠라고 주장하고 있다. 그러나 이러한 상생의 의미를 정확히 이해하기 위해서, 그리고 새로운 세계를 여는 법방을 알기 위해서는 증산 상제의 가르침에 귀를 기울일 필요가 있다.

표현한 것으로 생각할 수 있다. 또한 후천이 사람과 신명이 하나가 되는 세상(『도전』 2:19:8)이라면 상생은 인간과 인간의 한계를 넘어서 인간과 신명, 인간과 자연, 인간과 우주 사이의 상호조화를 의미한다. 이러한 상생사상은 증산도의 이상세계인 후천선경의 실현과 밀접한 관련이 있다.

증산도의 우주관에서 우주는 생장염장의 과정을 갖는 우주 1년 단위로 순환한다. 여기서 우주 1년은 생生, 장長의 선천과 염斂, 장藏의 후천으로 뚜렷이 구별되는데, 이 중 염·장의 변화과정인 후천을 지배하는 이치가 바로 상생이다. 증산 상제는 스스로 후천을 개벽하여 선경을 연다고 하였으며, 그 선경은 바로 상생의 운에 따라 조화와 통일 속에서 만물이 존재하는 세계라고 하였다. 즉 후천개벽을 통해 열리는 선경의 지배적 원리가 바로 상생이라는 것이다. 그러나 원리적으로 볼

●**상생관련 책들** : 상제님의 상생사상은 이미 21세기 담론의 중심이 되었다. 문제는 상생에 대한 올바른 이해이다.

때 후천이 개벽되는 것과 상생이 만물을 지배하는 이치가 되는 것은 서로 다른 상황을 뜻하는 것이 아니다. 이 둘은 동일한 현상의 다른 표현이다. 이렇게 열린 후천에서 인간의 존재방식과 행위방식을 우리는 또한 상생이라고 부를 수 있다.

상생의 이치 혹은 상생의 운수란 개념은 다양한 측면에서 이해되어야 할 것 같다. 우선 선천의 상극의 이치와 대비된 의미를 갖는 상생을 생각해볼 수 있다. 즉 '후천 상생의 운수를 연다'(『도전』 2:18:3), 또는 '후천의 도는 상생의 대도'(『도전』 2:18:1)라고 규정할 때 상생은 분명히 상극과 대비된 의미로 이해되어야할 것 같다. 선천의 상극과 대비된 의미로 이해되는 상생은 우주 내 모든 존재의 새로운 존재원리이다. 선천에서는 모든 존재가 상극의 이치 속에서 분열·성장 하였다면, 후천에는 만물이 상생의 이치로 인해서 수렴·통일 된다고 할 수 있을 것이다. 상극과 상생은 만물의 존재원리이며, 이 존재원리는 모든 존재자들의 존재방식과 행위방식을 규정한다. 우리가 여기서 다루려고 하는 것은 후천개벽으로 가능해지는 이상세계의 새로운 존재원리로서의 '상생의 이치'이다. 즉 만물의 존재방식, 인간의 행위방식으로서의 '상생', 그리고 그 상생의 근거로서의 상생의 도에 대해 규명하려는 것이다.[220]

아래에서 우리는 "상생사상의 윤리학적 검토"를 통해 선천의 말기를 살고 있는 인간의 현재적 상황은 과연 무엇이고 이러한 상황은 어

---

[220] 상생사상이 갖는 두 가지 측면, 즉 우주 원리적 측면과 윤리 실천적 측면은 『도전』의 다음 구절들에서 살펴볼 수 있다. "내가 삼계대권을 맡아 선천의 도수를 뜯어고치고 후천을 개벽하여 선경을 건설하리니"(『도전』 2:74:2)의 구절은 곧 선천 상극을 후천 상생의 도율로 개벽한다는, 그래서 우주원리로서의 상생의 측면으로 이해될 수 있다면, "상생의 운을 열어 선善으로 살아가는 세상을 만들리라"(『도전』 2:18:3), "신천지 상생 대자대비"(『도전』 11:345:2)등의 구절은 윤리 실천적 측면으로서의 상생으로 이해된다.

떻게 만들어지게 되었는가를 살펴보고 동시에 고통 받는 인간을 구원하려는 증산 상제의 의지를 상생사상을 통해서 보여주고자 한다. 상생은 서로를 살리는 살림사상("내 도는 곧 상생이니 서로 극하는 이치와 죄악이 없는 세상이니라. 생명을 살리는 것을 덕으로 삼느니라."『도전』2:19:2 - 5)이다. 증산 상제가 상생의 도를 말할 때 그것은 바로 천지를 해원시켜 새로운 생명을 불어넣어 주려는 적극적 의지의 표현으로 보아야할 것이다.

나아가 "선천의 윤리관과 상생사상"에서는 '남 잘되게 하는' 상생사상이 갖는 이상적인 도덕적 실천을 중심으로 논의를 전개해 나가고자 한다. 나와 남을 동시에 살리는, 서로의 생명을 그 본래적 상태로 되돌려 구원하는 의미를 갖는 상생을 윤리학적 관점에서 분석하고자 한다.

결국 이 장의 목적은 증산도의 상생사상에서 상생이 갖는 총체적 의미를 이해하는 것이다. 그것은 바로 생명을 살리는 생명사상으로 표현될 것이다. '상생의 대도'나, '상생의 운', 그리고 상생으로 세상을 편안케 하는 것 등은 모두 천지자연 내의 모든 존재의 존재 상태를 상생으로 규정하는 것이다. 우리는 이러한 상생의 본질을 우주론적 관점과 실천 윤리적 관점에서 분석할 것이다.

2. 상생개념의 윤리학적 검토

1) 인간의 현재적 상황은 무엇인가

선천과 후천의 윤리적 상황과 그 상황 속에서 인간이 처해 있는 입장을 증산 상제는 다음과 같이 적나라하게 말하여 주고 있다.

> 나의 도는 상생의 대도이니라. 선천에는 위무로써 승부를 삼아 부귀와 영화를 이 길에서 구하였나니 이것이 곧 상극의 유전이라. 내가 이제 후천을 개벽하고 상생의 운을 열어 선으로 살아가는 세상을 만들리라. 만국이 상생하고 윗사람과 아랫사람이 서로 화합하고 분수에 따라 자기의 도리에 충실하여 모든 덕이 근원으로 돌아가리니 대인대의大仁大義의 세상이니라. 선천 영웅시대에는 죄로써 먹고살았으나 후천 성인시대에는 선으로 먹고 살리니…(『도전』 2:15:1-6)

이 구절에서 증산 상제는 인간의 현재적 상황을 뜯어고쳐야 할 상태로 말하면서, 미래의 상태를 이상적으로 규정하고 있다. 즉 증산 상제는 인간의 현재적 상황을 상극의 운 속에서 위무로써 승부를 구하고, 죄의 길에서 벗어날 도리가 없는, 그래서 새로운 세계가 개벽되어야 하는 것으로 설명하고 있다. 증산 상제가 언급한 것처럼 지금은 문명적으로, 역사적으로, 그리고 환경적으로 그 위기가 極극에 도달하여 더 이상 두고 볼 수 없는 상황이다. 현대가 드러내는 다양한 현상적 모습은 인간과 자연이 종말적 위기에 처해 있음을 짐작하게 한다.[221] 이렇게 현대를 위기의 시대로 규정하는 것은 단지 개념 규정만에 그치거나 일부분에 대한 위기감으로 인해서가 아니다. 그 위기의 전조는 정치, 사회, 문화, 철학 등의 인문 문화적인 것에서뿐만 아니라 자연과 환경 등 전반적인 모습에서 비추어진다는 점에 문제의 심각성이 있다. 다시 말해 문제의 심각성은 현대의 위기가 부분적인 것이 아니라 총체적이라는 데 있다.

총체적 위기는 인간 본성에 있어서 뿐만 아니라 자연에 있어서도 본래의 원형과 원질을 잃어버리게 되는 결과로 나타난다. 이러한 위기의 시대를 만들어 낸 현상적 원인은 현대의 과학과 기술을 생산한 서구적 합리주의와 기술주의, 물신주의物神主義이며, 또한 이러한 가치관에서 비롯한 이기주의와 개인주의이다. 이는 인간 삶의 부분이 아니라 실존 자체를 부정하는 힘이며, 자연을 반인간적 도구와 객체로 취급

---

221 "지구 생태계 파괴는 극에 이르렀고 인간의 정체감 상실은 회복불능의 상태에 와 있다. 죽음의 산성비가 내리고 생명이라고는 도저히 살 수 없는 시커먼 강과 바다, 오존층의 구멍과 뒤틀린 병증 기후들, 아프리카 수백만 인구의 기아와 질병, 마약 알코올 중독, 온갖 불치병, 에이즈, 신경질환, 정신분열과 편집증, 집단 따돌림과 폭력, 무절제한 섹스와 섹스산업, 무력감과 박탈감, 소외감과 고독감, 허무주의와 절망의 일상화, 사치, 쾌락, 저속한 대중문화, 공동체의 파괴와 윤리의 실종, 이러한 용어들은 모두 현대의 자연과 인간을 상징하는 기호들이다." 김지하, 『생명과 자치』(서울: 솔출판사, 1997), 27쪽.

하는 원인이다. 인간주의를 대체한 기술주의, 정신주의를 부정한 물신주의, 그리고 자연주의를 대체한 도구주의는 위기의 극점을 향해있다. 증산 상제는 이러한 위기를 다음과 같이 말해주고 있다.

> 이 문명(현대문명: 필자주)은 다만 물질과 사리事理에만 정통하였을 뿐이요 도리어 인류의 교만과 잔포를 길러 내어 천지를 흔들며 자연을 정복하려는 기세로 모든 죄악을 꺼림 없이 범행하니(『도전』 2:30:9)
> 이는 묵은 하늘이 그르게 꾸민 것이니 장차 진법眞法이 나오리라.(『도전』 4:144:2)

위의 『도전』구절은 위기가 문명의 측면에서 드러나지만 그 진정한 원인은 '묵은 하늘'에 있다는 것을 암시한다. 지금까지는 자연과 인간의 위기와 그 원인을 단지 인간의 태도에서 찾아왔다. 그렇다면 인간의 태도의 전환은 위기 극복의 충분한 계기가 될 수 있는가? 여기서 말하는 묵은 하늘은 바로 상극의 이치를 갖는 선천을 뜻한다. 증산도 사상에 의하면 지금 이 시대의 위기는 상극의 이치로 인한 불가피한 현상이라는 것이다. 상극의 이치는 선천의 우주질서, 자연환경, 인신人神관계 등 모든 존재 관계를 규정하는 원리를 말한다.[222]

이처럼 현대를 살아가는 인간이 처해있는 상황은 갈등과 대립을 나을 수밖에 없는 상극의 선천이다.[223] 그리고 이렇게 위기의 원인을

---

[222] 선천을 지배하는 이치가 상극이라는 것은 그 이치 하에 존재하는 모든 것들의 모습이 상극으로 표출된다는 것을 의미한다. 물론 이는 선천은 곧 상극이라는 등식을 말하는 것은 아니다. 상극이 선천의 구조를 주도하는 이치라는 말이다. 만일 문제가 구조적인 것이라면 그 구조 속의 부분적인 문제가 해결된다고 해서 모순이 극복되지는 않는다. 구조적 모순으로 인한 모든 문제들은 오직 구조 자체가 새롭게 틀바꿈할 때만 해결될 수 있다.

[223] 안경전, 『증산도의 진리』, 182쪽.

상극적 구조, 선천의 환경 속에서 찾을 경우 현재의 상황에서 벗어나서 위기를 극복하는 것은 단순히 인간의 태도를 분석하는 차원에서 가능하지는 않을 것이다. **위기의 원인이 자연의 상극 이치에 있으므로 그 해결책 또한 자연의 새로운 질서를 통해서만 찾아져야 한다**는 것이다. 이는 위기의 시대를 벗어나서 새로운 삶으로 전환하는 계기를 위기의 시대가 드러내는 현상적 모습 속에서 찾을 수는 없다는 말이다. 탈미신화脫迷信化의 계몽이 과학적 물신주의를 통한 현대의 위기를 만들어내었다면, 현대의 인간이 처해있는 상황을 벗어나는 것은 변화된 우주의 이치와 그 이치에서 가능한 새로운 정신주의와 실천원리 속에서 찾아질 것이다. 그것은 바로 우주의 구조와 내용의 획기적 전환인 '상생'이다.

2) 상극의 이치와 선천인간

위기의 원인을 인간의 태도에서 찾고 그 해결책을 인간적 차원에서 해결하려는 것은 인간이 부닥치고 있는 현대적 위기상황의 근본적 원인을 이해하지 못한 때문이다. 다음의 『도전』구절은 이러한 위기의 근원적 원인을 우주변화의 원리의 관점에서 설명한다.

> 선천先天에는 상극相克의 이치가 인간 사물을 맡았으므로 모든 인사가 도의에 어그러져서 원한이 맺히고 쌓여 삼계三界에 넘치매 마침내 살기가 터져 나와 세상에 모든 참혹한 재앙을 일으키나니
> (『도전』 4:16:2 – 3)[224]

---

[224] 증산도 우주관은 태초에 개벽된 우주는 선천과 후천을 반복하며 순환하는데 이 때 모든 존재질서의 총체적 변화를 기점으로 변화 전과 변화 후를 구분하여 선천先天과 후천後天이라고 부른다. 선천은 새로운 존재가치로의 전환 이전의 시기를 지칭하고, 후천은 전환 후의 이상적 존재질서와 가치질서가 현실화되는 시기를 말한다.

지금 이 시대의 문명적, 정치적, 도덕적 현상이 도의에 어그러진 것은 인간의 잘못된 의식과 부당한 행위로 인함이다. 그러나 이는 현상적 원인에 불과하다. 증산 상제는 그 이면에 숨어 있는 진정한 원인을 상극의 이치에서 찾고 있으며, 위기는 상극의 이치로 인한 불가피한 현상이라는 것이다.

선천 상극의 이치는 우주의 변화원리에 의한 필연적 과정이다. 생장염장이라는 우주 1년의 과정에서 봄의 과정인 생生과, 여름의 과정인 장長을 만들어 내는 이치가 상극이므로, 그 상극의 운이 지배하는 시대에서 살아가는 인간의 존재방식은 상극적 상황에서 벗어날 수 없다. 이러한 상극적 상황을 증산 상제는 '모든 인사가 도의에 어그러지고 원한이 맺히며 살기가 터져 나와서 참혹한 재앙을 일으킨다'고 말하는 것이다. 즉 선천의 하늘 아래 인간이 처해있는 상황은 도덕적 아노미 상태이며 이러한 상황에서 발생하는 문명의 모습은 다시 인간을 억압하고 죽이는 형태로 나타난다.[225]

그렇다면 상극의 이치는 무엇인가. 증산도 우주관에 의하면 천지는 선천과 후천을 주기적으로 순환한다. 그런데 선천은 상극의 이치가 우주원리이고 후천은 상생이 우주원리이므로 우주는 상극과 상생의 주기적 순환에 의해 변화 발전해 나간다고 말할 수 있다. 중요한 것은 여기서 상극이나 상생 모두 우주의 운동에 있어서 없어서는 안 되는 필연적 요소라는 것이다. 아니 오히려 상극과 상생의 이치에 의해 우

---

225 칸트는 『이성의 한계내에서의 종교(Die Religion innerhalb der Grenzen der blossen Vernunft)』에서 다음과 같이 말한다. "이 세계가 악한 상황에 놓여 있다는 탄식은 역사만큼이나 오래된 것이다.… 옛 시가에서 말하는 이 같은 행복은 마치 꿈처럼 사라지고 악의 상태로 타락하여 점점 더 사악한 상태를 향하여 가속도적으로 전락해 가는 것이다." 신옥희 역, 『이성의 한계 내에서의 종교』(서울: 이화여대출판부, 1984), 23쪽.

주는 일정한 과정, 즉 생장염장의 운동을 하게 된다고 하는 것이 더 정확할 것이다. 이 중 현대 우주와 인간을 지배하는 이치는 앞에서 강조한 바와 같이 상극이다. 상극의 이치는 우주 내 모든 존재들이 상호 대립하고 투쟁하게 하는 근원적 힘이다.[226] 우주 자연적 측면에서 본다면 상극은 선도 아니고 악도 아니다. 단지 우주 변화의 힘일 뿐이다.

이러한 상극의 이치가 지배하는 선천에서 인간의 운명은 이미 어떠한 형태로 발전할지 결정되었다고 볼 수 있다. 즉 우주 내적 존재인 인간도 마찬가지로 우주의 원리에 따라 대립 투쟁하게 된다. 증산 상제는 "선천에는 위무威武를 보배로 삼아 복과 영화를 이 길에서 구하였나니 이것이 상극相克의 유전이라."(『도전』 5:412:2) 라고 분명히 밝혀주고 있다. 상극이 자연에 적용될 때의 상호 극克하는 관계는 '성장'의 힘이 된다. 그러나 그 상극이 대립과 투쟁이라는 극克하는 힘으로 인간과 문명에 작용할 때는 분열 성장하는 문명과 역사의 이면에는 원한과 살기가 넘쳐 나서 참혹한 재앙과 죄악(4:16:3)을 일으키게 된다. 양의 기운이 충만한 우주의 봄에 만물은 차가운 대지를 뚫고 솟아오르는 새싹과 같이 성장의 첫 단계를 마련하며, 인간의 마음도 또한 무한한 욕망의 충족을 위해 탐욕스런 정신과 육체를 주체하지 못하고 분열·성장한다. 증산 상제가 말한 것처럼 여기서 쌓여 가는 것은 살기와 원한 뿐이다.

이처럼 현재 인간이 처해 있는 위기의 원인과 고통의 근거를 증산

226 상극구조로 인한 대립과 투쟁은 만물을 분열·성장케 하는 힘으로 작용한다. 이렇게 분열·성장한 만물은 그 속에 다시 모순이 발생하여 대립 투쟁하게 되고, 그 대립과 투쟁은 새로운 형태의 분열·성장된 자연과 문명으로 전이된다. 상극의 선천에서 모순의 극복은 다시 새로운 모순으로 대체된다. 모순의 악순환 속에서 인류는 진멸지경에 이르게 되었다. 김기선, 「천지굿과 디오니소스 제의」, 271-273쪽 참조.

도에서는 '상극지리相克之理'라는 우주적 이치와 그 이치 내에서 상극적 삶을 야기한 인간의 욕망에서 찾는다. 그렇다면 상극의 이치와 그 이치 속에서의 선천 인간은 어떻게 해서 새로운 운명을 맞이할 수 있을 것인가? 현대를 위기로 규정한 증산 상제는 그 위기의 극복을 어떻게 알려주는가? 여기서 우리는 고통 받는 인간을 구원하려는 증산의 의지와 그 해답은 과연 무엇인지를 살펴보아야 한다.

3) 고통 받는 인간을 구원하려는 증산 상제의 의지와 상생

삼계대권의 주재자이며 인간으로 강세한 상제로서 증산 상제가 예정한 천지공사, 모사재천某事在天으로, 후천을 지배하는 이치가 '상생의 도'로 규정된다면, 상생의 도로 열린 상생의 운수에서 요구되는 것은 바로 인간의 성사재인成事在人, 즉 상생에 따른 실천이다.[227] 우리는 위기의 선천에서, 원과 한의 유전에서, 참혹한 살기와 죽음의 말세에서 인간을 구원하려는 증산 상제의 의지를 '상생'이란 말 한마디에서 충분히 확인할 수 있다. 증산 상제는 "내가 이제 천지를 개벽하여... 선천 상극의 문을 닫고 고해에 빠진 억조창생을 건지려 하노라."(『도전』 5:3:2-3)고 말한다. 즉 이 말은 상극의 운을 끝맺고 상생의 운수를 연다는 것을 선언하는 것이다.[228]

---

227 "선천에는 모사謀事는 재인在人하고 성사成事는 재천在天이라 하였으나 이제는 모사는 재천하고 성사는 재인이니라."(『도전』 4:5:4-5)

228 상극의 이치가 선천을 지배한다는 것은 우주 원리적으로 논증된다.(여기에 대해서는 아래 '상극과 상생—우주 원리적 이해' 참조) 이러한 선천을 살아가고 있는 인간에게 있어서 선을 행하려는 마음이 존재하지 않는 것은 아니다. 우리는 누구나 일상적 삶 속에서 선에 대한 지향과 의지를 갖는다. 그러나 실재로 행해지는 행위는 배타적으로 드러난다. 선하려는 의지가 욕망에 의해 좌절되는 순간이다. 상생에의 의지는 상극의 이치가 낳는 대립과 갈등의 기운에 의해 힘을 발휘하지 못한다. 증산 상제가 상극의 운을 끝맺는다는 것은 이런 측면에서 선경仙境(선경善境)을 건설하는 토대가 된다.

이처럼 상극에서 상생으로 전환되는 것은 우주의 변화이면서, 그 변화를 주재하는 주재자의 의지의 결과이다. 증산 상제는 우주 주재자로서 인간과 자연을 구원하고 모든 생명존재의 살림을 위해 새로운 하늘의 새로운 이치를 상생으로 규정하는 것이다. 우주의 이치를 상생으로 바꾸어 상생의 운을 연다는 것은 선천이 낳은 갈등 대립의 관계를 끝맺고 조화와 통일의 관계를 연다는 것과 같다. 이러한 상생의 운수는 인간 상호 간에 살기와 원한, 욕망의 구조에서 벗어나서 남 잘되게 하는 새로운 실천적 관계를 가능하게 하며, 더 나아가 상호 간에 생명의 길을 열어주어 그 본래성을 찾도록 하는 것이다. 선천 상극의 이치에서 발생하는 대립과 갈등, 살기와 원한은 단지 물질적 측면에서 상대방을 억압하는 것에 그치는 것이 아니라 상대방의 생명성을 억압하는 것에까지 나아가며, 이는 반대로 다시 척이 되어 자신의 생명을 위협하게 된다. 뿐만 아니라 자연과 인간의 본래적 존재성을 분열시켜 통일된 상태에서 벗어나게 한다. 따라서 상극은 윤리적 문제를 넘어 존재의 문제 전체에 영향을 준다.

증산 상제는 스스로 옥황상제(『도전』 6:7:1)이며 천지의 주재자(『도전』 4:58:4)임을 선언하였다. 그리고 이러한 위격을 갖는 자신의 도가 곧 '상생의 대도'(『도전』 2:18:1)라고 하였다. 또한 상생의 대도는 후천 새천지의 새로운 이치이며(『도전』 5:1:6), 이 새로운 상생의 이치로써 억조창생을 구원하고(『도전』 5:3:3) 선경을 열어(『도전』 4:16:6) 선善으로 살아가는 세상을 만든다고 하였다.(『도전』 2:18:3) 이러한 모든 말들은 바로 후천개벽을 통해 인간을 구원하려는 증산 상제의 의지가 상생의 도를 통해 가능하게 된다는 것을 의미한다.

◎ 객망리 : 우주의 주재자이신 삼신 상제님께서 1871년 인간의 몸으로 오신 장소가 바로 객망리客望里(현재명 : 정읍시 덕천면 신월리)이다. 객망리란 '주님을 기다리는 마을'이란 뜻이다. 상제님께서는 마을 뒷산의 이름인 시루봉을 따서 호를 증산이라고 하셨다.

이미 말한 바처럼 상생은 상극과 함께 우주변화의 원리이다. 그런데 왜 증산 상제는 자신의 도를 상극과 상생이 아니라 상생이라고만 하였는가? 증산 상제가 우주의 주재자이며 삼계대권을 가지고 있다면(『도전』 2:74:2), 그리고 스스로 말하고 있듯이 천지일월이라(『도전』 4:111:14)면, 증산 상제는 상생의 도뿐만 아니라 상극의 이치도 자신에 의해서 가능한 이법임을 인정해야할 것이다. 그런데 『도전』에서 볼 때 증산 상제는 "선천은 상극의 이치가 인간과 사물을 맡아 모든 인사가 도의에 어그러졌다."고 말하면서 선천의 이치를 부정적으로 설명한다. 반면에 상생의 도로써 억조창생을 구원할 것이라고 말함으로써 상생에 대해서는 긍정적으로 언급한다. 상극과 상생, 이 양자 모두 우주의 이치로서 우주주재자의 주재원리가 무위이화無爲而化로 드러난 것이라면 이러한 개념의 구분은 비정합적非整合的인 것 같다.

이에 대한 해결을 우리는 인존상제(『도전』 5:1:3)로 강세한 증산 상제의 위치에서 찾아야할 것이다. **인존상제**로서 증산 상제는 상극의 이치가 지배하는 선천에서 **원과 한에 찌들린 인간과 신명을 상생을 통해 구원한다는 의지를 가지고 이 땅에 강세**降世하게 되었고, **천지공사**를 통해서 이를 모사재천하였다. 만일 인존상제의 입장이 아니라면, 또한 인류를 구원하려는 의지가 없다면, 단지 우주 주재자 그 자체로서의 상제, 즉 우주와 하나인 상제에게 있어서 상극과 상생은 그 어느 쪽도 선악의 구별 없이 동등한 이치로 존재한다. 인간의 몸으로 강세한 증산 상제는 상생의 도로써 인류를 구원하려는 의지를 가지며, 그 **의지로 인해 우주의 이치뿐만 아니라 인간의 역사 전체가 상생의 운수로 전환**된다. 만일 **증산 상제가 인간으로 오지 않았다면 선천의 원과**

한은 결코 해소되지 못할 것이며, 따라서 후천의 상생은 우주 원리적으로는 가능하겠지만 인간의 구원까지 가능하게 하는 실천적이면서 적극적인 의미를 갖지는 못할 것이다. **뭇 생명을 살리려는 의지를 갖는 인존상제인 증산 상제에게 상생만이 구원의 방안**이다. 따라서 증산 상제는 자신의 도를 상생의 대도라고 말하는 것이다.[229] 이를 다음과 같이 생각해 볼 수도 있다.

증산 상제는 '상생의 도로 후천을 개벽한다' 라고도 말하며, 한편으로는 '후천을 개벽하여 상생의 운을 연다' 라고도 말한다. 이러한 증산 상제의 말은 상생의 도와 후천개벽이 서로 분리되어 고찰될 것이 아니라는 것을 뜻한다. 즉 상생 없이 후천개벽을 생각하거나 후천개벽 없이 상생을 생각하는 것은 불가능하다는 말이다. 이 두 가지 주장이 아무런 모순 없이 상호 양립할 수 있는 것은 상생의 도가 가지는 이중적 의미 때문이다. 앞에서도 여러 번 강조한 바와 같이 증산 상제가 말하는 상생의 도는 우주원리적 의미를 갖는 것과 동시에 윤리적 의미를 갖는다. 만일 상생의 도를 양의적兩意的 관점에서 바라보지 않는다면 위의 두 명제는 동시에 참이 될 수 없을 것이다.[230] 다시 말해서 **상생**

---

[229] 증산도의 상생사상을 우리는 어떻게 규정하는가? 상생의 실천이 갖는 본질적 의미는 과연 무엇인가? 증산 상제는 "천지의 대덕大德이라도 춘생추살春生秋殺의 은위恩威로써 이루어지느니라."(『도전』 6:62:3)라고 하였다. 이는 가을의 정신을 죽임으로 규정한 것이다. 죽임의 가을에 상생의 대도를 편다는 것은 모순이 아닌가? 그러나 오히려 우리는 역설적이게도 추살 속에서 드러나는 상생의 도가 바로 상생의 실천이 갖는 본질적 의미를 드러낸다는 사실을 발견하게 된다. 죽임의 추살이기에 바로 상생이 요구된다는 것이다.

[230] 우주원리적 관점에서 본다면 상극의 이치에서 상생의 도로 이치가 변화하는 것인데 이는 상제의 주재권능에 의한 무위이화無爲以化(『도전』 2:20:1)이면서 동시에 천지의 자연스러운 필연적 변화이기도 하다. 그러나 인간의 도덕적 관점 혹은 문명적 관점에서 본다면 상극에서 상생에로의 전이는 결코 필연적 흐름이나 무위에 의해 가능한 것이 아니라 천지의 대신문을 연(『도전』 4:2:1) 인존상제의 권능에 의한 유위有爲이다.

의 도로 후천을 개벽한다고 할 때 상생의 도는 상극의 이치와 대비되는 우주 원리로서의 상생을 말하고, 후천을 개벽하여 상생의 운을 연다고 할 때 상생의 운은 개벽된 후천에서 인간의 실천적 규범이 상생임을 뜻한다. 위의 두 명제를 엮어서 하나의 명제로 만든다면 '상생의 대도로 후천을 개벽하여 선으로 살아가는 상생의 세상을 만든다.' 라고 할 수 있다. 이처럼 증산 상제는 우주의 질서와 함께 인간의 역사까지 상생의 운수로 예정함으로써 인간의 구원을 모사재천으로 철저히 준비하였던 것이다.

> 내가 상생의 도로써 만민을 교화하여 세상을 편안케 하려 하나니 새 세상을 보기가 어려운 것이 아니요 마음 고치기가 어려운 것이라. 이제부터 마음을 잘 고치라.(『도전』 2:75:10 – 11)

이 구절은 후천의 선경仙境을 위해 무엇이 가장 중요한 것인지를 밝혀준 것이다. 모사재천으로서 상생의 운수를 여는 것이 증산 상제의 인간사랑, 생명사랑이라면 그 상생의 운수대로 살아갈 수 있도록 인간이 개벽되는 것, 즉 인간의 마음개벽은 후천의 성사재인成事在人이 갖는 의미일 것이다. 마음을 고치는 것은 바로 정신개벽이며 이는 선경仙境을 실현하기 위해 선경善境을 실행하는 것과 같다. 이는 구체적으로 "내가 이제 후천을 개벽하고 상생의 운을 열어 선으로 살아가는 세상을 만들리라."(『도전』 2:18:3)는 말로 표현된다.[231] 삼계대권을 맡아서

즉 의지적 행위인 것이다. 생장염장이라는 우주 1년의 과정을 사의四義로 쓰는 점에서는 무위이화이며, 자연의 필연적 과정이지만, 상극에 가득 찬 문명과 도덕의 위기성을 해소한다는 측면에서는 유위이화有爲以化이며, 의지적 행위의 결과이다.

231 김진 교수는 후천선경을 새로운 도덕적 세계라고 주장한다. 즉 증산은 해원공사를 통해 한 사람의 원한이라도 남김없이 완전하게 해체하여 상생의 세계를 건설하려고 한다고 주장하고 그러한 천지해원공사는 곧 우주적 차원으로 확장되어 후천선경이라

선천을 개벽하여 선경을 도수로 예정한 증산 상제는 제자들에게(인간들에게) "너희들은 오직 마음을 잘 닦아 앞으로 오는 좋은 세상을 맞으라."고 하였다. 마음을 고친다는 것과 마음을 닦는다는 것은 궁극적으로 같은 차원에서 이해될 수 있을 것이다. 물론 뒤에 인용한 구절은 선경을 맞이하는 일심의 경지로 이해될 수 있으나, 동시에 상생의 정신으로의 개벽이란 의미로도 접근할 수 있다.

는 도덕적 세계질서를 창출하는 철학적 토대가 된다고 주장한다. 김진, 『종교문화의 이해』(울산: 울산대학교 출판부, 1998), 163쪽 참조.

3. 선천의 윤리관과 상생사상

여기서 다루려는 것은 증산도 '상생' 이념의 윤리적 의미에 대한 분석이다. 물론 상생은 단순히 인간 사이의 윤리적 관계에서 발생하는 이상적 행위규범으로만 해석되지는 않는다. 그러나 우리는 여기서 증산도 상생사상이 갖는 독특하고 광범위한 의미 속에서 윤리적 의미만 따로 추출하여 그것을 윤리학적으로 검토하려는 것이다. 이러한 작업은 증산도 상생개념이 갖는 도덕적 의미를 체계적으로 드러내는 목적을 갖는다. 상생은 경험적 실천원리이지만 그 실천원리의 근거는 인간 이성(심법)에 대한 근원적 탐색에서 밝혀져야 할 것이다.

윤리학은 도덕의 본질과 근거에 대한 철학적 탐구라고 정의될 수 있다. 여기에서 도덕이란 말은 행위에 대한 가치 판단, 표준, 규칙을 가리킨다. 윤리학의 중요한 목표 중의 하나는 어떠한 도덕적 판단, 표준, 규칙들이 인정될 수 있는 합리적인 근거가 마련될 수 있는가를 알아보려는 것이며, 또 마련될 수 있다면 그것이 무엇인가를 구체적으로 밝히는 것이다.[232] 이는 상생개념을 윤리학적으로 검토하는 일에서도 마찬가지이다.

어떤 행위에 대해 그것이 도덕적이며 그래서 윤리학적 검토가 가능하다고 할 때, 그 행위 자체가 검토되어야 하고, 또한 그 행위의 동기나 의지가 검토되어야 할 것이다. 이 때 중요한 것은 우리가 어떤 규준을 가지고 행위나 행위의 동기를 판단할 것인가, 즉 어떤 도덕 판단을 내릴 것인가이다. 행동, 동기, 그리고 심지어 성품[233]에 관한 판단을 내릴 때 우리는 도덕규범을 적용한다. 도덕규범이란 행위의 규칙이나 행위에 대한 평가의 표준이라고 할 수 있다.[234]

'상생'은 '남 잘되게 하는 행위'와 '살림'이라는 의미를 갖는다. 윤리적 관점에서 볼 때 '상생 하라'는 것은 '남 잘되게 하도록 행위하라', '서로를 살리는 행위를 하라.' 라고 명령하는 도덕적 규범이다. 또한 동시에 이는 모든 행위를 할 때 그 의지가 '상생'의 의지이고, 모든 행위는 그 의지 하에서 발생하여야 한다는 것이다. **이 때 중요한 것은 이러한 상생의 윤리가 모든 윤리적 규범에 앞서는 최상위의 규범인가를 밝**

---

232 Paul W. Taylor, Principles of Ethics, 김영진 역, 『윤리학의 기본원리』(서울: 서광사, 1985), 11쪽.

233 서양의 윤리학적 관점에서 도덕판단을 할 때 그 사람의 성품이, 혹은 인간의 성품이 어떠한가에 대해서는 일반적으로 논외로 한다. 이는 동양철학적 입장에서 인간의 성품에 대한 선천적 규정을 근거로 하여 도덕적 가치를 논하는 것과는 대비된다. 예를 들어 동양철학에서는 인간의 성性에 대한 논의를 전제로 도덕적 행위의 실질적 평가가 가능해진다. 그러나 서양의 윤리학적 입장은 현상적으로 드러나는 행위와 그 행위가 발생할 당시의 의지가 도덕판단의 중요한 근거가 된다.

234 사실 도덕적 규범은 어떤 행동을 할 것인가 아니면 하지 말아야할 것인가를 결정하는 기준이 된다. 우리는 그 규범에 따라 행동양식을 정하고 그 결과에 따라 도덕적이거나 비도덕적이 된다. 그러나 한편 행위의 결과를 가지고 그 행위의 도덕성을 논하기도 한다. 즉 도덕적 규범은 어떤 행위를 하도록 하는 혹은 하지 않도록 하는 행위기준이면서, 동시에 어떤 현상적 행위에 대한 판단의 기준이기도 하다.

히는 것이다. 우리는 이를 우주 자연의 이치를 근거로 해명하고자 한다.

만일 상생이란 개념을 최상의 윤리적 행위규범이라고 한다면, 그것은 상생이 어떤 행위에 대해서도 도덕적 기준이 된다는 것, 즉 행위를 하게 하는 최상 명령이어야 한다는 것을 의미한다. 다시 말해 특정한 행위가 '상생'이라는 도덕규범 혹은 명령에 의한 행위라면 그 행위는 결코 비도덕적이어서는 안 될 것이다. 결국 상생은 모든 윤리적 행위나 의지의 최상의 기준이 된다는 것이다. 상생은 모든 행위를 하도록 하는 도덕적 명령이면서 또한 모든 행위가 발생하게 되는 도덕적 의지라고 하여야할 것이다. 만일 그렇지 않다면 상생은 하위의 도덕적 규범으로 전락하기 때문이다. 우리는 도덕적 가치를 두 가지 기준에서 판단할 수 있는데 그것은 특정한 행위의 결과이거나 아니면 행위의 의지이다. 이 양자의 종합이 바로 상생개념이어야 한다.

1) 이기주의, 공리주의, 이타주의

우리가 어떤 행위를 할 때 그 행위의 동기나 목적이 무엇인가에 따라서 윤리관을 크게 이기주의利己主義, 공리주의公利主義, 이타주의利他主義로 나눌 수 있다. 그렇다면 상생은 그 동기나 목적에 있어서 어떤 윤리관에 속할 것인가. '남 잘되게 하는 것'을 상생이라고 할 때, 이타주의, 즉 남을 이롭게 하는 것이 상생이라고 생각할 수 있을 것이다. 실재로 상생은 이타주의인가, 상생은 이타주의여야 하는가?

이기주의는 말 그대로 자신의 이익을 행위의 유일한 동기로 생각하는 윤리관이다. 이러한 윤리 체계에 의하면 각자의 유일한 의무는 자신에게 좋은 것을 가능한 많이 증가시키는 것이다. 사실 이러한 윤

리관은 인간의 본능으로서의 욕망과 욕망의 충족을 근거로 하는 윤리
관이다. 이기주의 윤리관을 주장하는 사람들은 인간이 이타적으로
행동하는 것 자체가 불가능하다고 말한다. 인간의 본능과 욕망 구조에
서 볼 때 이기적 행위는 필연적이라는 것이다.

일상적으로 인간은 자신의 행위를 통해 자신의 이익을 위함과 동
시에 타인의 이익도 지향해야 한다고 한다. 즉 대부분의 도덕체계는
우리가 이기적이 아니라 비이기적으로 행동할 것을 요구한다. 그러나
이기주의 윤리관이 주장하는 인간의 본성에 관한 이론은 인간은 비이
기적일 수 없다고 말한다. 더 나아가 '이타적'으로 행동하는 것은 비이
성적이라고까지 말한다. 그들에 의하면 순수한 이타주의는 하나의 신
화이며, 그것은 존재할 수 없는 것이다.[235] 그들은 일반적으로 우리가
이타적이라고 생각하는 행동은 실제로는 이타적인 행동이 아니라 단
지 이타적인 것처럼 보이는 행동이라고 한다. 이타적 행동, 즉 비이기
적으로 보이는 행동은 사실 그 동기를 자세히 분석해 보면 그 속에 이
기적 동기가 숨어있다는 것이다.[236]

사실 이러한 이기주의자들의 생각은 우주관에 바탕을 두는 증산

---

235 James Rachels, *The Elements of Moral Philosophy*, 김기순 역, 『도덕철학』(서울: 서광사,
1989), 95 – 96쪽 참조.

236 따라서 이기주의적 윤리관에서는 비이기적 행위의 동기를 다음과 같이 설명한다.
첫째, 행위자는 신을 믿고 또 신의 응징에 대한 두려움이나 신의 보상 때문에 행위한
다. 둘째, 타인의 비난을 피하기 위해서 또는 호평을 받기 위해, 셋째, 다른 사람이 알
지 못하는 경우의 비이기적 행위는 자기고취를 위해서이다. 넷째, 비이기적 행위를 하
지 않았을 때의 수치감이나 불쾌한 감정을 피하기 위해, 다섯째, 이상의 동기가 아니라
면 자신의 무의식적 욕망이나 욕구를 만족시키기 위해서이다.(Pawl W. Taylor, 『윤리학의
기본원리』, 63쪽 참조) 사실 이러한 논증들은 이기주의 윤리관을 합리화하기 위한 논
증들이지만 문제는 이 논증을 위해 동기를 재해석함으로써 실제적 동기가 무시될 수도
있다. 우리는 이 글에서 이기주의의 정당성이나 타당성을 윤리적으로 검토한다기 보다
는 다양한 윤리관의 하나로 설명하고자 하는 것이다.

도의 실천적 관점과 일치한다. 우주의 과정에서 선천 5만 년을 지배하는 이치는 바로 상극의 이치이다. 상극의 이치는 모든 존재를 비본래적 상태로 변화시키며, 인간의 본성을 분열·성장 시키고, 무한한 욕망구조 속에서 행위하도록 규정짓는다. 이러한 원리가 지배하는 상황 속에서 이타주의라는 것은 한계를 갖는다. "삼계가 닫혀 있는"(『도전』 4:6:1) **선천에서 인간의 윤리적 상황 자체도 역시 자신에 닫혀 있음이다. 이기적 닫힘과 욕망에의 구속은 열림을 통한 이타적 마음씀을 불가능하게 한다. 상극의 이치를 윤리적으로 해석한다면 그것은 바로 이기주의로 표현될 것이다.**

우리의 관심은 이기주의 윤리관은 상생적 관점에서 어떻게 해석되는가이다. 지금까지 살펴본 내용상 이 윤리관은 상생과는 거리가 멀다는 것이 분명하다. 오히려 이러한 이기주의 윤리관은 선천 상극시대의 대표적 행위방식을 주장하는 것이다. "세상 사람들은 자기가 먼저 좋아야 남을 생각하는 법이라."(『도전』 3:12:7)라는 말은 이기주의 윤리관의 전형적 표현이다. 그러나 이 때의 가치관은 세상 사람들, 즉 일반대중의 선천적 가치관이지 그것 자체가 증산 상제의 도법은 아닌 것이다. "위무로써 보배를 삼아 복과 영화를 이 길에서 구하였다."(『도전』 5:412:1)는 증산 상제의 말에서 보듯이 선천의 인간의 윤리적 규범은 전형적 이기주의이다. 즉 남을 억누르고 해침으로써 자신의 이익을 얻는 것이 선천의 지배적 가치관이었다. 이를 증산 상제는 선천의 운수자체가 잘못 정해짐으로써 인간이 불의의 세상을 살아가게 되었다고 말한다.

이기주의가 개인의 이익을 목적으로 하는 윤리관이라면, 공리주의는 개인의 이익을 넘어서 다수의 이익을 고려하는 윤리관이다. 공리주의 윤리관은 어떤 행위가 행해질 때 그 행위가 가져올 결과가 나에게가 아니라 다수의 사람에게 산술적으로 가장 최대, 최선의 결과라고 생각될 수 있을 때, 그 행위가 도덕적 가치가 있다는 주장을 한다. 이는 행위의 과정이 갖는 윤리적 가치보다는 그 결과의 양적 크기를 고려하므로 보통 목적론적 윤리체계로 불려진다.[237] 공리주의자에게 있어서 어떤 행위가 옳은가는 그 행위의 결과가 무엇인지를 찾아내고 또 그것이 본래적으로 좋은지 나쁜지를 결정함으로써 알 수 있다. 본래적 가치란 어떤 더 좋은 목적의 수단으로서가 아니라 그 자체로서 가지는 가치를 말한다. 즉 공리주의 윤리관에서 행위의 목적은 본래적 가치이며, 이 본래적 가치는 쾌락이나 행복이다. 여기서 문제는 그 쾌락이나 행복이 누구를 위한 것인가이다. 행위자 자신인가? 아니면 가족이나 친구 혹은 행위자가 속한 계층이나 종족, 국가인가? 아니면 행위자 자신을 제외한 모든 사람인가? 공리주의자들의 대답은 모든 사람의 행복이라는 것이다.

언뜻 보기에 이러한 공리주의의 기본 이념은 바로 증산도의 상생의 윤리관을 연상케 한다. 그러나 공리주의는 넓은 의미에서 볼 때 이기주의 윤리관의 확대이다. 그 궁극 목적은 바로 행위자의 이익을 증대시키는 것이기 때문이다. 또한 행위의 판단기준인 유용성은 정의正義의 원칙과 상호 대립될 수 있다. 공리주의가 다수의 이익을 위한다

---

[237] 현대윤리학은 크게 목적론적 윤리체계와 의무론적 윤리체계로 구분된다. 목적론적 윤리체계는 그 결과의 유용성을 행위의 근거로 삼는 반면, 의무론적 윤리학에서는 행위의 동기, 혹은 행위의 종류가 무엇인가가 중요하다. 의무론적 윤리학에서는 이러한 행위의 궁극적 기준이나 의무의 최고원칙을 도덕법칙이라고 부른다. 따라서 도덕법칙에 따른 행위만이 도덕적 가치를 갖는다. 이 때 그 결과가 무엇인가는 행위를 선택하는 것과 무관하다.

고 하지만 그 다수에 행위의 당사자가 항상 포함된다면 이는 확대된 이기주의일 것이며, 유용성이 그 자체 큰 행복을 낳는다 하더라도 그것이 약간의 부정의라도 포함한다면 이는 부당한 행위일 수 있을 것이다. 따라서 공리주의는 현실적 가능성에도 불구하고 남 잘되게 하는 상생과는 거리가 멀다고 할 수 있다.

또한 공리주의자들에게 있어서 중요한 것은 어떤 행위가 모든 사람들에게, 혹은 최대 다수의 사람들에게 가장 많은 이익을 가져다 줄 수 있는지를 파악하고[238] 그러한 행위를 하는 것이다. 여기서 우리가 알 수 있는 것은 공리주의를 따를 경우 도덕적 행위라는 것이 규정적이지 않다는 사실이다. 즉 공리주의자에게는 어떠한 행위도 그 자체로서 도덕적이지 않다는 것이다.[239] 어떤 행위의 도덕적 가치는 그것이 가져올 결과에 따라 달라지고, 그렇다면 주어진 상황이 어떠한가에 따라서도 달라질 것이다. **공리주의자에 있어서 절대적으로 나쁜 것이나 절대적으로 옳다는 것은 불가능하다. 사실 이러한 공리주의는 상생의 관점과는 양립 불가능하다. 상생은 유동적 기준이 아니라 절대적 근거를 가져야 한다.** 즉 상생적 행위는 언제나 올바른 행위이어야 한다는 것이다. 따라서 후천의 이상적 행위방식으로 우리는 공리주의를 거론하기는 어렵다.

증산도 우주관과 인간관에서 볼 때, 상극이 지배하는 환경에서 인간은 이기주의든 공리주의든 순수하게 애타적이거나 비이기적인 행

---

238 공리주의자는 바로 이러한 행위를 도덕적 행위라고 한다. 만일 그럼에도 이러한 행위를 하지 않고 다른 행위를 한다면 그는 비도덕적 행위를 하는 것이다. 물론 이러한 행위를 어떻게 찾아내는가도 중요하다. 공리주의자는 최대의 이익이 어떤 행위에서 발생하는가를 계산하고 바로 그 행위를 하는 것이 중요하다.(P.W. Taylor, 같은 책, 91-92쪽 참조)

239 Pawl W. Taylor, 같은 책, 92쪽.

위를 할 수 없다는 것을 알 수 있다. 물론 윤리학적 설명근거는 심리적 본성에 관한 것이지만 그 심리적 본성이 자연적 원리에 의해 규정된다면 그러한 윤리학적 주장은 실제로 가능하다. 이타적 행위가 있지만 이는 다른 사람의 이익을 위한 동기에서 생긴 것처럼 보이는 행위일 뿐 그 뒤에는 항상 자기 이익을 추구하고자 하는 자연적 동기가 숨어있다. 그러므로 자기 자신의 행복을 도외시하고 타인의 행복을 위해 행위해야 한다고 말하는 것은 정당화될 수 없다. 증산도에서 말하는 그 불가능성은 바로 삼계의 닫힘에서 찾을 수 있다.(『도전』 4:6:1) **하늘과 땅과 인간이 서로 닫혀있고, 그 우주의 닫힘으로 인간의 마음이 닫혀있고, 존재의 생명성이 폐쇄적인 데서 우리는 열림의 표현인 이타주의를 생각해내기는 어려울 것이다.**

닫혀진 선천은 인간과 인간, 인간과 신명, 인간과 자연의 소통을 불가능하게 한다. 이는 상극적 상황을 의미한다. 서로를 극하는 것은 서로에게 배타적으로 닫혀 있음이다. 이러한 닫힘에서 주어지는 행위방식은 이타가 아니라 이기이며, 애타가 아니라 배타이다. 닫힘은 곧 부정이기 때문이다. 부정적 닫힘의 선천은 시간이 지나면서 극점을 향하고 극점에서 닫혀진 세계는 깨어지게 된다. 그 깨어져 열림의 세계가 바로 후천세계이며, 후천의 존재방식이 상생이다. 우리는 우리의 사회가 좀 더 아름다운 사회가 되기 위해서 필요한 것은 자신의 이익만을 찾는 이기주의적 윤리관이 아니라 타인과 함께 조화롭게 살아갈 수 있는 가치관, 즉 애타주의 내지는 이타주의적 윤리관임을 알고 있다. 따라서 여기서 문제는 이기주의가 주장하는 것처럼 모든 사람은 항상 이기적이고 또 모든 사람의 행위는 자기 이익에 의해 동기 유발된다는 것이 사실인가 라는 물음에 있다.

증산도가 말하는 선천의 이치와 닫혀진 우주는 이러한 물음에 대한 설득력 있는 설명이다. 상극은 그 설명의 핵심개념이다. 이타주의를 통한 건전한 사회가 불가능한 것은 이기적 욕망 때문이다. 무한한 욕망은 무한한 부의 축적, 쾌락을 지향하며 그러기 위해서 서로 대립하고 투쟁할 수밖에 없다. 선천이 유지되는 조건은 바로 만인에 대한 만인의 대립 상태이다. 즉 대립적 조화가 선천의 모습이다. 타인을 배려하는 박애주의나 인본주의, 혹은 선한 도덕심이 사회를 평등하고 조화롭게 하는 것이 아니라, 역설적이게도 타인에 대한 질시와 억압, 폭력과 파괴가 사회의 조화를 유지시켜 준다. 그러나 그러한 조화는 불안전한 조화이며, 이기적 조화이며, 상극적 조화이다. 상극적 조화는 닫힘을 통해서 유지되는 조화이다. 즉 열림을 통해, 상호 보살핌을 통해, 상호 애타적 침투를 통해 조화가 가능한 것이 아니라, 상호간의 견제, 갈등, 억압을 통해 유지되는 조화이다. 증산 상제는 그것을 상극의 이치라는 말로 표현하며, 상극의 이치는 그 자체 선천의 우주를 다스리는 조화법인 것이다.

그렇다면 상극의 이치를 통해 드러나는 이기주의와 반대되는 윤리적 규범을 이타주의라고 부를 수 있는가? 즉 이타주의는 상생의 바탕에서 가능한 대안적 행위규범일 수 있는가? 알다시피 이타적 행위는 타인의 이익은 증진시키지만 자신의 이익을 얼마간 좌절시킬 것으로 예상되는 그러한 행위이다. 대부분의 이기주의자들은 사실 이러한 유형의 행위가 발생하는 것을 인정한다. 문제는 이러한 행위에 대해 이기주의자들은 동기분석을 통해 그것이 진정한 의미의 이타적 행위가 아

니라고 말하는 것에 있다.[240]

이타주의가 불가능하다는 이기주의 윤리학자들의 주장은 받아들일 만하다. 그러나 그 이유가 인간의 심리적 본성인 이기심에서 기인한다는 것은 검증의 문제를 발생시킨다. 이기주의 윤리관을 가진 자들은 그들의 신념으로 인해 타인이 어떤 행위를 하게 될 다양한 행위동기를 부정하고 오직 이기적 동기만 가능하다는 잘못된 전제에서 모든 행위를 판단한다. 이는 결국 이기주의 윤리관의 오류를 이기주의 윤리관의 근거인 심리적 차원에서 찾아낸 것이다.[241]

그러나 사실 이기주의에 대한 반박이 이타주의가 가능함을 증명하는 것은 아니다. 이는 단지 이타적 행위가 불가능하다는 것을 심리적 측면에서 고찰하는 것은 오류라는 사실을 드러낸 것에 불과하다. **이타주의가 불가능하다면 그 이유는 심리적인 것이 아니라 논리적인 것이어야 할 것이다. 그 논리적 근거를 증산도에서는 상극의 이치 속에서 찾는다.**

증산도는 선천과 후천을 우주 원리적으로 구분한다. 그리고 그 구분된 시기는 각자 서로 다른 지배적 이치를 가지며, 그 이치를 통해 만물은 변화한다. 선천의 지배적 이치로서의 상극은 인간의 행위를 상극적 모습으로 규정하며, 따라서 진정한 의미의 이타주의는 그러한 상극

---

240 이기주의 윤리학에 대한 다양한 비판이 제기된다. 예를 들면 이기주의 윤리관은 이기주의적 행동과 자기 이익적 행동을 혼동한다는 것, 그리고 자기 이익적 행동과 쾌락 추구행동 사이의 혼란이 그것이다.(J. Rachels, 같은 책, 107~109쪽 참조) 그러나 이는 근원적 비판이라고 생각하기는 힘들다.

241 그러나 심리적 차원에서 찾는 것은 오류가 있다. 우리는 언제나 심리적으로 착한 일을 하고 남 잘되기를 바란다. 그러나 이러한 심리적 의지는 언제나 인간의 욕망에 의해 좌절된다. 심리적 이유는 다른 거시적 이유인 자연적 차원에서 찾아져야 한다.

의 이치 속에서 불가능하다. 진정한 이타주의의 가능성은 새로운 이치로 개벽된 우주 속에서 주어진다. 증산 상제에 의하면 후천 5만년은 상생의 시대이다. 이 상생의 운수가 열리는 때에 상생의 윤리가 가능할 것이다. 우리는 이를 열림으로 표현한다. 열림의 시대인 후천은 이타적 행위가 가능하며, 그 가능성의 근거는 새로운 우주이법과 인간심법의 개벽에 의해서이다.[242]

이기주의나 공리주의의 한계를 극복한 이타주의 윤리관은 증산도에서 말하는 상생의 윤리관에 좀 더 근접해 있다는 것은 분명하다. 이타주의가 그 관점에 있어서 가장 이상적임에도 불구하고 현대윤리학에 있어서 공리주의가 주목을 받는 것은 그것의 실현가능성과 인간의 본성에 대한 입장 때문일 것이다. 후천의 상생질서 속에서 우리는 진정한 이타주의의 가능성을 확인할 수 있을 것이다.

2) 상생사상의 윤리학적 정초를 위한 시론

윤리적 관점에서 고려한다면 상생은 도덕법칙이다. 이는 어떤 다른 목적에 의해서 정당화되는 것이 아니라, 상생의 이치 혹은 상생의 원리에 따르는 행위만이 정당한 행위라는 것을 뜻하는 말이다. 상생은 인간의 경험적 본성에 근거해서는 안 될 것이다. 왜냐하면 경험적인 근

---

242 상생을 열림으로 표현하는 필자의 생각은 아마도 김지하의 '틈'과 비유될 수 있을 것이다. 김지하는 생명사상의 정초적 이념으로 '틈'과 자유를 들고 있다. "틈은 여유이고 여백이며 관용, 자비요 공경이요 사랑의 요건이다. 서로서로가 틈을 열어주며 남이 자기 안으로 들어 올 수 있는 틈을 열지 않는다면 그리하여 조금은 모자라고 조금은 엉성하고 서투른 그러한 어눌한 인격들이 나타나지 않는다면 모두가 빈틈없고 똑똑하고 눈빛이 번뜩이고 눈에 핏발이 선 활동적 사람들로 가득 찬 이 세상에 어떻게 개인으로 자유로운 삶이 보장될 수 있으며, 어떻게 마음 놓고 이웃과 친교할 수가 있을까?" 김지하, 『생명과 자치』, 177-178쪽.

거를 가질 경우 그것은 우연적이고 상대적일 수밖에 없을 것이기 때문이다. 칸트가 윤리학의 근거를 경험적인 것이 아니라 선천적인 것에서 찾는 것과 동일하다. 즉 상생은 인간의 원래적 본성에 따른 최상의 실천원리로 생각되어져야 한다.[243]

우리는 여기서 선천에서 후천, 상극의 이치에서 상생의 운수로 틀 전환되는 우주의 가을에 맞는 행위규범을 찾고자 한다. 즉 인간의 실질적 행위기준, 혹은 행위법칙으로서의 상생을 칸트의 윤리관과 상호 대비적으로 고찰함으로써 상생이념이 갖는 절대적 윤리성을 밝혀내고자 한다. 그러나 상생을 칸트의 도덕법칙과 동일한 맥락에서 이해될 수 있다고 하더라도 문제는 도덕법칙으로서의 상생을 가능하게 하는 증산도의 심법은 과연 무엇으로 설명할 수 있는가이다. 다시 말해서 칸트에 있어서 모든 도덕적 담론의 근거가 선의지善義志라면 증산도에서 상생의 실천근거는 무엇인가이다. 우리는 이를 일심一心으로 설명할 수 있을 것이라고 본다.

물론 우리는 선의지와는 달리 일심을 인간의 도덕적 의지라고 규정지어 말할 수는 없다. 우리가 천지일심이라고 하고, 천지와 하나 된 마음이라고 할 때 일심은 물론 천지심이며 윤리적 가치판단 이전의 순수심이다. 그러나 이러한 마음에서 나오는 행위를 도덕적 측면에서 고찰할 때 우리는 그 행위의 근거로서 일심을 도덕적 행위의 의지로 보아야할 것이다. 일심은 선악을 초월해 있으며, 일심에서 나온 행위

---

243 그러나 이는 상생이 단순히 인간의 윤리적 본성이라는 단면적 차원에서만 해명된다는 것은 아니다. 증산도의 상생을 다룰 때 우리는 항상 윤리적 의미를 넘어선 더 큰 틀, 즉 우주의 원리 측면을 염두에 두어야 하며, 인간의 행위에 대한 분석은 그러한 틀 속에서 이루어져야 한다. 왜냐하면 인간의 마음은 우주의 이치에 따라 분열되기도 하고 다시 원래의 자리를 찾기도 하기 때문이다.

는 선악의 경계가 없이 행해지며, 천지의 이치에 따르는 자연스런 행위이지만, 이를 도덕적 관점에서 본다면 모든 것의 생명을 살리는 살림이며, 조화와 통일을 벗어나지 않는 행위이다. 사실 일심은 선의지마저도 포함한 심법心法의 절대적 경계이다. 천지와 하나 된 인간의 마음은 천지의 이치에 따라 자연과 같은 무사무욕無私無慾으로 드러나며 그러한 경지의 마음은 바로 일심이다. 이는 곧 일심의 상태에서의 행위는 그 자체 비윤리적일 수 없으며, 이치에서 벗어날 수 없다는 것을 의미한다. 인간의 가장 이상적인 행위를 상생이라고 한다면 그것은 바로 이러한 행위를 뜻할 것이다.

칸트의 윤리학을 보통 의무론적 윤리학 혹은 형식주의적 윤리학이라고 부른다. 의무론적 윤리학은 목적론자와 의견을 달리한다. 의무론자들은 어떤 행동을 옳거나 그른 것으로 만드는 기준은 행동이 낳은 결과의 좋고 나쁨이 아니라 행동의 종류라고 주장한다. 그래서 옳은 행동은 어떤 것인가란 물음에 의무론자들은 "어떤 행동이 의무의 최고원칙에 일치하면 옳다. 그런데 그 의무의 원리 자체는 좋은 결과를 산출하는 문제와 상관이 없다."라고 말한다.[244] 이 의무의 원리를 의무론자들은 도덕법칙이라고 부른다.[245] 의무론적 윤리체계 즉 목적론적 윤리학은 결

---

244 이 말은 의무론자들이 올바른 결과를 원하지 않는다는 말과는 다르다. 의무론자에게 있어서 결과를 위한 수단으로서의 행위가 아니라 행위 자체가 가지는 선을 추구한다는 것이다. 이런 점에서 본다면 상생윤리는 의무론적 윤리체계와 같다. 어떤 목적을 위해서 상생을 실천하는 것이 아니라 상생적 행위 자체에 의미를 두며 그 결과 좋은 결과가 나온다는 것이다. 이 말은 결과에 의해 정당화되는 행위는 그 자체적 선이 아니므로 상생으로 부를 수 없다는 것이다. 예를 들어 거짓말을 해서 어떤 사람을 살릴 수 있다고 해서 거짓말 자체가 도덕적 가치를 갖지 않는 것과 마찬가지이다.

245 칸트는 그의 『도덕철학원론』에서 다음과 같이 말한다. "의무에서 나오는 행위는 행위에 의해서 달성되어야 할 목적에서 도덕적 가치를 찾는 것이 아니라, 행위가 그것에 따라 규정되는 바 준칙에서 가지며, 따라서 그러한 행위는 행위가 실현할 대상의 현실성에 의

국 가장 보편적인 도덕법칙을 생각해내는 것이 중요하다.

칸트에 의하면 도덕적 의무의 근거는 인간의 심리적 본성이나 인간이 사는 세계의 여건에서 찾아서는 안 되고 순수이성의 개념 속에서 찾아야만 한다고 말한다. 즉 도덕규칙이 타당하다고 할 때 그 타당성의 궁극적 기준은 순수하고 선천적이어야 한다는 말이다. 따라서 도덕의 형이상학[246]은 어떻게 궁극적인 기준이 경험적인 고찰이 전혀 없이 선천적으로 확립될 수 있는가를 입증하는 것이다. 그럴 경우에만 그 법칙은 보편적으로 타당한 도덕적 원리가 될 것이기 때문이다.

증산 상제가 말하는 상생의 윤리적 의미는 바로 이러한 것이다. 즉 상생은 경험에서 나오거나 이론적 추론의 결과가 아니라 우주와 인간의 순수 본질이어야 한다. 우주론적 원리로서 상생에 바탕을 두는 것이 상생(실천적)이며, 이 상생의 실현은 모든 경험적 요구가 배제된 심법에서 가능하다. 선천의 상극 이치로 인해 분열 대립된 마음이 대립적 행위를 낳듯이, 후천의 상생에 따른 조화 통일된 마음은 선한 행위를 낳는다. 즉 선천의 상극은 인간의 마음을 상극으로 지배하고 후천의 상생은 인간의 마음을 상생으로 규정한다. 상생은 단순한 심리적 결과도 아니고 우리가 사는 환경의 현상적 결과도 아니다. 상생의 실천은 원리적 차원에서 이해되어야 한다.[247]

존하는 것이 아니라 오직 의욕을 규정하는 원리에만 의존하고 이 의욕의 원리에 따라서 의무에서 나오는 모든 행위는 욕구능력의 모든 대상을 고려함이 없이 일어난다는 것이다." I. Kant, *Grundlegung zur Metaphysik der Sitten*, 정진 역, 『도덕철학원론』(서울: 을유문화사, 1974), 37쪽.

246 칸트는 자신의 도덕철학을 경험적인 것과 완전히 별개의 것으로 입론하면서, 동시에 선천적 근거를 밝힌다는 의미에서 '도덕의 형이상학'이란 명칭을 부여한다.

247 상생하려는 마음은 억지로 남 잘되게 하는 것이나, 생명을 살리려는 의지가 아니라 오히려 상생에서 나오는 행위는 스스로 자연스럽게 그러한 결과를 낳는다는 것이 더

칸트가 자신의 도덕철학에서 가장 중요한 개념으로 생각하는 것은 선의지[248]이다. 만약 선의지가 없으면 우리는 어떤 구체적인 행위가 옳은지, 도덕적 의무가 무엇인지를 알 수 없고 옳은 행위란 개념도 이해할 수 없다. 이는 행위의 의지가 그 행위의 도덕성을 결정한다는 말이다. 이러한 칸트의 생각은 증산도적 관점에서 분명히 사실이다. 증산상제는 꿩을 바치는 행위를 통해 그 사람의 행위를 평가하는 것이 아니라 그 속 마음을 보고 평가하고 있다.(『도전』 3:245:1-6) 즉 그 행위의 의지가 선의지, 남 잘되게 하려는 마음이 아니라 살기를 가지고 있으므로 올바른 행위가 아니라고 평가한다. 실재로 그 행위의 결과는 나쁜 결과를 가져왔다. 이러한 일상적 행위에서 드러난 것뿐만 아니라 행위의 보편적 도덕성에 대해서도 마찬가지이다.

칸트에 있어서 선의지는 절대적으로 선한 것이다. 이 절대적으로 선한 마음에서 나오는 어떤 행위도 비도덕적일 수 없다. 왜냐하면 선의지에 따른 행위라는 것은 바로 도덕법칙에 대한 존경에서 행하는 것이며, 의무 자체를 위한 행위이기 때문이다.[249] **증산 상제가 말한 것처럼 일심이 우주의 이치와 함께 하는 인간의 마음이며, 따라서 일심**

합당할 것이다. 이런 맥락에서 우리는 상생을 일심에서 가능하다고 보는 것이다.

248 칸트에 의하면 선의지善意志는 "세계 안에서뿐만 아니라 세계 밖에서도 일반적으로 어느 곳에서나 무제한적으로 선으로 간주될 수 있는 것"(I Kant, 『도덕철학원론』, 25쪽)이다. 칸트의 『도덕철학원론』(정확히 『도덕형이상학에 대하여』)은 선의지에 대한 분석에서 시작한다. "이성의 진정한 본분은 대체로 다른 의도를 위한 수단으로서 선한 의지가 아니라 그 자체로서 선한 의지를 산출하는 것에 있지 않으면 안 된다."(I Kant, 『도덕철학원론』, 31쪽) 칸트에 의하면 침착, 용기, 지혜, 사려 깊음 등은 무조건 찬미되었지만 선의지의 원칙이 없으면 나쁘게 사용될 수 있다. 사려깊은 악인은 사려가 없는 악인보다 훨씬 위험하다는 것이다.(I Kant, 『도덕철학원론』, 26쪽 참조)

249 H.J. Paton, *The Categorical Imperative*, 김성호 역, 『칸트의 도덕철학』(서울: 서광사, 1988), 63-65쪽 참조.

의 근거는 바로 천지의 이치라면 그 일심에서 나오는 어떤 행위도 우주의 이치에서 벗어날 수 없을 것이다. 여기서 우리는 일심이 모든 인간의 행위가 근거해야 할 마음이어야 한다는 것을 알 수 있다. 그리고 이 일심에서 나오는 모든 행위가 바로 상생적 행위, 즉 남 잘되게 하는 행위이며, 생명을 살리는 행위이다. 이렇게 일심에서 나오는 모든 행위는 그 자체 윤리적 가치를 가진다. 왜냐하면 그러한 행위는 개인적 이익에 의해서가 아니라 우주의 이치에 대한 통찰, 상생의 운수가 알려주는 살림과 남 잘되게 하는 마음 등에 의한 행위이기 때문이다. 우주 가을의 숙살지기肅殺之氣에서 비로소 그 총체적 의미가 드러나는 상생은 우주법칙에 따른 것이며, 성숙된 인간은 이 법칙에 따라 행위한다. 칸트는 법칙에 따른 행위를 의무라고 하며 의무는 법칙에 대한 존경에서 우러나오는 행위의 필연성이라고 한다. 즉 의지를 규정할 수 있는 것은 객관적으로는 법칙 혹은 명령이고 주관적으로는 실천적 법칙에 대한 순수한 존경이다.[250]

칸트의 도덕법칙은 바로 모든 도덕적 행위의 기준이면서 행위원리

---

[250] I. Kant, 『도덕철학원론』, 36－39쪽.
폴 테일러는 칸트의 선의지에 대한 설명을 다음과 같이 세 가지로 요약하고 있다.(Pawl W. Taylor, 같은 책, 121－123쪽 참조) 첫째, 한 개인이 도덕적으로 좋은 사람 즉 선의지의 인간이라고 불리기에 합당하려면 행동의 동기는 전적으로 개인의 성향이나 자기이익과 분리되어야 한다. 선의지의 인간은 의무에 맞게 행위할 뿐 아니라 의무 자체를 위해 행위한다. 이는 그가 옳은 행위를 하는 유일한 동기는 그 행위가 옳은 행위라는 것을 인식하는 것을 의미한다. 둘째, 만약 선의지가 있는 것만으로 어떤 사람을 도덕적으로 좋은 사람이라고 할 수 있는 근거는 무엇인가란 물음과 관련된다. 선의지는 무조건적 가치를 가지기 때문에 그 가치는 어떠한 목적이나 용도의 달성에 의존할 수 없다. 셋째는 선의지의 인간이 갖는 주된 태도는 의무 자체를 위해 그의 의무를 행하려는 동기에 맞는 것이다. 칸트는 그러한 태도란 오직 도덕법칙을 준수하려는 깊은 의무감일 수 있다고 믿으며, 그것을 도덕법칙에 대한 존경심이라 부른다. 그래서 만약 선의지를 가진 사람이 왜 그렇게 행위하는가를 설명하고자 한다면 우리는 그가 도덕법칙에 대한 존경심 때문에 그렇게 한다고 설명할 수 있다.

이다. 칸트는 그것을 법칙 혹은 명령이라고 표현한다. 우리는 칸트의 정언명법으로부터 상생의 도덕적 실천원리를 찾아볼 수 있을 것이다. 칸트의 정언명법, 즉 인간이 도덕적으로 행위할 수 있도록 하는 명령은 간단하게 다음과 같이 요약된다.[251] 즉 내가 어떤 행위를 할 때 그 행위의 기준은 모든 사람들에게도 타당할 수 있어야 하며, 이는 바로 내가 어떻게 행위할 것인가를 타인과의 관계 속에서 설정해야한다는 것을 의미한다. 이는 자연스럽게 타인을 수단으로서가 아니라 목적으로 대한다는 것을 전제한다. 그리고 나는 도덕법칙의 제공자이며 동시에 법칙을 따르는 자이다. 사실 이러한 규칙을 지킨다면 나의 행위는 비도덕적일 수가 없다. 그리고 나와 마찬가지로 타인도 이 규칙을 지킬 때 그 사회는 도덕적 사회가 되는 것이다.[252]

인간 대 인간의 관계를 상생이라고 규정할 때 그 상생적 관계는 이

---

251 첫째 명법은 "너의 의지의 준칙이 항상 동시에 보편적인 법칙수립이라는 원리로서 타당할 수 있도록 행위하라."(I. Kant, 『도덕철학원론』, 79쪽 및 『실천이성비판』, 33쪽) 이며, 둘째 명법은 "너 자신의 인격에 있어서와 같이 다른 모든 사람의 인격에 있는 인간성을 언제나 동시에 목적으로서 사용하고 결코 단지 수단으로서 사용하지 않도록 행위하라."(I. Kant, 『도덕철학원론』, 93-94쪽) 이며, 제 2 명법으로부터 "의지가 자기의 준칙에 의해서 자기 자신을 동시에 보편적으로 입법하는 자로 간주할 수 있도록 행위하라."(I. Kant, 『도덕철학원론』, 103쪽)는 제 3 명법이 자연스럽게 도출된다. 이 명법은 간단히 표현해서 "너의 준칙을 통하여 너 자신이 항상 보편적 목적의 왕국의 법칙을 세우는 구성원처럼 행위하라."(I. Kant, 『도덕철학원론』, 110-111쪽)이다.

252 칸트에 있어서 선의지, 도덕법칙, 도덕적 의무 등은 그 자체 절대적 선을 지향한다. 따라서 "도덕적 의무의 본질이나 의무 수행을 통해 실현되는 인간 삶의 본질은 단지 타인과 공적인 삶을 영위하게 하거나 사회적 유용성이나 공익을 증진하는데 머무는 것이 아니다. 의무의 가치가 절대적이고 영원한 고로, 도덕적 의무의 수행은 인간을 전혀 다른 차원에로 인도한다. 그 차원을 칸트는 예지계라고 한다. 인간은 도덕적 실천을 하는 도덕적 행위자로서 예지계에 속한다."(남경희, 「칸트: 형식주의와 보편주의 윤리, 그리고 그 문제점」, 송호근·서병훈 편, 『시원으로의 회귀』, 서울: 나남출판, 1999, 132쪽) 칸트의 예지계는 도덕적 세계이며, 종교의 세계이다. 그러나 그것은 인간의 한계 내에서 가능한 인간의 세계이다.

러한 칸트적 행위원리를 갖추고 있어야할 것이다. 그러나 상생적 행위
는 이보다 더 나아가 적극적 가치를 지향하고 있다. 나의 행위를 사회
적 관계 속에서 결정하고 타인을 목적으로 대우하는 것 등은 행위가
비도덕적이지 않기 위해서 반드시 지켜야할 것이다. 그러나 남을 잘되
게 하려는 마음이나 생명을 살리려는 마음은 행위가 비도덕적이도록
하는 것을 넘어서 행위가 적극적 선을 창조하는 차원에서 이해된다.
이제 여기서 **증산도적 관점에서 도덕적 행위자가 도덕법칙에 따른 존경
심과 의무에서 행위하는 것을 넘어서 상생의 차원에서 적극적 선을 창
조하는 행위에 대해서 알아보아야 할 것이다. 이는 후천의 새로운 실천
규범으로서 상생이 갖는 의미를 규정**하는 것이다.[253]

후천의 이상적 인간상을 뜻하는 개념을 『도전』에서 찾아볼 때 가
장 합당한 용어는 '대인大人'이다. 『도전』속에서 대인은 다양한 의미로
해석되고, 대인의 심법에 대해서도 이견의 여지가 있을 것이다. 대인
은 유가儒家에서 도덕적으로 완성된 자라는 의미를 갖는다. 즉 대인大
人은 대인자大仁者라고 할 수 있을 것이다.[254] 증산 상제는 "대인을 배우
는 자"(『도전』 8:74:8, 8:4:1), "대인의 도를 닦는 사람"(『도전』 3:245:8)이나 "대

---

253 상생사상의 윤리학적 정초를 마련하는 작업은 대단히 중요하므로 그 자체 독립된
논문의 테마가 될 수 있을 것이다. 이 글에서 우리의 생각은 단지 그 일말의 가능성을
엿보는 차원 이상이 아니다.

254 유가철학에서 특히 맹자의 사상에서 등장하는 대인大人은 군자君子, 성인聖人과
마찬가지로 이상적인 인간상을 의미한다. 유가철학에서 대인을 언급할 때 윤리적 범주
내에서 다루어진다고 보여진다. 그러나 도덕적으로 완성된다는 것은 우주와 만물의 이
치를 벗어나서 가능하지 않다면 대인이 꼭 윤리적 의미로 한정되지는 않을 것이다.(한
국동양철학회편, 『동양철학의 본체론과 인성론』, 서울: 연세대출판부, 1996, 201-203쪽
참조) 즉 주관적인 도덕주체를 언급하지만 반드시 진일보하여 본성과 천도 관념을 그
속에 포함시켜야 하고, 먼저 객관적으로 본성과 천도를 언급하지만 반드시 도덕 심성
으로 회귀하여야 본성과 천도의 내용을 드러낼 수 있기 때문이다. 楊祖漢, 『中庸義理
疏解』, 황갑연 역, 『중용철학』(서울: 서광사, 1999), 111쪽 참조.

인 공부를 하는 사람"(『도전』 3:260:3) 등의 표현을 사용하였다. 이 때의 대인은 모두 인간생명의 근본을 찾는 사람이며, 정신을 개벽하려는 자이며, 심적 원시반본을 통해 일심을 찾으려는 자, 천지의 이치를 깨달아 우주의 마음자리를 찾는 자로 이해된다.

증산 상제는 "대인을 배우는 자는 천지의 마음을 나의 심법으로 삼고 음양이 사시로 순환하는 이치를 체득하여"(『도전』 4:95:11) 천지심에서 일심을 찾는 경지로 나아가야 한다고 하였다. 우리는 여기서 대인을 공부하는 자의 심법은 바로 일심이며, 일심을 가진 대인은 우주의 이치를 체득한 자임을 알 수 있다. 다시 말하면 천지의 마음과 일치하는 일심을 가진 그는 천지의 이치를 체득하여 천지의 이치에 따르는 자로 이해된다. 대인은 우주의 이치를 상생의 도로서 터득한 자이며, 이러한 상생의 도를 인간과 신명의 관계에서 실천할 줄 아는, 즉 상생의 도에 따라서 행위하는 자이다.[255]

구체적으로 증산 상제는 "대인을 공부하는 자는 항상 남 살리기를 생각하여야 한다."(『도전』 2:75:12)고 함으로써 대인의 심법에서 나오는 상생적 행위를 지적해주고 있다. 대인은 곧 상생의 이치를 실천으로 터득하여 보여주는 자이어야 한다. 그러나 이러한 증산의 말은 대인의 경지가 윤리 실천적 차원에 한정되어 이해되어야 하는 것을 말하는 것이 아니다. 사실 우리의 이러한 주장은 상생의 도에 따라서 행위한다는 것이 가지는 특수한 의미를 지적하는 것이다. 대인의 경지는 천지

---

[255] 여기서 상생과 원시반본의 관계를 규정할 수 있다. 상생의 마음은 일심 이며, 일심은 천지심이며 순수심으로 분열·성장하기 이전의 원래의 마음을 말한다. 따라서 상생의 마음은 곧 마음의 원시반본을 이루어 후천 개벽기에 인간과 신명을 살리는 근원적 마음이다. 우리는 상생의 실천을 통해서 원시반본의 새로운 측면을 이해활 수 있다.

의 이치를 깨달음으로써 그의 모든 행위가 실천 윤리적 측면에서 한 치의 어긋남도 없는 경지로 이해된다. 즉 대인의 경지를 전적으로 단순히 인간이 갖게 되는 윤리적 심성으로 설명하려는 것은 아니다. 윤리적 인간에 한정된 경지가 아니라 인간과 자연과 신명 전체에 확장된, 아니 우주의 이치에까지 그 경계가 확장된 심법에 대해서 말하려는 것이다. 이는 인간 대 인간의 상생 윤리적 심성을 포함하지만 거기에 한정된 것이 아니라 오히려 우주 원리의 깨달음에서 윤리적 심성을 발휘하는 것을 의미한다.[256]

---

[256] "너희들은 어디를 가든지 누구를 해하지 말고, 남의 험담을 하지 말고 원형이정元亨利貞으로 나가거라."(『도전』 8:31:1) 여기서 말하는 원형이정이란 행위가 우주의 이치에 맞도록 하는 것을 의미할 것이다. 이는 "내가 어디를 가더라도 원형이정元亨利貞으로 성경신誠敬信 석 자를 일심으로 지켜 수행하라."(『도전』 11:248:3)는 구절과 "원형이정에 두 길이 있으니 곧 공功은 닦은 데로 가고 죄는 지은 데로 가는 것이라."(『도전』 11:198:1)라는 구절에서도 확인이 된다. 여기서 우리는 원형이정의 정신이 행위에 있어서 이치(우주법도)를 벗어나지 않는 행위(상생)와 상관적으로 이해되어야 함을 알 수 있다. 즉 "모든 일을 천도이성天道理性으로 행하여야"(『도전』 8:31:2) 한다는 것은 행위의 규범을 천도에서 찾음, 즉 원형이정에서 찾음으로 이해된다.

4. 증산도의 상생사상

이제 여기서는 상생사상이 갖는 전체적 의미를 고찰하려고 한다.
상생은 후천개벽의 전제조건이면서 지배원리이다. 증산 상제는 "상생
의 도로써 선경仙境의 운수를 연다."(『도전』 4:16:6)고 하였다. 후천이 개
벽되고 선경이 열리는 것은 상생의 이치를 통해서 가능하다는 것이다.
이 말은 상생의 이치는 바로 후천개벽의 전제가 된다는 의미이다. 후
천의 전제조건인 상생은 그 후 선경의 전체적인 지배원리로서 작용한
다. 또 증산 상제는 "내가 이제 **후천을 개벽하고 상생의 운을 열어** 선으
로 살아가는 세상을 만들리라."(『도전』 2:18:3)고 말한다. 이 구절에서는
후천을 개벽한 후 상생이 지배하는 세상, 즉 선으로 살아가는 도덕적
인 세상을 만든다는 의미로 이해된다. 다시 말해 상생은 후천을 지배
하는 이법이 된다는 것이다. 이러한 내용은 증산사상이 갖는 부정합
성을 나타내는 것이 아니라 상생 사상이 갖는 총체성을 지칭하는 말
이다. 상생의 도로써 선경을 연다는 구절에서 상생은 바로 우주의 이

치를 의미한다. 그러나 개벽된 우주의 상생의 운은 바로 모든 존재자들의 존재원리와 실천규범에 대해서 말하는 것이다.

증산 상제는 상생의 도로써 후천을 개벽하였다. 이는 우주의 이법이 상극에서 상생으로 전환된다는 것이며, 이는 달리 말해서 우주의 주재자로서 증산 상제가 새로운 이법으로 우주를 개벽한다는 말이다. 우리는 여기서 두 가지 의미를 발견한다. 첫째는 우주의 이치를 새롭게 바꾸는 '모사재천謀事在天'의 사실이고, 둘째는 그렇게 바뀐 우주의 이치 속에서 인간과 신명이 모두 정신개벽하여 상생의 세상을 만드는 '성사재인成事在人'이다.

1) 상극과 상생 ― 우주 원리적 이해

우리는 상극과 상생의 그 철저한 대비적 의미를 다음의 『도전』구절에서 확실히 이해할 수 있을 것이다.[257]

> 이제 예로부터 쌓여 온 원寃을 풀어 그로부터 생긴 모든 불상사를 소멸하여야 영원한 화평을 이루리로다. 선천에는 상극의 이치가 인간 사물을 맡았으므로 모든 인사가 도의道義에 어그러져 원한이 맺히고 쌓여 삼계에 넘치매 마침내 살기殺氣가 터져 나와 세상에 모든 참혹한 재앙을 일으키나니 그러므로 이제 천지도수를 뜯어고치고 신도神道를 바로잡아 만고의 원을 풀며 상생의 도道로써 선

---

257 상극과 상생은 동양철학에서 우주의 변화를 설명하는 개념이다. 우주는 목화토금수라는 다섯 가지 원리와 이 원리들이 상호 극克하고 생生함으로써 생성 소멸한다. 완전한 상극만으로 혹은 완전한 상생만으로는 우주의 변화를 설명할 수 없다. 증산 상제가 선천과 후천을 각각 상극과 상생의 이치로 규정한 것은 각 시기의 지배적 원리를 말한 것이다. 즉 선천이 상극의 이치라는 것은 선천의 모든 존재 관계가 상극이라는 것이 아니라 상극의 기운을 받아 인사와 사물이 서로 조화되지 못하고 대립되어 있다는 것을 의미한다.

경을 열고 조화정부를 세워 함이 없는 다스림과 말없는 가르침으로 백성을 교화하여 세상을 고치리라.(『도전』 4:16:1-7)

여기서 우리는 선천의 상극과 반대되는 개념이 바로 후천선경을 가능하게 하는 상생이라는 것을 다시 한 번 확인할 수 있다. 즉 상생의 대도와 상극의 이치는 서로 반대되는 이치이다. 선천의 상극지리는 만물을 상호 대립하고 갈등하게 하여 상호 극한 기운을 통해 분열함으로써 성장 발달하게 하는 기운이라면, 후천의 상생지도는 대립이 아니라 조화이며 갈등이 아니라 화해의 근원이 되는 이치이다. 이는 상호 서로 살림을 통해 조화 통일되는 기운이라고 할 수 있을 것이다.[258]

그렇다면 상극의 이치와 상생의 이치는 과연 천지와 인간에게 어떤 영향을 미치게 되며 그 이유는 무엇인가. 그리고 그렇게 선천과 후천에 우주 자연의 이치가 바뀌는 것은 무엇 때문인가? 아니 반대로 어떻게 우주의 이치가 바뀌게 되고, 그렇게 이치가 바뀐 시대를 구분하여 선천과 후천이라고 하는가? 엄격하게 말해서 선천에서 후천으로의 개벽은 우주의 원리에 의한 우주론적 개벽과 천지공사를 통한 천지개벽, 그리고 인간의 실천에 의한 심법 개벽 등 다양하게 구분해서 설명할 수 있다. 여기서 우리가 논의하고자 하는 것은 이 중 첫 번째 개벽, 즉 우주의 필연적 과정으로서의 후천개벽에 대해서이며, 특히 상극과 상생의 우주론적 관계에 대해서이다.

개벽 혹은 후천개벽, 천지개벽이란 말은 증산 상제에 의해서 사용될 때 넓게 본다면 모두 같은 의미를 갖는다. 이 중 후천개벽이란 말이

---

[258] 선천은 음이나 양 어느 하나에 치우친 시대, 특히 양이 음을 지배하는 억음존양의 시대였다면, 후천은 음과 양이 조화를 이룬 정음정양, 음양동덕의 시대이다.

천지와 인간의 구원과 관련해서 좀 더 정확한 표현이라고 할 수 있다. 이 후천개벽 속에는 천지개벽, 정신개벽, 개벽공사, 심법개벽 등의 내용이 포함되어 있다. 상극과 상생의 우주론적 전환을 의미하는 개벽은 이중 천지개벽으로서의 후천개벽이다. 증산 상제의 개벽이란 말을 살펴보면 두 가지 서로 구분되는 의미를 찾을 수 있다. 하나는 "개벽시대를 당하여"라는 표현에서 나타나는 개벽의 의미이고, 다른 하나는 "삼계대권을 주재하고 조화로써 천지를 개벽하여"라는 표현에서의 개벽의 의미이다.

전자는 "이제 온 천하가 대개벽기를 맞이하였느니라."(『도전』 2:42:1), "이제 말세의 개벽 세상을 당하여"(『도전』 2:15:3), "그러므로 이제 개벽시대를 당하여 원시로 반본되는 고로"(『도전』 2:37:4) 등의 『도전』구절에서 유추할 수 있는 개벽의 의미로서, 이는 개벽의 우주론적 필연성에 대한 언급이라고 할 수 있다. 이와 반면에 후자는 "내가 삼계대권을 주재하여 조화로써 천지를 개벽하고… 선경을 건설하려 하노라."(『도전』 2:12:2), "내가 하늘과 땅을 개벽하여 후천 5만 년의 무궁한 운수를 열어…"(『도전』 2:14:4), "내가 이제 후천을 개벽하고 상생의 운을 열어 선으로 살아가는 세상을 만들리라."(『도전』 2:15:3), "내가 삼계대권을 맡아 선천의 도수를 뜯어고치고 후천을 개벽하여…"(『도전』 2:74:2) 등에서 말하는 개벽으로서 인존상제의 의지에 의해서 이루어지는 개벽의 의미로 이해된다. 이 절에서 우리의 관심은 전자에 있다.[259]

---

259 여기서 우리는 증산 상제가 말하는 개벽은 모두 우주의 주재자와 무관하지 않다는 것을 인식해야 할 것이다. 자연의 질서 개벽으로서 후천개벽은 우주의 절대적 주재자에 의해서 이루어지며, 문명질서 개벽은 인존상제인 증산 상제에 의해서 이루어진다. 증산도에 의하면 이 양자는 서로 다른 존재가 아니다. 전자가 주재하는 우주는 가치중립적이며, 상극 상생의 전환 또한 가치중립적이라면, 후자에서 말하는 상극 상생

전자의 의미로서 상생(相生之道)은 상극(相克之理)과의 관련 하에서 다루어지며, 이는 우주론적 논의를 필요로 한다. 사실 상생과 상극이란 말은 원래 오행이라는 우주의 근원적 요소들의 상호관계를 표현하는 말이었다. 동양철학에서는 우주변화의 근본원리를 음양陰陽으로 보았으며, 이 음양은 다시 목화토금수木火土金水라는 다섯 가지 근본적인 요소, 즉 오행五行을 통해 작용하게 된다.[260] 이 때 목화토금수라는 다섯 가지 요소로서 오행의 상호 관계를 우리는 상극의 측면과 상생의 측면에서 고찰할 수 있다는 것이다. 이러한 우주의 변화원리를 음양오행법칙陰陽五行法則이라고 한다.[261] 음양오행설에 의하면 우주가 변화하는 상태는 사실상 음양운동이고 이 음양운동을 좀 더 구체적으로 보면 그것은 오행운동이라는 것이다.[262]

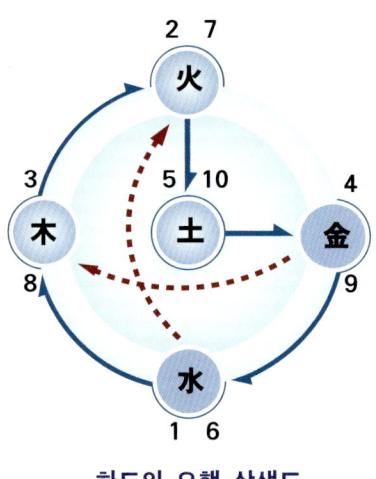

하도의 오행 상생도

의 전환은 가치중립적인 면과 함께 선악의 판단이 분명한 측면을 갖는다. 즉 후자에서의 상생은 인간의 실천적 측면을 포함한다. 전자의 우주론적 개벽을 우리는 김일부와 한동석의 주장에서 알 수 있고, 후자의 개벽의 의미는 증산도의 진리(증산도 사상)를 통해서 알 수 있을 것이다. 증산 상제는 우주원리의 주재자이면서 동시에 우주 내 생명 존재의 구원자이다. 인존상제로서의 증산 상제는 후천을 통하여 인간을 구원하려는 것이며, 이는 해원을 통해 상생의 운수를 여는 것이다.

260 김용옥은 음양을 인식의 원리로, 오행을 대상의 원리로 본다. 즉 오행은 만물을 낳게 되는 근원적 원리이며, 음양은 그러한 오행의 세계를 설명하는 원리이다.(김용옥, 『기철학산조』, 서울: 통나무, 1997, 57-58쪽) 따라서 음양오행은 우주의 생성변화를 설명하는 기본원리라고 할 수 있을 것이다.

261 한동석, 『우주변화의 원리』, 49-50쪽.

262 한동석, 『우주변화의 원리』, 50쪽. 오행伍行이란 말은 우주의 다섯 가지 기본원질이란 의미에서 오伍이며, 행行이란 것은 이 다섯 가지 원질이 분합운동分合運動을 한다는 것을 의미한다. 오행운동은 분합운동이기 때문에 양陽운동의 과정인 목화木火에

그렇다면 오행의 상극과 상생은 무엇인가? 상생이란 오행의 상호 관계에 있어서 생生하는 관계를 의미한다. 즉 수水는 목木을 생生하고, 목木은 화火를 생生하고, 화火는 토土를 생生하고, 토土는 금金을 생生하고, 금金은 수水를 생生하는 관계를 오행의 상생관계라고 한다. 이에 반해 상극은 오행의 상호 관계에 있어서 서로 극克하는 관계를 말한다. 즉 수水는 화火를 극克하고, 화火는 금金을 극克하고, 금金은 목木을 극克하고, 목木은 토土를 극克하고, 토土는 수水를 극克하는 관계를 오행의 상극 관계라고 한다.[263] 앞에서도 본바와 같이 이러한 오행의 운동은 음양의 상호 작용에서 기인한다. 음양은 상호 극克하면서 운행하는 것이고, 이 음양의 상극 관계에서 우주가 변화하게 된다. 따라서 상극은 우주의 절대적 요구인 필요극이며 필요악인 것이

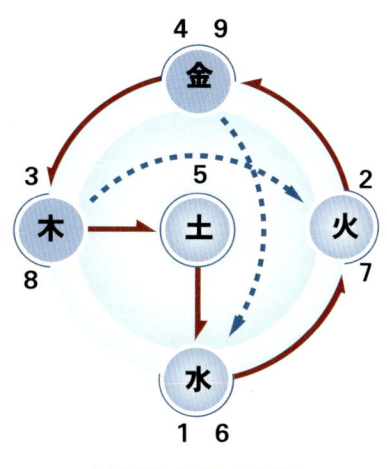

낙서의 오행 상극도

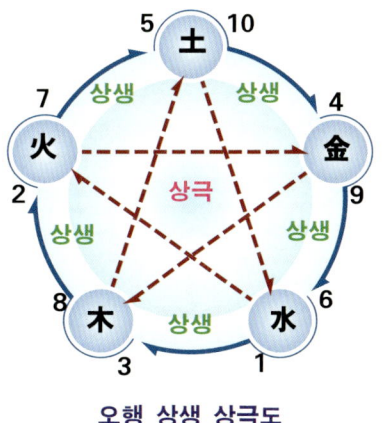

오행 상생 상극도

다.[264] 상생이 만물을 살리는(낳는; 生) 이치라면, 상극은 만물을 기르는

서는 분산分散하고, 음陰운동의 과정인 금수金水에서는 종합綜合되는 것이다. 한동석, 『우주변화의 원리』, 51쪽 참조. 및 박재주, 『주역의 생성논리와 과정철학』(성남: 청계, 1999), 335쪽.

263 한동석, 『우주변화의 원리』, 84–89쪽 참조.

264 한동석, 『우주변화의 원리』, 88쪽 참조. 이 때 양이 태과하면 양의 시대, 분열·성장

(養) 이치라고 할 수 있다. 이러한 낳고 기름은 모두 존재의 본성을 드러 내는 데 있어서 없어서는 안 되는 필연적 단계이다.[265]

증산 상제가 '선천은 상극의 이치'라고 규정하였을 때 이는 선천의 모든 변화가 오행에 있어서 상극 관계에 의해서만 이루어진다고 말하

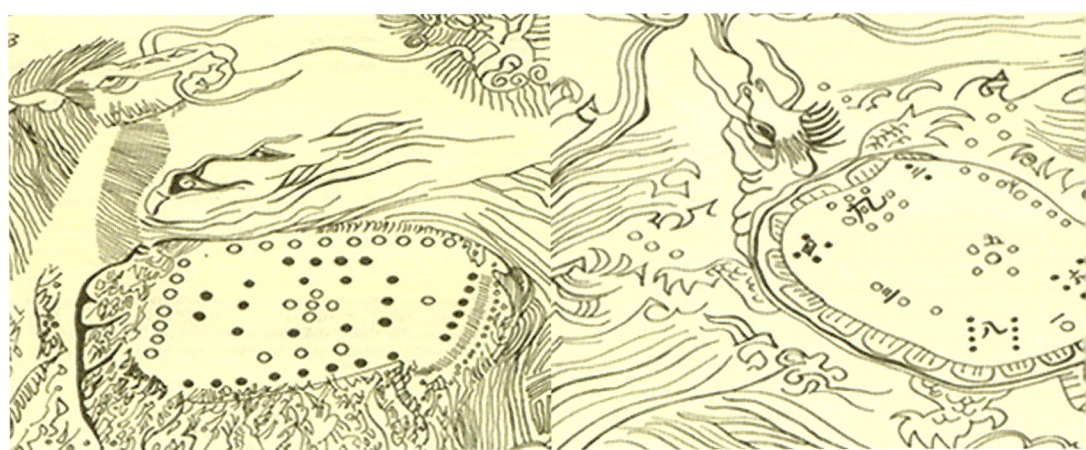

●**용마하도와 신귀낙서** : 하도는 6천 년 전에 복희씨가 황하강에서 용마의 등에 비치는 상을 보고 정리한 것이며, 낙서는 4천여 년 전에 우임금이 낙수에서 치수 사업을 하던 중 영묘한 거북이 등에서 빛나는 형상을 보고 도표화한 것이다. 흔히 하도는 '우주 창조의 설계도'이며 낙서는 '인간 역사가 후천을 향해 진화해가는 원리'를 담고 있다고 한다.(안경전, 『증산도의 진리』, p. 160 참조)

하는 시대이고 음이 태과하면 음의 시대, 수렴·통일하는 시대가 된다.

265 앞에서 본 바와 같이 오행의 상극 관계는 수화금목토의 순으로 운행하고, 상생관계 는 수목화토금의 관계로 운행한다. 그런데 이러한 상극과 상생의 관계 외에 또한 상모 相侮(능멸하는 관계) 관계와 상모相母 관계가 있다. 우리는 상모相侮 관계가 상극 관계 의 반대 관계이고(즉 수극화水克火에서 화모수火侮水, 화극금火克金에서 금모화金侮 火, 금극목金克木에서 목모금木侮金…), 상모相母 관계가 상생 관계의 반대 관계(즉 수 생목水生木이 목모수木母水, 목생화木生火가 화모목火母木…)임을 알 수 있다. 즉 상 극 관계에서 상모相侮 관계가 나오고, 상생 관계에서 상모相母 관계가 나오게 된다. 여 기서 우리는 아주 중요한 것을 알 수 있다. 상모相侮 관계는 상극의 대립이 더욱 발전하 여 투쟁의 단계에까지 나아간 것이며, 상모相母 관계는 상생의 생성生成에서 더욱 발 전하여 생장生長하여주는 것이다. 그러나 여기서 주의해야 할 것은 상극相克, 상모相 侮, 상모相母가 모두 악의적인 관계로 해석되어서는 안 된다는 것이다. 즉 이 극모모克 母侮의 관계는 모든 존재자들을 분열·성장하고 조화롭도록 하는 것이지 결코 상호 악의 적惡義的인 관계는 아니다. 한동석, 『우주변화의 원리』, 89−91쪽 참조.

는 것이 아니며, '상생의 운'으로 후천을 연다는 말도 후천 전체의 변화가 오행의 상생 관계에 의해서 전적으로 설명된다는 의미로 이해되어서는 안 될 것이다. 상극과 상생이란 개념은 동양철학에서 우주의 변화를 설명하는 원리로도 사용되었다. 이미 오래 전에 동양의 성인(복희와 문왕)들은 천수상天垂象하는 모습을 통해서 우주의 모습을 원리적으로 표현하였는데 이것이 『주역』의 기초가 되는 하도河圖와 낙서洛書이다. 일반적으로 낙서는 상극적 운동을 나타내는 상象(선천팔괘도, 복희팔괘도)이라고 하며 하도는 상생의 우주운동을 묘사하는 상象(후천팔괘도, 문왕팔괘도)이라고 한다.[266] 즉 "하도는 천지의 이상향을 찍어 놓은 청사진이며 낙서는 이 꿈을 향해 가는 인류의 고달픈 행군의 과정이다."[267] 증산 상제는 일찍이 "천지의 모든 이치가 역에 들어있다."(『도전』 2:20:5)고 하였으며, "주역을 보면 내 일을 알리라."(『도전』 5:248:6) 라고 하였다. 이는 우주의 변화원리를 주재하는 주재원리가 하도와 낙서에 의해 알려지고 그것을 통해서 선천과 후천이 상극과 상생의 이치로 존재함을 이해하게 된다.

증산 상제가 '상극지리'와 '상생지도'라고 할 때 그 때의 '상극'과 '상생'은 동양철학에서 우주의 변화를 설명하는 상극과 상생의 의미와 상관적으로 이해될 수는 있지만 동일한 것으로 생각해서는 안 된다.[268] 선천과 후천의 변화와 상극 상생의 관계를 한동석의 우주론에

---

266 박재주, 『주역의 생성논리와 과정철학』, 162쪽 및 336쪽.

267 안경전, 『증산도의 진리』, 166쪽.

268 최동희 교수는 「解冤의 倫理的 意味」(『甑山思想硏究』11輯, 증산사상연구회편, 1985)에서 다음과 같이 말한다. "원을 푼다는 것과 상생의 원리 사이에는 깊은 관계가 있다. 여기서는 상생의 원리를 풀어 말할 수 없으므로 다만 상생의 생生이 살릴 생자生字라는 것만을 말하는데 그친다. 그러한 점에서 저 오행설伍行說에서 말하는 상생과 매우 다르다. 오행설에서 말하는 상생은 어디까지나 일방적으로 예컨대 '목木이 화

따라 다음과 같이 설명할 수 있을 것이다.

선천에서 후천으로의 전환은 기울어진 지축이 바로 섬으로써 가능하게 된다. 그런데 지축이 기울어지고 바로 섬은 천지간天地間에 존재하는 모든 존재자들에게 결정적인 영향을 미치게 된다. 증산 상제는 선천을 하늘만 높이고 땅은 높이지 않은 양陽의 시대라고 규정하고 있다. 이 양의 시대에 모든 만물은 양기운을 받아 분열·성장하게 된다. 이러한 선천의 양기운은 바로 지축의 경사에 기인하는 것이다. 그런데 선천에 이 양기운이 과하게 된 것을 한동석은 『우주변화의 원리』에서 자세히 원리적으로 설명하고 있다. 현재 지구의 지축이 동북방향으로 기울어졌다는 것은 과학적 사실이다. 그 결과 모든 우주운동은 삼천양지작용三天兩地作用을 받게 된다.[269] 즉 이는 북극이 경사傾斜져 있기 때문에 일월성신日月星辰도 그와 같이 경사지고, 지구를 비롯한 모든

火를 생생生生한다'고 보기 때문이다. 거꾸로 '화火가 목木을 생생生生한다'고 볼 수는 없고 오히려 '불은 나무를 이긴다'고 보아야 한다. 이러한 점에서는 오행설의 상생도 거꾸로 보면 일종의 상극이라고 볼 수 있다.… 상생은 서로의 관계일 뿐이다. 곧 새 시대의 상생은 서로 '서로가 서로를 살리는 일'을 뜻할 뿐이다."(최동희, 같은 책, 109 - 110쪽.) 길게 인용하였지만 요점은 간단하다. 즉 오행의 상생은 일방적 관계인데 반해서 증산도의 상생은 상호관계라는 점에서 서로 다르다는 것이다. 이러한 해석은 상생에 대한 일면적 이해 즉 윤리적 이해에서 비롯되었다.

269 삼천양지운동이란 양작용이 3/5이고 음작용이 2/5가 되는 것을 말한다.(한동석, 『우주변화의 원리』, 387쪽) 이에 대한 자세한 설명은 다음과 같다. "천체의 기본은 북극이다. 북극은 물로써 구성되어 있으므로 이것을 감坎이라고 한다. 그런데 지금의 북극은 동북으로 경사져 있다. 북극이 동북으로 경사졌다는 말은 바로 인력의 과강過强, 즉 태과太過를 의미한다. 다시 말하면 북극은 정상적인 감의 작용을 하여야만 하는 것인데 북극이 경사졌기 때문에 태과太過 즉 비정상적인 과강현상을 나타내게 되는 것이다. 그러므로 천체는 북극을 중심으로 28수宿가 나열되어 있는데 그 중에 16수宿는 북극에 모여 있고 12수宿만이 남극에 배열되어 있다. 그런즉 이것은 북극의 인력상태가 태과太過한 것을 의미하는 것이지만 감의 태과는, 즉 리離의 과항過亢을 의미하는 것이다. 그러므로 이와 같은 결과는 모든 우주운동으로 하여금 삼천양지운동을 하게 하는 것이다.(한동석, 『우주변화의 원리』, 301쪽)

우주만물도 다 그렇게 되어 있다는 것이다. 따라서 만물은 삼천양지운
동을 할 수밖에 없다는 것이다.[270]

한동석의 주장에 따른다면 이러한 우주의 현상은 선천이 왜 양의
시대이고 이 양의 시대가 왜 상극의 시대인가를 알려준다. 양은 곧 발
산하는 힘, 분열·성장하는 힘이다. 이러한 힘은 만물이 서로 극克하려
고 하는 원인이 된다. 즉 선천의 만물은 상호 균형을 이루려는 것이 아
니라 서로를 이기려고 하는(극克하는) 운동을 하게 되는데 이는 선천의
우주 환경으로 인한 필연적 결과라는 것이다. 따라서 선천의 양의 태
과太過는 선천의 모든 존재자들이 상호 극克하게 되는 근본적인 원인
이 된다. 이를 증산 상제는 "선천은 상극의 운"(『도전』 2:17:1)이라고 표현
하는 것이다. 그리고 이 상극의 운의 원인을 우주 원리적으로 지축의
경사에서 설명할 수 있다. 증산 상제는 지축이 경사되어 모든 것이 근

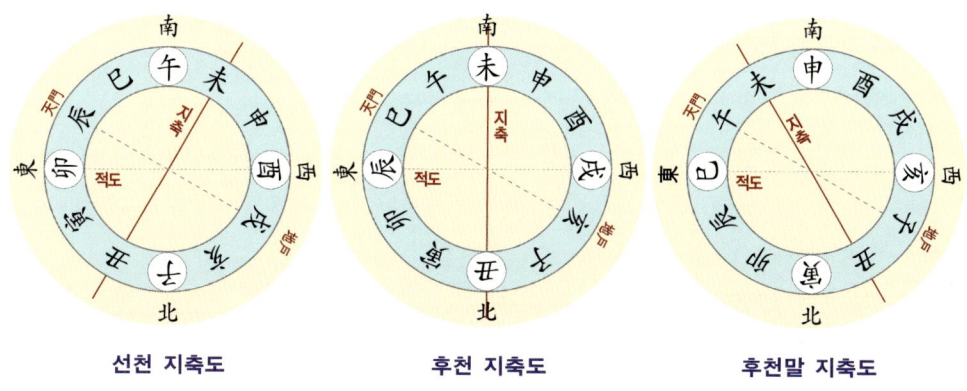

선천 지축도　　　　　　**후천 지축도**　　　　　　**후천말 지축도**

●**선후천 지축도** : 우주 1년의 시간변화는 지축의 기울기와 바로섬에서 생겨난다. 선천에는 진술축미의 토
土자리가 23.5도 기울어져 삼양이음의 음양 부조화가 생겨나게 되고, 그 결과 상극의 이치가 지배한다. 그러나
후천이 되면 진술축미의 토자리가 정위에 오게 되어 정음정양으로 음양의 조화가 이루어지며 상생의 세상이
도래한다.

270 한동석, 『우주변화의 원리』, 301쪽.

본적으로 비뚤어진 선천세계를 "선천은 상극의 운"이며, "억음존양의 시대"(『도전』 2:52:1, 사실 이 구절은 윤리적 의미를 내포하는 것이지만 이는 삼천양지운동에서 기인하는 것이다)라고 표현하며 이는, "천지도수와 음양이 고르지 못한"(『도전』 11:179:3) 시대 등으로 설명될 수 있다. 후천의 우주적 상황이 이러하다면, 이러한 우주의 이치에서 발생하는 상극 기운은 바로 척이며, 원이며, 살기 등으로 나타난다. 즉 선천은 곧 배타의 시대이며, 죽임의 시대이다. 이러한 상극의 반대를 우리는 상생이라고 한다.

상극의 운에서 상생의 운으로의 전환은 지축의 바로 섬에서 가능하다. 지축이 선다는 것은 지축의 경사로 인한 양의 태과太過상태를 벗어나서 양과 음이 동등한 작용을 하게 된다는 것을 의미한다. 즉 증산 상제가 말한 바 "정음정양"²⁷¹이 된다는 것이다. 이 때는 음과 양의 작용이 동등하게 되고 우주가 가장 정상적인 운동을 하게 된다.²⁷² 그리고 지축이 바로 섬으로써 정음정양이 되고, 우주가 정상적인 운동을 하게 되는 개벽을 증산도에서는 후천개벽²⁷³이라고 하는 것이다. 이러한 후천의 정음정양의 우주는 우주 내 모든 생명존재를 살림의 길로 인도한다. 즉 우주와 우주의 이치가 조화롭다는 것은 그 우주 내 생명

---

271 증산 상제가 정음정양이라고 할 때 이는 두 가지 의미를 갖는다. 하나는 우주론적인 의미이고 다른 하나는 인간 간의 관계이다. 여기서 말하는 정음정양은 우주의 원리를 말하는 것이다.

272 한동석, 『우주변화의 원리』, 302−303쪽 참조.

273 이러한 천체의 이동을 한동석은 천지개벽이라고 하며, 천체가 한번 변동하면 만물은 물론 28수의 배치나 오성伍星의 작용도 변동하게 된다.(이에 대해서는 앞의 각주 참조) 이것을 예견하는 상수象數법칙이 바로 원회운세元會運世의 법칙이다.(한동석, 『우주변화의 원리』, 301−302 참조) 그리고 이러한 후천개벽은 증산도의 핵심이념인 원시반본과 구원과도 밀접한 관련이 있다. 이에 대해서는 3장 참조 바람.

존재의 존재방식이 바로 생명의 본성을 회복하는 것이며, 이는 한마디로 상생이며 살림이다.

후천의 말末은 양천삼지운동으로 변하게 된다. 이는 곧 음의 작용이 강하게 되고, 따라서 모든 만물이 음의 작용에 의해 수렴·통일 되는 것을 말한다. 우주 일년으로 본다면 이는 곧 장藏의 시기를 의미한다. 생장염장이라는 우주의 변화과정과 선천 상극의 이치에서 후천 상생의 도로 전환되는 것은 우주의 이치에 의한 자연스러운 변화, 즉 다시 말해 필연적 과정이다. 그렇다면 이러한 자연의 필연적 과정 속에서 드러나는 상극과 상생 이외에 윤리적 혹은 문명적 범주 내에서 상극 – 상생의 의미는 과연 무엇인가? 우리는 이러한 물음에 답함으로써 증산도에서 말하는 상극 상생의 전체적 의미를 이해할 수 있을 것이다. 이는 우주론적 의미에서의 상극 상생과 실천윤리적 측면에서 '상생의 운'을 상호 연관적으로 고찰함으로써 가능하게 될 것이다.

2) 상극과 상생 ─ 윤리 실천적 이해

앞에서 우리는 우주론적 관점에서 상극과의 대비적 고찰을 통해 상생의 의미를 분석하여 보았다. 그러나 증산도의 상생사상이 갖는 의미를 우주론적 관점에서만 구한다면 단지 부분적 이해 밖에 얻을 수 없을 것이다. 상생의 그 전체적 의미를 이해하기 위해서는 우주 원리적 차원과 함께 도덕 가치론적 분석도 동시에 이루어져야 한다. 증산도의 개벽사상을 이해하는 핵심 종지로 우리는 원시반본, 보은, 해원, 상생을 언급하게 되는데 이 때 상생은 일반적으로 해원과 보은사상과 함께 말해지며, 특히 해원과 상생은 상호 분리시켜서 이해할 수 없을 만큼 상관적 관계를 갖는다. 그래서 해원상생(『도전』 11:249:6)이라고 말하기도 한다. 이렇게 해원과 상생사상을 서로 붙여서 언급하는 것에서 우리는 해원사상과 마찬가지로 상생사상이 갖는 윤리적 측면의 중요성을 이해할 수 있다. 우리는 이 절에서 상생사상이 갖는 원리적 의미(우주론적)와 윤리적 의미(실천적)를 상관적으로 밝혀보고자 한다.

음양오행에 있어서 상극과 상생 관계는 만물이 생성·소멸하는 근원이다. 우주 1년을 크게 나누어 선천과 후천으로 구분할 때 선천이나 후천 모두 음양오행의 법칙, 즉 목木, 화火, 토土, 금金, 수水의 상생이나 상극 관계에 의해 생성·소멸하고 변화·발전 한다는 것은 분명하다. 그러나 오행의 상극 관계와 상생 관계는 증산도에서 선천과 후천을 설명하는 원리인 '상극의 이치'나 '상생의 이치'와는 별개의 것으로 이해되어야 할 것이다.[274]

최동희 교수는 오행의 상극 상생과 증산도의 상극 상생 사이의 차이를 다음과 같이 요약하여 설명한다. 이러한 설명은 해원과 상관적인 상생의 의미에서 추론된 것으로 볼 수 있다.

●상생손 : 새천년이 시작되는 2000년 1월 1일, 한민족 해맞이 축제를 기념하여 포항 호미곶에 조성된 청동 조형물. 광장에 있는 손이 왼손, 바다에서 육지를 향해 벌린 손이 오른손이다.

---

274 쉽게 표현해서 음양오행의 상극 상생이 사물을 생성 변화시키는 미시적 원리라면 상극의 이치나 상생의 도는 우주 전체의 방향을 지시하는 거시적 원리라고도 설명할 수 있을 것이다.

"오행의 상극 상생은 우주론적 개념이라면 증산의 상극 상생은 윤리적 관점에서 이해되며, 그리고 오행의 상생은 일방적 관계인데 반해 증산이 말하는 상생은 상호 관계라는 것이다."[275]

이러한 설명은 증산도의 상극 상생이 갖는 특징을 압축적으로 드러내고 있다. 그러나 이러한 설명은 증산도의 상생사상이 단순히 윤리적 의미만 갖고 우주론적 의미를 갖지 않는 것처럼 이해된다면 잘못이다.[276]

증산도에서 말하는 상생은 윤리적 의미를 갖는 것과 동시에 우주론적 의미를 갖는다. 상극지리와 상생지도가 우주론적 개념이라는 것은 앞에서 살펴보았다. 선천은 상극의 이치에 의해 지배되며, 후천은 상생의 도에 따르는 시대이다. 즉 증산 상제는 후천을 지배하는 주도적 이치를 '상생의 도'라고 표현하는 것이다. 물론 이 때의 상생은 상대를 극克하는 것이 아니라 생生하게 한다는 점에서 상생으로 표현되었지만 그것과 동일한 것은 아니다.[277] 우주를 지배하는 큰 틀이 원리로서 상생의 이치라면, 이 상생의 이치 내에서 존재하는 인간들의 상호

---

[275] 최동희, 같은 책, 109-110쪽 참조.

[276] 이 점에 대해서 우리는 중점적으로 다루고자 한다. 그러나 오행의 상생이 일방적이고 증산도의 상생은 상호적이라는 것도 너무 단순화된 비교이다. 오행의 상생은 일방적인 관계이지만 그 이면에는 다시 상모相侮 관계와 상모相母 관계가 있어 완전히 일방적인 관계라고 보기는 어렵다. 그리고 증산도의 상생사상도 상호관계라고 하지만 '남잘되게 하는 상생', '생명을 살리는 상생'이라는 본래적 의미는 엄격히 말해서 상호관계라고 보기는 어렵다. 내가 남을 잘되게 함으로써 결과적으로 남도 나를 잘되게 할 수는 있지만 처음부터 그것이 상호 관계는 아닐 것이다.

[277] 오행법칙에서 말하는 상극과 상생이 오행의 상호 관계인 극克과 생生을 표현하는 말이므로 증산도의 상극의 이치와 상생의 도도 그런 의미를 갖는다. 그러나 증산 상제가 선천과 후천을 상극과 상생의 이치로 설명한 것은 오행의 상극 상생의 극과 생의 의미를 빌려 온 것일 뿐 그 자체 오행의 상극과 상생은 아니다. 즉 선천의 만물이 상호 극하는 것과 후천의 만물이 상호 생하는 것은 우주의 이치가 그러하기 때문이다.

관계로서의 상생은 바로 인간의 실천 윤리적 개념으로서의 상생이다. 우리가 여기서 말하려고 하는 것은 바로 윤리적 관점에서의 상생이다.

우리는 윤리적 관점에서 상생의 반대개념으로 살기殺氣(심心)(『도전』 3:245:3, 6:52:6), 척隻(『도전』 2:103:1), 원寃(심心)(『도전』 2:66:4) 등을 들 수 있는데 이는 증산 상제가 상생과 대비해서 사용하는 개념들이다. 살기나 척 그리고 원 등은 실제로 상대방을 해롭게 하는 직접적 행위로 나타나는 것이 아니다. 즉 상생이 후천 선경세계의 인간의 윤리적 실천을 일반적으로 지칭하는 개념이라면, 원이나 척은 선천 상극 시대 인간의 모든 상극적 행위의 동기를 말하는 것이다. '상생하라'는 것은 어떤 구체적 행위를 지시하는 것이 아니다. 이는 마치 '착한 행위'가 어떤 구체적인 행위가 아닌 것과 같다. 증산도에서는 이 상생에 따르는 행위를 크게 두 가지로 표현한다. 하나는 '남 잘되게 하는 것'이며(『도전』 2:29:1), 다른 하나는 '생명을 살림'(『도전』 2:19:5)이다. 즉 살림이나 남 잘되게 하는 개별적 행위를 통틀어 일반적으로 우리는 상생적 행위라고 할 수 있다. 그러므로 상생은 이 두 가지 행위 원칙보다 더 상위의 개념이고 이 개념 하에서 위의 두 가지 실천규범을 생각할 수 있다. 다시 말해 '상생하라' 라는 도덕적 명령은 최상의 명령이며, '상생'은 최상의 명령을 수행하는 최선의 실천이다. 이와 같이 최상의 명령과 실천에 반대되는 개념으로서의 살기나 척, 원 등은 그 자체 구체적 행위가 아니라 하나의 동기로서 작용한다.[278] 그리고 이러한 동기에서 일어나는 모든 행위는 결국 상생의 동기에서 발생하는 모든 행위와 반대되는 결과를

---

[278] 그래서 증산 상제는 무척 잘산다는 말을 척이 없어야 잘산다는 말로 풀어서 설명한다. 사실 이 말의 진정한 의미는 잘사는 것, 상호 대립을 벗어나 상호 살림의 삶을 위해서는 척이 없어야 한다는 것을 강조한 말이다. 척이 가지는 상극의 기운을 표현한 것이라고 이해된다.

낳을 것이다.

척이나 살기, 원의 동기로 발생하는 모든 행위를 구체적으로 상극적 행위라고 할 수 있다. 참외를 먹고 설사가 난 것이나(『도전』 6:52:3 - 6), 꿩을 바치는 마음(『도전』 3:245:3) 등에서 우리는 그 일상적 행위의 이면에서 작용하는 마음의 동기는 곧 상극이며, 이러한 동기에서 발생한 행위는 상극적 행위임을 알 수 있다. 그러므로 상생과 반대되는 척이나 원은 결국 상극의 이치 하에서 발생하는 상극적 개념이다. 즉 상극의 이치가 낳은 인간의 무한한 욕망과 그 욕망에 따른 투쟁은 인간 각자의 마음에 필연적으로 척과 원을 짓게 만들었다. 따라서 우리는 상생의 반대개념을 척이나 원이라고 할 수 있으나 그 척이나 원의 궁극적 원인은 또한 상극이므로 상생의 윤리적 반대개념 또한 상극이라고 할 수 있을 것이다. 우리는 증산 상제의 말에서 선천과 후천의 윤리적 상황이 무엇인가를 상극과 상생의 관계를 통해서 이해할 수 있다.

> 나의 도는 상생의 대도이니라. 선천은 상극의 운이니라. 위무로써 승부를 삼아 부귀와 영화를 이 길에서 구하였나니. 이것이 곧 상극의 유전이라. 내가 이제 후천을 개벽하고 상생의 운을 열어 선으로 살아가는 세상을 만들리라. 만국이 상생하고 윗사람과 아랫사람이 서로 화합하고 분수에 따라 자기의 도리에 충실하여, 모든 덕의 근원으로 돌아가리니 대인대의大仁大義의 세상이니라.(『도전』 2:18:1 - 5)

선천이 위무威武, 즉 힘과 폭력으로 타인을 억압하고 욕망을 해소하는 상극의 시대였다면 이제 후천은 바로 만국이 평화를 지향하고, 모든 사람들이 상호 화합하며, 각 개개인이 욕망을 절제하여 도리를 지키는 세계, 모든 인간의 삶의 근본이 선하고 덕스러운 인의仁義의 상생 세상이다. 상극과 상생에 대한 이러한 설명은 윤리적 가치범주 내에서 가능하다.

증산 상제는 선천과 후천의 윤리적 특징에 대해서 다음과 같이 다양하게 말한다. 선천은 위무로써 승부를 삼으며(『도전』 2:18), 선천은 위엄으로 살았으며(『도전』 2:18), 모든 인사가 도의에 어그러졌고(『도전』 4:16:3), 죄를 먹고 살아온 영웅 시대이며(『도전』 2:18:6), 제자가 스승을 해하며(『도전』 2:27:6) 들이 원과 한에 맺혀 있으며(『도전』 6:2:6), 돈에 눈이 어두워 불의한 사람을 따르며(『도전』 9:136:4), 복록과 수명이 고르지 못한 시대(『도전』 11:236) 이를 한마디로 요약하면 "선천에서 지금까지는 '금수대도술禽獸大道述'(『도전』 5:196)의 상황이었다. 이러한 선천의 비윤리적 행위와 악습의 근원을 뜯어고친 것이 바로 천지공사이며, 그 결과 후천의 새로운 윤리관, 즉 상생의 윤리관으로 개벽되었다.

증산 상제는 자신의 도를 '상생의 도'라고 부르고 있으며, 후천세계를 상생의 운으로 새롭게 개벽한다고 하였다. 따라서 후천을 지배하는 우주원리는 '상생의 운'이며, 이 상생의 운에 따라 인간들의 도덕적 원리는 '상생'이 된다. 그렇다면 이 상생에 따른 행위는 어떤 행위인가? 증산 상제에 의하면 후천 상생 세상은 선으로 살아가는 성인聖人시대(『도전』 2:18:6)이며, 웃음으로 살아가는 세상(『도전』 2:18:9)이며, 서로 극하는 이치와 죄악이 없는 세상이며(『도전』 2:19:2), 모든 사람들이 한마음 한뜻이 되는(『도전』 7:1:1) 세상이다. 즉 후천 상생 세상은 선천 상극이 낳은 대원대한大冤大恨과는 완전히 다른 대자대비大慈大悲(『도전』 11:345:2)의 세상이다. 이를 우리는 윤리적 상생이라고 할 수 있을 것이다.

앞에서도 잠깐 언급한 바와 같이 이러한 증산도의 상생사상은 두 가지 의미를 담고 있다. 그리고 우주원리로서의 상생과 인간의 실천적 규범으로서의 상생, 양자의 의미를 함께 다룰 때 증산도의 상생의 의미를 총체적으로 이해할 수 있을 것이다. 그런데 중요한 것은 이러한 양자의 의미가 상호 독립적 차원에서 이해되는 것이 아니라 상호 연관성을 갖는다는 것이다. 다시 말해서 우주의 원리가 상극에서 상생으로 변천하는 것은 단지 원리의 변화로만 그치는 것이 아니라 인간의 심성과 행위에까지 영향을 주게 된다. 따라서 상생의 이치 하에 존재하는 모든 생명존재의 본성과 행위는 상생지도에 따라서 상생적 성격을 갖는다. 그래서 증산 상제는 "상생의 운을 열어 선善으로 살아가는 세상을 만들리라."(『도전』 2:18:3) 라고 말함으로써 상생의 운을 여는 조건을 통해 선善의 세계가 가능함을 강조한다.

증산 상제는 우주의 원리가 바뀌면서 선천을 넘어 후천이 개벽된다는 것과 함께, 후천에서 인간의 실천적 규범은 상극이 아니라 상생이라는 것을 아래와 같이 알려주고 있다.

> 선천은 상극의 운이라. 상극의 이치가 인간과 사물을 맡아 하늘과 땅에 전란이 그칠 새 없었나니(『도전』 2:17:1 - 2)
> 나의 도는 상생의 대도이니라… 내가 이제 후천을 개벽하고 상생의 운을 열어 선으로 살아가는 세상을 만들리라.(『도전』 2:18:1 - 3)

우리는 위 두 구절의 인용문을 통해서 상극과 상생의 관계, 그리고 우주원리의 변화, 인간의 윤리적 상황 및 우주의 주재원리 등에 대해 분명한 이해를 할 수 있다. 이 두 개의 인용문에서 앞의 인용은 상극의 이치와 그 상극의 이치에서 인간의 상황이 무엇인지를 알려준다.

뒤의 인용문은 이러한 상극의 이치가 우주의 주재자인 증산 상제에 의해 상생의 대도로 개벽되고 그 상생의 운을 받아 모든 인간은 선善한 삶, 상생적 삶을 살아갈 수 있게 된다는 것을 말해 준다. 이 두 구절을 합쳐서 고찰할 때 우리는 선천과 후천, 상극과 상생을 비교적으로 이해할 수 있으며, 증산도의 상생사상의 전체적 의미를 파악할 수 있다.[279]

3) 해원과 상생 ─ 증산도 상생의 실현

상생의 반대개념은 상극이지만 이 상극은 실제로 척이나 원 그리고 살기 등으로 나타난다. 상생의 가능성은 바로 이러한 상생과 반대되는 마음과 행위들을 없애는 것이다. 다시 말해서 상생은 서로 간에 척이 없고, 어떤 원한도 없으며, 어느 누구에게도 살기를 품지 않을 때 가능할 것이다. 그런데 선천의 원과 한 그리고 척은 모두 선천의 상극성에서 빚어진 불가피한 부산물이다. 그러나 그렇다고 해서 선천의 상극은 단순히 역기능만 가지는 절대악이라고 생각해서는 안 된다. 상극의 이치는 선천의 모든 문명과 문화, 물질, 예술, 가치, 정신을 분열 성장시키는 근본적인 힘이었다. 다시 말해서 상극의 과정은 갈등과 대립 반목과 모순의 존재 관계를 발생하게 하고, 이러한 관계 속에서 만물은 분열 성장하게 되는 것이다. 이 과정에서 쌓이고 맺힌 인간의 원과

---

[279] 증산도에서 상극을 넘어선 상생의 실현은 구체적으로 인간의 행위로 인한 것이지만 그 가능 근거는 우주원리와 그 원리를 주재하는 증산의 의지에서 찾아진다. 칸트에 있어서 도덕적 주체는 근본악의 그늘 밑에 있는 인간이며 자력으로는 절대로 그 악의 성향에서 벗어날 수 없다. 근본적이고 생득적인 악으로서 근본악은 인간의 힘으로 근절할 수 없다는 것이다. 이러한 근본악의 상태에서 선에로의 전향의 가능성은 이성의 한계 안에서는 이해 불가능한 신비일 뿐이다. I. Kant, 신옥희 역, 『이성의 한계내에서의 자유』(서울: 이화여대출판부, 1984), 「칸트에 있어서 근본악과 자유」, 270-273쪽 참조.

한을 풀어버리지 못하면, 즉 해원解冤하지 못한다면 상생이란 것은 단지 관념적 구호에 불과할 것이다.[280]

해원과 상생에 대한 이러한 설명은 물론 단순히 관념적 발상이 아니다. 상생의 조건은 분명히 해원이다. 해원상생이란 말은 가능해도 상생해원이란 말은 타당하지 않다. 증산 상제에 의하면 모든 원한의 풀림은 바로 천지공사의 첫걸음이다. 모든 원이 풀린 상태에서 인간 대 인간의 관계는 결코 이기적 관계가 아닐 것이며, 상생은 이제 인간 사이의 가장 이상적인 실천윤리로 가능하게 된다. 다시 말하면 모든 것이 해원된 인간은 더 이상 마음 속에 미움이나 증오감, 이기적인 욕망을 담지 않고 있으며 오히려 서로를 살리는 마음, 남 잘되게 하는 마음으로 충만해 진다.[281]

상극에서 비롯된 모든 원과 한을 풀고 새로운 삶의 원리를 마련해야 하는 이때를 증산 상제는 "이 때는 해원시대라."(『도전』 2:24:1) 라고 말하는 것이다. 선천 인간의 윤리적 업인 척과 원을 없애는 것이 바로 증산 상제가 말한 해원이다. **해원은 선천의 상극과 후천의 상생이라는 극단적 이분법을 연결할 수 있는 중간 지점**이다. 그렇다면 후천 선경을 향한 구원의 실천원리로서의 해원과 상생은 어떻게 가능한가?[282]

---

280 상생은 모순과 상극이 극복된 사랑과 통일의 이념이다. 궁극적으로 해원도 상생을 위한 것이다. 안경전, 『증산도의 진리』, 207쪽.

281 사실 해원된 마음은 더 이상 욕망의 구조에 억압되지 않는 무사무애無事無碍한 마음일 것이다. 이러한 마음은 자연스럽게 상생을 가능하게 한다. 여기서도 억지로 하려는 상생이 아니라 사私가 없는 평정심에서 무위이화로 드러나는 마음과 행위가 바로 상생이며, 남 잘되게 하는 행동이라고 하여야 할 것이다.

282 상생은 윤리적 마음과 실천으로 드러난다. 그러나 그렇게 윤리적 의미로 드러나기 전의 본래적 마음은 일심이다. 증산도에 있어서 인간의 본질적 마음으로서 '천지일심'

인간이 구원되기 위해서는 구원의 요소가 있어야 할 것이다. 인간이기 때문에 구원되어야하는 것이 아니라 인간이 갖는 어떤 측면(타락과 죄악) 때문에 구원되어야 한다는 것이다. 그렇다면 우리 인간은 어떤 존재 상황을 갖고 있는가?

기독교에 의하면 인간이 구원을 필요로 하는 것은 원죄原罪 때문이다. 즉 인간은 인간이기 때문에 죄를 갖고 태어나고 그 죄는 도덕적 행

혹은 '일심'은 인간의 실천과 관련되어 있지만 이는 그 자체 윤리적 개념이라고 말할 수는 없다. 자연심이고 천지심인 일심에서 행위가 나올 때 그 행위는 자연의 이치에 합당한 것이다. 또한 그것은 인간 간의 가장 이상적 행위일 것이다. 증산도에서는 그것을 상생이라고 규정한다. 상생은 모든 욕망에서 해방된 평정심이며, 상생에서 자연스럽게 생명살림, 남 잘되게 하는 행위가 나온다.

위와는 무관하며, 따라서 도덕적 차원에서 해결되는 것이 아니라 종교적 차원에서, 즉 신의 은총에 의한 구원에 의해서만 죄 사함 받을 수 있다. 그래서 모든 인간은 도덕적으로 선하든 악하든 기독교적 의미의 죄를 갖고 있으며 그러므로 모든 인간은 그 죄로 인해 구원되어야 한다는 것이다. 이러한 기독교적 죄악관은 인간 구원의 필연적 요소에 대한 접근이 실질적이지 못하다.

증산도의 죄악개념은 다양한 측면에서 고찰될 수 있다. 즉 환경의 문제, 역사적 문제, 그리고 개인적 의지의 문제 등. 선천의 상극 구조는 인간에게 죄악의 조건을 제공하며, 그 조건 속에서 쌓인 원은 역사적

◉상제님의 가르침인 원시반본, 보은, 해원, 상생의 이념을 배우고 전하는 증산도 신앙공부의 장인 증산도 대학교의 행사장면.

으로 죄의 유전을 낳으며, 인간의 욕망은 배타적 이기주의로 새로운 죄를 잉태한다. 그러나 이러한 다양한 조건을 인정한다고 하더라도 증산도의 죄악은 인간 스스로가 쌓은 인간의 문제이고 이는 욕망의 구조, 그리고 원한의 불가피성에서 찾아질 수 있다. 따라서 인간이 구원되기 위해서는 현실 속에서 맺히고 쌓인 원한을 풀어버림으로써 죄악의 근원을 없애버려야 한다. 이를 증산 상제는 해원解冤이라고 한다. 증산도에 있어서 해원과 상생은 인간의 구원과 이상사회를 설명하는 핵심적 개념이다. 해원은 죄의 소멸이며 죄의 소멸은 상생의 조건이며 구원의 조건이다. 그렇다면 인류구원의 단서는 직접적으로 해원에서 찾아질 수 있을 것이다. 『도전』의 다음 구절은 해원의 중요성을 말하는 것이다.

> 각기 원통함과 억울함을 풀고 혹은 행위를 바로 살펴 곡해를 바로 잡으며, 혹은 의탁할 곳을 붙여 영원히 안정을 누리게 함이 곧 선경을 건설하는 첫걸음이니라.(『도전』 4:18:8)

이는 인류역사 속에 누적된 원한의 고리를 풀어버릴 때 지상선경을 향한 구원의 문을 열 수 있다는 것이다. 해원은 인간의 원과 죄의 근원으로 돌아가서 그 원의 고리를 풀어버림으로써 후천선경의 새로운 문화를 만들어 가는 것이다. 따라서 해원은 선천의 하늘 아래서 누적되어온 죄와 원을 해소한다는 의미를 넘어서 이를 통해 새로운 이상세계를 건설하는 근거를 마련한다는 또 다른 의미를 갖는다.

"선천에는 상극의 이치가 인간과 만물을 맡아 … 천하를 원한으로 가득 채우게"(『도전』 2:17) 된다. 인간의 원과 한은 인간의 행위에 의

한 것이지만 그 행위의 궁극적 원인은 바로 상극의 이치에서 찾아진 다. 이는 바로 구원의 첫 번째 요소로서 해원이 인간의 힘만으로 이루어 질 수 없다는 것을 말한다. 증산도의 죄악개념은 완전히 인간의 실천의 문제도 아니고 그렇다고 완전한 초월적 차원도 아니다. 원한의 근거가 선천의 우주환경으로 인한 인간의 상극적 행위 때문이라면 해원의 가능성은 바로 이러한 선천의 환경을 새롭게 변화시킴으로써만 가능하다. 따라서 해원은 선천을 끝내고 후천개벽의 때를 맞이할 시기에 이루어질 것이다.[283]

상극 환경의 종식은 후천개벽과 천지공사에 의해 가능하다. "천지의 도수를 돌려 놓은" 우주 주재자의 무위이화는 해원의 전제가 된다. 우주론적 측면에서 볼 때 인간의 **구원은 천지의 도수를 새롭게 짜 맞추어 상생의 존재질서를 마련한 우주 주재자의 예정적 결과이며, 이는 천지공사를 통해 모든 원과 한이 풀어진 후에 가능**한 것이다. 우주의 이치가 그 이치 아래에 있는 모든 존재를 규정한다면, 그 이치의 변화는 바로 그 이치 아래 존재하는 모든 존재자들의 존재원리의 변화를 뜻한다. 상극의 이치에서 상생의 이치에로의 변화는 곧 대립과 갈등, 원과 척의 존재성에서 조화와 통일, 해원과 상생의 존재성으로 변화를 의미한다.

---

[283] 난법해원이 아닌, 후천선경을 가능하게 하는 진정한 의미에서의 해원解冤의 조건은 무엇인가? 이는 원冤이란 무엇인가란 물음에서 그 실마리를 찾을 수 있다. 또한 이 문제는 인간의 역사에서 총체적 해원은 언제 가능한가란 물음과도 일치한다. 이는 증산도 『도전』의 다음 구절들을 통해 유추 가능하다. 『도전』의 "이 때는 원시반본하는 시대라"라는 구절과, "앞으로는 원시반본이 되어…"라는 구절, "지금은 원시반본하는 시대니…"라는 구절이 있다. 또한 "이 때는 해원시대라"라는 구절과 "내가 이제 후천을 개벽하고 상생의 운을 열어 선으로 살아가는 세상을 만들리라."는 구절 등 이러한 구절들은 해원과 상생 그리고 원시반본이 서로 상관적 관계 속에서 가능하다는 것을 알 수 있다. 특히 해원상생은 서로 상관적이다.

이치가 변화하는 것이 아니라 변화하는 것 자체가 이치이다. 즉 생장염장이 바로 우주의 원리이며, 상극에서 상생으로의 변화가 바로 우주의 이치이다. 그러나 이러한 우주의 이치는 한편 우주 주재자의 주재와 동일하다. 이치에 따른 변화는 바로 주재자의 주재의 결과인 것이다.[284] 따라서 상극의 이치에서 병든 인간을 구원하는 해원과 상생은 우주 주재자의 주재의 결과로서 고찰되어야 한다. 이는 "이 때는 해원시대라. … 그러므로 내가 신명을 조화하여 만고의 원을 끄르고 상생의 도로써 … 선경세계를 세우고자 하노라."(『도전』 2:24:1-3)라는 구절에서 잘 알 수 있다. 이 구절에서 해원과 상생의 도는 선천 상극의 이치와 대비되는 후천의 이치이다. 이 후천의 상생의 이치에서 상생적 실천이 가능하게 되는 것이다. 즉 상생의 조건은 상생의 이치이다.

그러나 이러한 모든 사실들은 인간의 적극적 실천을 요구한다. 그래서 증산 상제는 "이제 말세의 개벽 세상을 당하여 앞으로 무극대운無極大運이 열리나니 모든 일에 조심하여 남에게 척을 짓지 말고 죄를 멀리하여…"(『도전』 2:20:3-4)라고 말하면서 새로운 행동이념, 실천규범인 해원과 상생을 강조하는 것이다. **해원은 상생을 하기 위한 필연적 조건**이다. 원과 한이 가득 쌓여서 보복과 살기가 가득한 마음으로는 결코 상생의 실천은 불가능하기 때문이다. 해원이 상생의 조건이라는 것은 해원후상생解冤後相生을 의미한다. **타인에 의해서 쌓이게 된 척과 원, 타인을 향한 보복심과 살기를 깨끗이 풀어버리는 해원은 상생의 실현하는 통로**이다.

---

284 이에 대해서는 앞장 원시반본 참조.

5. 이 장을 나서며

　　상생의 도는 후천개벽을 실현하는 길이며, 후천개벽은 상생이 열리는 근거이다. 이를 칸트 식으로 말하면 '상생 없는 후천개벽은 공허하고 후천개벽 없는 상생은 맹목적이다.' 즉 아무리 우주의 질서가 바뀌고 모든 존재의 생명성이 본래성을 회복한다고 하더라도 인간 간의 관계가 아름다운 상생의 관계가 아니라면 이는 무의미하며, 또한 상생을 지향하는 인간의 의지와 실천이 아무리 적극적이라고 하더라도 후천개벽과 후천선경을 도외시한다면 그것은 맹목적이다.[285]

　　"낡은 삶을 버리고 새 삶을 도모하라."(『도전』 2:41:2)는 증산 상제의 말은 선천의 상극지리가 후천의 상생의 도로 개벽되어 새로운 세계가

---

[285] 칸트는 『순수이성비판』에서 "직관 없는 개념은 공허하고 개념 없는 직관은 맹목적이다.(Gedanken ohne Inhalt sind leer, Anschauungen ohne Begriffe sind blind)"(I. Kant, *Kritik der reinen Vernunft*, Hamburg: Felix Meiner, 1956, 95쪽)라는 유명한 말을 한다. 이 말은 인간의 인식을 위해서는 경험과 사유가 동시에 작용하여야 한다는 것을 뜻한다. 경험 없이 사유만 하는 것이나 사유 없이 경험만 하는 것은 인식을 성립시킬 수 없다는 것이다.

가능하게 되는 시점에서 인간의 삶의 방식이 어떻게 변화되어야 하는 가를 알려준 것이다. 낡은 삶의 방식이란 바로 척과 원을 쌓는 삶의 태도, 이기주의로 자신의 욕망을 채우고, 위무와 폭력으로 타인을 억압하는 것을 뜻한다. 그렇다면 새 삶이란 이러한 선천의 모든 상극적 태도를 벗어 버리고 상생을 지향하는 선생仙生 그리고, 선생善生을 의미할 것이다.[286]

증산 상제는 "**나의 도는 상생의 대도**"(『도전』 2:18:1)라고 스스로 공언하였다. 이 때 상생의 대도는 바로 후천개벽을 가능하게 하는 후천의 이치이며, 인간의 도덕적 행위의 절대적 규범이다. **상생의 대도에 대한 우주론적 이해와 윤리 실천적 이해는 후천개벽을 통한 후천선경의 실현이 피안의 세계이거나 관념적 가정이 아니라 실질적이고 현실적인 지상선경임을 보여준다.** 상생이 우주의 실제적인 원리이며, 인간에 있어서 실제적인 실천규범이 된다는 것은 바로 후천선경이 단지 유토피아적 의미로 끝나는 것이 아니라 이 땅에서 실현됨을 증명한다. 따라서 개벽과 상생, 이 양 개념은 단지 관념적 의미를 갖는 추상개념이 아니라 현상적이고 실천적 사실에 대한 구체적 개념이다.

인간의 윤리적 규범으로서의 상생 및 **우주의 원리로서 상생의 도는 그 완전한 실천 및 실현을 후천개벽과 함께** 이루게 된다. 즉 다시 말하면 닫힌 우주, 닫힌 마음에서는 상생이 그 완전한 형태로 가능하지 않다는 것이다. 그럼에도 불구하고 현재의 시점에서 우리가 상생을 말

---

[286] 증산도의 이상향인 후천선경은 말 그대로 선仙의 세상이다. 이러한 선의 세상은 인간의 모든 행위가 우주의 이치인 상생에 부합하는, 천지의 이치가 곧 인간의 행위로 드러나는 세상이다. 천지의 이치가 인간의 삶으로 드러난다면 인간의 삶은 곧 선善한 삶이 아닐 수 없을 것이다.

하지 않을 수 없는 것은 **상생사상이 절대적 선을 지향**하기 때문이다. 지금은 여름과 가을이 교차하는 선천의 말대末代이다. 이 말대에서 선천의 모든 악한 관습을 벗어 버리고 새로운 이법과 행위규범을 마련해야 하는 기로에 서 있다. 증산 상제는 이 말대의 시간대에서 우리에게 상생의 대도가 무엇인가를 보여주며, 그것을 후천 우주의 대도로서 정립한다. 지금은 **선천의 극克한 이치인 상극을 증산 상제가 우리에게 알려준 상생의 이념으로 전환해야 하는 때**이다.

환경의 전환은 인간이 새로운 존재로 변할 수 있는 가능성을 열어준다. 선천의 인간은 닫혀진 우주와 함께 불완전한 존재로서 완성을 지향하는 존재이다. 후천개벽이 되어서 삼계가 서로 교통하는 열린 우주가 될 때, 우주가 그 원래적 의미를 완성하게 될 때(우주론적 원시반본) 인간에게 있어서 상생은 실질적 실천규범이 될 것이다. **우주의 완성은 곧 인간의 완성이다.** 인간의 완성은 무엇을 의미하는가? 그것은 **새로운 인간관의 정립**을 뜻한다. **정음정양, 도통된 인간, 신인합발의 열린 존재로서의 인간, 그리고 그 덕성이 발전하여 덕이 행위의 근본이 된 인간**을 뜻한다. 이렇게 **완성된 인간은 완성된 행위를 통해 우주를 새롭게 완성하게 된다.**

우리는 지금까지 후천개벽의 가능 근거로서 상생에 대해서 살펴보았다. 상생에 대한 총체적 이해는 이상사회가 현실을 초월한 장소에서 구현되는 것이 아니라 바로 **내가 살아가고 있는 이 땅에 실현된다**는 것을 알려준다. 즉 지구가 개벽을 통해 이상적인 낙원인 10천이 된다는 것이다. **선천의 상극시대를 거쳐 후천개벽기의 병겁을 일심으로 물리치고 구원된 자들은 상생의 이념이 지배하는 새로운 아름다운 이상**

사회에서 **진정한 삶의 본질을 향유**하게 될 것이다. 후천선경은 지금까지 인간의 사상 속에 드러난 도덕적, 정치적, 정신적, 경제적 이상사회를 다 포함하면서 그보다 더 나은 신명과 인간이 함께 하는 조화선경이다. "내 세상은 조화선경이니 조화로써 다스려 말없이 가르치고 함이 없이 교화되며…"(『도전』 2:19:1) **모든 역사가 순리대로 현실화되는 무위이화의 세계**라고 할 수 있을 것이다.

분리와 투쟁이 없는 도덕적 이상사회, 상생의 이념이 실현되는 이상사회가 바로 증산 상제가 상생의 도를 통해 인간에게 열어준 사회이다. "내 도道는 곧 상생이니 서로 극하는 이치와 죄악이 없는 세상이니라."(『도전』 2:19:2) 뿐만 아니라 이러한 이상사회는 천지자연도 구원되어 "수화풍 삼재가 없어지고 상서가 무르녹아 청화 명려한 낙원의 선세계가…"(『도전』 7:5:6)되는, 모든 존재가 그 본래적 가치를 찾게 되는 사회이다.

경제적으로는 "복록은 먼저하고 수명은 나중이니 그러므로 후천에는 걸인이 없는"(『도전』 2:25:6) 이상사회이며, 정치적으로는 "위무와 형벌을 쓰지 않고 조화로써 창생을 다스리되 자기의 잘못을 스스로 깨닫게 하여 벼슬아치는 직품에 따라 화권이 열리므로 분의에 넘치는 폐단이 없는"(『도전』 7:4:2) 이상사회이며, 정신적으로는 "지혜가 열려 과거 현재 미래 시방十方세계의 모든 일에 통달하는"(『도전』 7:5:5) 이상사회이며, 도덕적으로는 "후천성인後天聖人시대에는 선善으로 먹고 살게"(『도전』 2:18)되는 이상사회이며, 환경적으로는 지축이 바로 서서 계절의 변화가 없는 청화 명려한 낙원으로 화하게 되는 이상사회(『도전』 7:5)이다. 이 이상사회의 이치가 바로 상생인 것이다.

맺음 말

　근본으로 돌아가라(원시반본), 받은 은혜를 보답하라(보은), 원과 한을 풀어라(해원), 남 잘되게 하라(상생) 등의 실천명령들은 후천 선경을 맞이하기 위해 우리가 반드시 행해야할 근본 덕목들이다. 그러나 지금까지 논의 결과 원시반본, 보은, 해원, 상생은 단지 윤리적 의미만 갖는 것이 아니었다. 선천 상극을 넘어 후천 상생의 세상이 오는 이때, 우주와 문명과 도덕과 종교가 시원의 가치와 본질을 회복하는 것을 원시반본이라고 한다. 그리고 그 원시반본을 실천하는 근본이념을 우리는 보은, 해원, 상생이라고 한다. 우리는 그 각각의 사상들을 다루면서 두 가지 사실을 논증하려고 하였다.

　첫째는 우주의 변화원리와 인간의 도덕적 행위는 서로 다른 것이 아니라는 점이고, 둘째는 후천개벽의 절대정신인 원시반본과 보은, 해원, 상생의 관계, 즉 보은, 해원, 상생이 어떻게 원시반본을 실천하는 근본이념인가 하는 점이었다.

　첫 번째 논점은 어쩌면 당연한 사실에 대한 설명의 차원에서 충분히 해명될 수 있었다. 왜냐하면 우주와 인간의 유기적 관계는 결코 그 양자의 분리와 무관심을 허용하지 않기 때문이다. 인간은 우주 내적 존재이며, 그래서 우주의 변화, 우주의 이치, 우주의 목적과 무관하게 존재할 수 없다. 마찬가지로 우주 내적 존재인 인간의 마음과 행위는 우주 전체에 파동을 일으킨다. 이를 신도우주관 혹은 유기적 생명관을 매개로 확인할 수 있었다. 이러한 사실은 우주와 인간이 서로 같은 길을 가는 동반자라는 점을 분명히 보여준다. 다시 말해서 우주의 길이 따로 있고, 인간의 길이 따로 있지 않다는 것이다. 이는 마치 기차를 탄 승객이 기차가 가는 길을 따라 같은 목적지를 행해 가는 것과 같다.

두 번째 논점은 증산도 사상 내에서 보은과 해원과 상생이 과연 어떤 의미를 갖는 것인지를 분석함으로써 밝혀지게 되었다. 사실 보은. 해원. 상생은 원시반본을 실현하는 근본이념이라는 것을 논증하기 위해서 우주 변화원리를 찾아보고 인간의 삶과 행위를 분석하고, 또 인간의 마음을 돌아보는 과정이 요구되었다. 그 대전제는 확연하였지만 그 전제에 따른 결론을 논증하는 것은 결코 쉽지 않았다.

후천개벽의 근본정신이 원시반본이고, 가을 개벽의 때에 원시반본하지 않는 자는 다 죽는다는 증산 상제의 선언에서 우리는 모든 인간의 행위는 원시반본과 밀접한 관련이 있다는 것은 추론할 수 있다. 그러나 받은 은혜를 갚는다는 보은이, 원과 한을 푼다는 해원이, 그리고 서로 잘되게 하고 생명을 살린다는 상생이 어떻게 근본을 찾고, 근본으로 돌아가는 원시반본을 실천하는 이념이라는 점은 논증을 필요로 한다. 우리는 이러한 논증을 위해 천지보은, 진정한 해원의 방법으로 자발적 해원, 일심의 경지 등의 개념들을 매개로 하였다.

보은은 천지가 인간을 낳은 원초적 관계도 되돌아감으로써 이루어진다. 자연을 파괴하고 오염시키는 오늘날 우리는 인간생명의 근본인 천지에서 멀어져 갔다. 천지보은은 생명의 부모인 천지와 인간의 관계를 그 낳고 기름의 원초적 관계로 되돌릴 때 가능하다는 것을 알려준다. 즉 우리는 천지보은을 통해서 원시반본을 실현할 수 있다. 해원은 원과 한을 푸는 것이다. 이는 선천 상극의 세상에서 쌓이고 쌓인 원한과 고통을 모두 다 풀어버림으로써, 즉 해원을 통해 우리는 가장 순수하고 본래적인 마음, 원과 한, 욕망과 고통에 물들지 않은 원래의 마음을 회복함으로써 원시반본을 실현하게 된다. 상생은 오직 일심에서 가능하다. 어떤 도덕적 행위도 우주와 하나 된 일심의 경지가 아니면 불가능하다. 더욱이 남잘되게 하는 행위, 죽어가는 생명을 살리는 행위는 일심이 아니면 이룰 수 없다. 따라서 상생의 경지는 마음의 근본으로 돌아간 상태, 일심의 경지에서 이룰 수 있는 궁극의 경계이다.

여기서 하나 더 중요한 점은 보은, 해원, 상생이 모두 우주론적 원리에 근거하고 있다는 점이다. 다시 말해서 우주원리를 이해하지 못하면 보은, 해원, 상생의 의미를 전혀 이해할 수 없다. 이는 우주 속의 인간은 우주의 원리를 모르고서는 참된 삶을 살아갈 수 없다는 것을 말한다. 이는 나아가 우리가 살아가는 지금이 진정 어느 때인지를 모른다면 성공도 행복도 이룰 수 없다는 것을 말한다.

> 知天下之勢者는 有天下之生氣하고
> 暗天下之勢者는 有天下之死氣니라
> 천하대세를 아는 자에게는 천하의 살 기운이 붙어 있고
> 천하대세에 어두운 자에게는 천하의 죽을 기운밖에 없느니라.(『도전』 2:137:3)

여기서 천하지세, 즉 천하대세라는 것은 우주가 변화하는 길을 말한다. 지금 우주는 그 길에서 어디 쯤 가고 있는지 근본에서 얼마나 멀어졌는지를 아는 것이 삶과 죽음을 결정한다. 안다는 것과 모른다는 것은 천지차이다. 소크라테스가 말했듯이 무지는 올바른 행동을 낳을 수가 없다. 오직 앎만이 삶의 길을 찾고 올바른 행동을 가능하게 한다.

우리가 지금까지 다룬 원시반본, 보은, 해원, 상생은 증산도의 근본사상이다. 물론 그 외 중요하고 소중한 진리들이 더 많이 있다. 단지 필자는 원시반본과 그 원시반본을 실현하는 세 가지 이념으로 보은, 해원, 상생을 다루었을 뿐이다. 그리고 이 네 가지 개념은 개벽과 필연적으로 연관되어 있으며, 나아가 후천선경 건설과도 불가분의 관계를 갖는다. 말한바와 같이 후천개벽의 근본정신이 바로 원시반본이며, 그 원시반본을 실현하는 이념이 보은, 해원, 상생이다. 그리고 은혜를 갚고, 원한을 풀고, 서로를 살리는 것은 후천의 아름다운 세상을 만드는 바로 그 길이다.

증산도 실천이념의 궁극적인 특징은 여기에 있다. 단지 윤리 실천적 개념에 그치는 것이 아니라 새로운 세상을 만드는 구원의 개념이라는 것이다. 증산상제가 이 세상에 강세한 것은 개벽의 때에 인간과 신명을 널리 건지기 위한 것이었고, 증산상제의 가르침은 그러한 구원으로 나아가는 진리의 사다리이다. 물론 그것은 인간의 실천을 통해서 가능하다. 그리고 그 실천은 천지의 이치와 신의 존재, 그리고 인간의 마음에 대한 깨달음 없이 가능하지 않다.

세상을 보되 그 이치를 보고, 사람을 보되 그 마음을 보고, 우주를 보되 그 신성을 보라. 오직 찾는 자에게 길이 있다.

《참고문헌》

1. 경전

『甑山道 道典』, 서울: 대원출판사, 2003.

『도덕경』

『주역』

2. 단행본

김상일, 『한 思想』, 서울: 온누리, 1992.

김용옥, 『老子哲學 이것이다』, 서울: 통나무, 1998.

＿＿＿, 『氣哲學散調』, 서울 : 통나무, 1997.

김종문, 『칸트의 변증론과 자유』, 대구: 중문, 1989.

김용옥, 『氣哲學散調』, 서울: 통나무, 1997.

김지하, 『김지하 이야기 모음 - 틈』, 서울: 솔출판사, 1995.

＿＿＿, 『생명과 자치』, 서울 : 솔출판사, 1997.

＿＿＿, 『생명』, 서울: 솔출판사, 1999.

＿＿＿, 『동학이야기』, 서울: 솔출판사, 1999.

김　진, 『종교문화의 이해』, 울산: 울산대학교출판부, 1998.

＿＿＿, 『칸트와 선험화용론』, 울산: 울산대학교출판부, 1994.

단학회연구부 엮음, 『桓檀古記』, 서울: 코리언북스, 1998.

문성학, 『현대인의 삶과 윤리』, 대구: 형설출판사, 1998

문창옥, 『화이트헤드과정철학의 이해』, 서울: 통나무, 1999.

박재주, 『주역의 생성논리와 과정철학』, 성남: 청계, 1999.

세종출판기획편, 『알기 쉬운 증산도 기본교리』, 서울: 대원출판사, 2000.

송호근. 서병훈 편, 『시원으로의 회귀』, 서울 : 나남출판, 1999.

신원문화사 편집부, 『最新實用大玉篇』, 서울: 신원문화사, 1999.

北崖 저, 고동영역, 『揆園史話』, 서울: 자유문고, 1986.

안경전, 『다이제스트 개벽』, 서울: 대원출판사, 1995.

_____, 『甑山道의 眞理』, 서울: 대원출판사, 1993.

_____, 『이것이 개벽이다』(上·下), 서울: 대원출판사, 1995.

안동림 역주, 『莊子』, 서울: 현암사, 1999.

안원전, 『동양학 이렇게 한다』, 서울: 대원출판사, 1994.

_____, 『통곡하는 민족혼』, 서울: 대원출판사, 1996.

오강남 풀이, 『도덕경』, 서울: 현암사, 1999.

_____, 『장자』, 서울: 현암사, 1992.

이을호·강수원·홍장화·배용덕·한기두·윤이흠 공저, 『한思想과 民族文化』, 서울: 일지사, 1990.

이진우, 『이성은 죽었는가』, 서울: 문예출판사, 1998.

_____, 『탈이데올로기 시대의 정치철학』, 서울: 문예출판사, 1993.

정대현, 『한국어와 철학적 분석』, 서울: 이화여대출판부, 1985

증산도본부편, 『내가 이제 하늘도 땅도 뜯어고쳐』, 서울: 대원출판, 1994.

증산도 본부, 『증산도 기본교리』, 대전: 광제국출판사, 1996.

첸리푸 지음, 서명석·이우준 역, 『동양의 인간과 세계』, 서울: 철학과 현실사, 2000.

하기락, 『朝鮮哲學의 流脈』, 서울 : 자유인총연맹, 1994.

하영석 외, 『사고와 논리』, 대구: 형설출판사, 1996.

한기두, 『원불교정전연구』, 익산: 원광대학교출판부, 1996.

한국동양철학회편, 『東洋哲學의 本體論과 人性論』, 서울: 연세대학교출판부, 1996.

한국철학회편, 『韓國哲學史』, 서울: 동명사, 1987.

한국철학사상연구회, 『삶과 철학』, 서울: 동녘, 1994.

한동석, 『우주변화의 원리』, 서울: 대원출판, 2001.

허재윤, 『인간이란 무엇인가 - 철학적 인간학에 대한 연구』, 대구: 이문출판사, 1986.

楊祖漢, 『中庸義理疏解』, 황갑연 역 『중용철학』, 서울 : 서광사, 1999.

陸九淵, 『象山先生全集』, 卷36, 「年譜」, 臺北: 商務印書館, 1968.

『說文解字注』券10, 上, 上海古籍出版社, 1998

『漢語大詞典』제10권, 上海, 漢語大詞典出版社, 1992

Augustinus, *Confession*, 김평옥 역, 『고백록』, 서울: 범우사, 1998.

A. Pieper, *Einfewhrung in die Ethik*, 진교훈·류지한 역, 『현대윤리학입문』, 서울: 철학과 현실사, 1999.

Benedictus de Spinoza, *Ethica ordine geometrico demonstrata*, 강두식·김평옥 역, 『(기하학적으로 논증 된)윤리학』, 서울: 박영사. 1985.

Berkeley, G., *A Treatise Concerning The Principles of Human Knowledge in A New Theory of Vision and Other Writings*, Introduction by A.D. Lindsay, London J.M. Dent & Sons LTD, 1957.

Copleston, F., *A History of Philosophy*, 이재영 역, 『영국경험론』, 서울: 서광사, 1991.

H.J. Paton, *The Categorical Imperative: A Study in Kant's Moral Philosophy*, 김성호 역, 『칸트의 도덕철학』서울 : 서광사, 1988.

James Rachels, *The Elements of Moral Philosophy*, 김기순 역, 『도덕철학』서울 : 서광사, 1989.

Kant. Immanuel, *Kritik der reinen Vernunft*, 1956, Hamburg: Felix Meiner.

_____, *Kritik der praktischen Vernunft*, 최재희 역, 『실천이성비판』, 서울: 박영사, 1981.

_____, *Grundlegung zur Metaphysik der Sitten*, 정진 역, 『도덕철학원론』, 서울 : 을유문화사, 1974.

_____, *Die Religion innerhalb der Grenzen der blossen Vernunft*, 신옥희 역, 『이성의 한계 안에서의 종교』, 서울: 이화여대출판부, 1984.

_____, *Anthropologie in pramatischer Hinsicht*, 이남원역, 『실용적 관점에서 본 인간학』, 울산: 울산대학교출판부, 1998.

Paton, H.J., *The Categorical Imperative*, 김성호 역, 『칸트의 도덕철학』, 서울: 서광사, 1993

Pawl W. Taylor, *Principles of Ethics*, 김영진 역, 『윤리학의 기본원리』, 서울: 서광사, 1985.

Sarvepalli Radhakrishnan, *Indian Philosophy*, 이거룡 역, 『인도철학사 Ⅰ』, 서울: 한길사, 1997.

Szczesny, G., *Die Antwort der Religionen*, 강대석 역, 『삶의 문제에 대한 제 종교의 해답』, 대구: 이문출판사, 1983.

Philippe van de Bosch. *La philosophie et le Bonheur.* 김동윤 역. 『행복에 관 한 10가지 철학적 견해』. 서울: 자작나무. 1999.

R. Descartes, *Principia philosophiae*, 김형효 역, 『철학의 원리』. 서울: 삼성출 판사, 1985.

_____, *Meditations de prima philosophia*, 김형효 역, 『(제일철학에 대한)성찰』, 서울: 삼성출판사, 1985

S. P. Lamprecht, *Our Philosophical Traditions*, 김태길외 역, 『서양철학사』, 서 울: 을유문화사, 1963

3. 논문

김기선, 「천지굿과 디오니소스 제의」, 『증산도사상』제2집, 증산도사상연구소, 2000.

김만겸, 『莊子哲學의 自我觀』, 영남대학교대학원 철학과 박사학위논문, 1998.

김 탁, 「강증산과 원시반본사상」, 『한국종교』제18집, 이리: 원광대종교문제연 구소, 1993.

_____, 「증산 강일순의 공사사상」, 한국정신문화연구원 종교학과 박사학위논 문, 1995.

김형효, 「원시반본과 해원사상에 대한 철학적 성찰」, 증산사상연구회편, 『증산 사상연구』제5집, 1979.

배영기, 「원형사관에서 본 원시반본사상」, 증산사상연구회편, 『증산사상연구』, 제19집, 1993.

송천은, 「일원상신앙과 사은신앙」, 『원불교신앙론연구』, 원불교사상연구원편, 원광대출판부, 1996.

안영석, 『象山心學에 관한 연구』, 영남대학교대학원 철학과 박사학위논문, 1998.

원정근, 「왜 천지공사인가」, 『강증산의 생애와 사상』, 증산도사상연구소편, 서 울: 대원출판사, 2002.

원정근, 「증산도의 예를 어떻게 볼 것인가」, 『도전』세미나발표문, 2002.4.12.

유 철, 「칸트의 버클리비판」, 대한철학회 논문집 『철학연구』제57집, 1996.

윤창렬, 「강증산의 해원사상에 관한 고찰」, 『증산도사상연구』제1집, 증산도사상연구회편, 1992.

이정립, 「해원사상」, 『증산사상연구』제3집, 증산사상연구회편, 서울: 태광문화사, 1977

이현택, 「원불교 은사상과 증산교 보은상생사상의 비교고찰」, 『원불교사상』제7집, 이리: 원광대학교 출판부, 1983.

천병돈, 「증산도 심론」, 『증산도사상』제2집, 증산도사상연구소편, 서울: 대원출판사, 2000.

최동희, 「해원의 윤리적 의미」, 『증산사상연구』제11집, 증산사상연구회편, 1985.

찾아보기

온 인류에게 후천 5만년 조화선경의 꿈을 열어주는

한민족의 문화원전 도전

서구에 신약이 있고
인도에 베다와 불경이 있고
중국에 사서오경이 있다면
이제 온 인류에게는 『道典』 문화가 있습니다

초기 기록으로부터 **100년** 만에 드디어 완간본 출간!

하늘땅이 함께하는 진정한 성공의 비밀을 알고 싶습니까?
세계를 지도하는 한민족의 영광을 만나고 싶습니까?
마침내, 가을개벽을 맞이하는
세계 역사 전개의 청사진을 보고 싶습니까?
상생의 새 진리 원전 말씀, 『도전』을 읽어 보세요
이 한권의 책 속에 세계일가 시대를 여는
놀라운 상생 문화의 비전이 담겨 있습니다.

『도전』에는 후천가을의 새 문화 곧 정치·종교·역사·과학·여성·어린이 문화 등 미래 신문명의 총체적인 내용이 모두 함축되어 있습니다. 서양 문명의 중심이 신약 한권에서 비롯되었듯이, 후천 5만년 상생의 새 역사는 이 『도전』 한 권으로 열립니다.

『도전』 읽기 범국민 운동 이제 당신도 참여할 수 있습니다

전국 주요 서점, 케이블TV STB상생방송,
www.jsd.or.kr (증산도 공식 홈페이지)에서
『도전』을 만나보세요

甑山道
道典

증산도 도전편찬위원회 편찬 | 최고급 양장 | 대원출판